中國學術思想 研究輯刊

二十編

林慶彰 主編

第6冊

《詩經》祖先崇拜研究

王珮翎 著

花木蘭文化出版社

國家圖書館出版品預行編目資料

《詩經》祖先崇拜研究／王珮翎 著 -- 初版 -- 新北市：花木蘭
文化出版社，2015〔民 104〕
序 2+ 目 4+196 面：19×26 公分
（中國學術思想研究輯刊 二十編：第 6 冊）
ISBN 978-986-322-995-7（精裝）
1. 詩經 2. 祖先崇拜 3. 研究考訂
030.8   103026835

ISBN-978-986-322-995-7

9 789863 229957

中國學術思想研究輯刊
二十編 第六冊   ISBN：978-986-322-995-7

《詩經》祖先崇拜研究

作　　者　王珮翎
主　　編　林慶彰
總 編 輯　杜潔祥
副總編輯　楊嘉樂
編　　輯　許郁翎
出　　版　花木蘭文化出版社
社　　長　高小娟
聯絡地址　235 新北市中和區中安街七二號十三樓
　　　　　電話：02-2923-1455／傳真：02-2923-1452
網　　址　http://www.huamulan.tw 信箱 hml 810518@gmail.com
印　　刷　普羅文化出版廣告事業
封面設計　劉開工作室
初　　版　2015 年 3 月
定　　價　二十編 21 冊（精裝）台幣 38,000 元

《詩經》祖先崇拜研究

王珮翎　著

作者簡介

王珮翎，民國六十九年生，台灣台南市人，玄奘大學中國語文學研究所碩士畢。現為輔仁大學中國文學研究所博士生。曾任教於苗栗縣大同國民中學，並參與兩岸常用詞典編輯工作。目前擔任新生醫護管理專科學校通識中心國文科講師。

提 要

全文凡七章，十八節。其內容大旨及研究方法如下：

第一章：緒論

說明全文研究方向與大綱。除論文之研究動機、範疇與方法外，並參酌前人累積之研究成果，作一文獻上的回顧與論述。

第二章：中國祖先崇拜探源

本章採取二重證據法、分析比較法等研究方法，分析「古文字學」與「典籍經傳」等文獻資料，探求祖先崇拜之源頭。第一節「祖」字的探源。由「字義」角度探求中國祖先崇拜的源頭。由於文字具有負載文化信息的功能，文化的產生早於文字。因此，欲藉由對文字的分析，探求文化根源所在。擬藉「祖」之甲骨字形，考證「祖」字之來源。首先，羅列各家說法分別加以分析、說明。第二節部分，則以過去研究祖先崇拜源流為基礎，對各家推論加以分析討論，說明各家學說之理論外，並列舉中國部分出土遺跡加以佐證，最後，就各家說法分析、討論。藉由上述各層面的討論，對中國祖先崇拜有初步的瞭解。

第三章：《詩經》祖先崇拜之外在呈現（一）——禘祭

本章主要利用二重證據法、歸納研究法及比較分析研究法。在中國，祖先崇拜最直接的呈現，乃是藉著宗廟祭祖禮制的制訂。周人制訂諸多祭祖禮制，以「禘祭」最為重要，利用殷墟甲骨文獻探討殷人之禘祭制度。第一節部分，藉由學者對「禘」字之判讀，論述「禘」字於卜辭中的意義，希望從中探求殷人之「禘祭」制度。第二節部分，擬以殷人之「禘祭」制度為說明重點。殷人乃為一崇鬼民族，祭祖儀式繁多，諸多祭祖儀式為周人所襲用，乃周禮之濫觴，討論周人之禘祭，列舉典籍對「禘祭」之記載，整理歷代學者對「禘」之解釋，並加以歸納討論，探究周人「禘祭」制度。第三節部分，依據禮書所記載諸多關於周人祭祖禮制為基礎，展開研究祭祖之雛形。對於周人祭祖禮制，主要考察歷代學者之見解，從經傳典籍探討諸家對周人祭祖禮制的說法，加以歸納整理。之後針對周人之「禘祭」制度進行分析討論，由於「禘祭」制度於經傳典籍記錄中本就眾說紛紜，主要爭執點在於「禘祭」範圍界定困難，過去多將禘祭分為郊祭與宗廟之祭兩大系統，本文擬以清儒毛奇齡《論語稽求篇》之分類：將「禘祭」分為「大禘」、「吉禘」、與「時禘」三大系統後，再一一加以說明。第四節部分，釐清殷人「禘祭」、周人「禘祭」後，針對《詩經》有關「禘祭」詩篇加以分析討論，此部分為第三章之焦點所在，先利用歸納研究法，就研究範疇中，先歸納出與「禘祭」有關之詩篇，再加以分析討論，討論重點主要在於對《古序》之考證，並藉由《詩經》篇章欲還原周人禘祭之真實面目。

《詩經》中與「禘祭」相關之詩篇，根據《古序》的說法，哪些詩篇屬於「禘祭」？屬於「禘祭」中的哪一類型？歷代學者之闡釋如何？經由對「禘祭」源流的探討，一窺「禘祭」於《詩經》之呈現。

第四章：《詩經》祖先崇拜之外在呈現（二）──時享

本章主要就周人宗廟祭祖制之「時享」禮制為探討主題。以《詩經》為主要研究資料，參酌其他經傳典籍之解釋，並引論甲骨、金文記載加以說明。內容安排部分：首先，就時享禮制本身定義與各家說法作詳細討論。再則，討論殷商時期「周祀」制度，由殷人此一祭祖禮制中，比較其與周人「時享」禮制之相關性。最後，針對《詩經》有關「時享」禮制之詩篇深入探討。以期能將《詩經》有關「常祀」之詩作一完整呈現。

本章利用二重證據法、歸納研究法及比較分析研究法。「時享」禮制為周人常祀制度中另一討論重點，第一節部分，針對周人時享禮制加以說明，在此部分，主要由三個面向：一為針對祭名歧異與各家說法；二為經傳典籍之說法；三為甲骨金文之討論。第二節部分，簡述殷人周祀制度，推論殷人周祀制度或為周人「時享」禮制之濫觴。第三節則針對《詩經》有關「時享」詩篇加以分析討論，主要依春夏秋冬四季為大綱，分別分析「時享」詩篇，本節討論重點或為《古序》討論，或為詩文說明。

第五章：《詩經》祖先崇拜之外在呈現（三）──宗廟祭祀儀節

宗教禮儀是宗教信仰的行為表現，內在的宗教信仰透過禮儀的表現而具體化，不再只是抽象的概念，宗教禮儀與宗教信仰彼此間關係密切。因此，由祭祖儀式探討中國祖先崇拜，以期能對中國祖先崇拜能夠有更深入的瞭解。

周人克商而立後，祖先崇拜不再純粹為人類心靈上的信仰，在執政者有意的規劃下，逐漸脫離原始宗教精神，蛻變成執政者掌握政權的絕佳武器之一。潛移默化中，周代執政者藉由祭祖儀式，鞏固了自身的統治權，使得原先單純的祖先崇拜形成一套帶有倫理性質的禮制規範。在此原則下，針對不同的政治階級，各有其所應遵從的不同禮制、儀節。本章就周代天子、大夫及士之祭祖儀節及過程作一討論，以助於瞭解《詩經》中與祖先崇拜有關之祭祖儀節。

此部分採取以禮證經的方法。在第三、四章節針對祭祖禮制加以說明過後，本章以《少牢饋食禮》、《特牲饋食禮》及《禮記・禮運》疏文為基礎，對周人祭祖過程作一還原；第二節則就《詩經》中出現之祭祖儀節──相加考證，由於前人關於此方面，留下豐碩整理成果，本文在其基礎上加以闡述。

第六章：《詩經》祖先崇拜之內在呈現

本章期在周人祭祖禮制、儀節等規範外，更進一步探討其中所蘊藏的文化意義，全章共分三節，從《詩經》探討祖先崇拜對「個人」、「社會」、「國家」各層面的文化意義，藉此將《詩經》祖先崇拜之內在層面作完整的闡述。周人對於祖先的崇拜，除了藉由祭祖禮制得到呈現外，從商周祭祖禮制的比較，可以發現對於祖先崇拜此一文化現象，商周間是有所區別的。除了具體禮制內容不同外，抽象心態上亦有所歧異。商人祖先崇拜，經由甲骨卜辭研究得知，其主要目的是為了向祖宗先王祈福、避禍，較屬於「功利」傾向的出發點；周人祖先崇拜，則在商人祈福、避禍的心態上，添加了更多「道德」意涵於其中。

本章採取歷史分析法、歸納分析法、文化詮釋法。對祖先崇拜之源頭、詩經祖先崇拜之外在呈現有所瞭解後，第六章則針對其內在呈現作一說明。主要從個人、社會、國家三個角度，層層外推，對《詩經》祖先崇拜之內涵加以研究。先利用歸納分析法，對《詩經》有關祖先崇拜之詩篇加以整理後，在分別依照個人、社會、國家三個角度，加以說明，理論重心以「文化學角度」加以說明，參酌周人歷史發展，就祖先崇拜於周朝之呈顯為主題進行探析。

第七章：結論

　　本論文以《詩經》為主要研究對象，輔以《周禮》、《儀禮》、《禮記》等文獻資料，及殷墟卜辭文獻及周代青銅器銘文等研究成果，討論商周祭祖禮制、祭祖儀式等外在制度及其內在文化意涵。主要針對上述各章作一重點式的回顧，總結《詩經》祖先崇拜之內、外在呈現研究成果，並就其對後代影響與往後相關之研究方向作一簡單說明。

自　序

　　七年前，在文師幸福的指導下，著筆撰寫碩士論文。碩一時便擬定題目「詩經祖先崇拜研究」，課餘時間方收集寫作資料，本欲兼顧各個層面，期待能將手頭資料融會貫通並提出新興見解，然礙於個人才學有限，該議題跨越諸多領域，故僅能在前人研究成果的基礎上作一整理呈現。隨著出土材料推陳出新，文中諸多議題已經獲得新的詮釋方向，重新審校該篇文章的同時，覺得自身不足之處甚多，幾經修稿後，最後決定維持論文大致原貌，僅就部分細微處作文句上的修整，往後另以單篇論文方式逐一修正。

　　碩士班修業期間，感謝文師幸福於課堂之講述，開啓珮翎對《詩經》之興趣，論文寫作期間，給予珮翎最大的自主權，學生遭遇困惑時，又能適時指引方向給予珮翎諸多啓發。曾一度萌生退意，感謝文師幸福不放棄學生，一再給予學生精神與學業的支持，終於完成該篇文章。文章之完成，除了感謝業師文幸福之指導外，更感謝莊師雅州與季師旭昇的資料提供與精神鼓勵，莊師雅州博學多聞，時常提供珮翎相關研究資料，此外，季師旭昇提供自身研究成果與彼岸資料，更令珮翎獲益良多。玄奘大學諸多授業師長羅師宗濤、柯師金虎、陳師文昌之關懷與愛護，亦令學生倍感溫馨。師長們之學識淵博自是無庸置疑，然老師們對學術之積極熱情，與獎掖後進之不遺餘力更是學生人生學習的楷模。郭穎宜學棣於珮翎寫作期間的陪伴，紓解珮翎寫作過程中諸多不安。論文口試當日，曾毓彬學長之協助與論文口試委員之慷慨賜教，亦於此一併致謝。此外，論文寫作期間，母親的支持與外子獻佑的體諒，沒有你們的支持，該篇文章是不可能完成的。最後感謝願意出版拙作的花木蘭文化出版社。

目

次

第一章 緒 論

　　《詩經》〔註1〕爲目前發現最早之詩歌選集，蘊涵豐富的思想與文化，爲中國經典之一。漢代以前，《詩經》或稱《詩》、或稱《詩三百》，〔註2〕直至南宋初年廖剛《詩經講義》出現後，「詩經」始正式連屬作書名使用。〔註3〕關於《詩經》的作者，多數難以考證，就詩文本身得知者僅四篇而已，〔註4〕其他則需根據詩篇內容與相關典籍交相考證後方能略知一二。藉由學者的研究推測，作者群應包含社會各階層。〔註5〕其創作時間跨越西周至春秋中期，

〔註1〕　本書採用《詩經》版本爲〔西漢〕毛亨傳、〔東漢〕鄭玄箋、〔唐〕孔穎達疏：《毛詩正義》《十三經注疏》本（臺北：藝文印書館，2001 年 12 月初版 14 刷）。文後凡述及《詩經》篇章者，皆以該版本爲主，不再重複標示。

〔註2〕　稱「《詩》」者，如《論語》之〈學而〉：「賜也，始可與言《詩》已矣！告諸往而知來者。」〈陽貨〉：「小子！何莫學夫《詩》？《詩》可以興，可以觀，可以群，可以怨。邇之事父，遠之事君。多識於鳥獸草木之名。」〈泰伯〉：「興於《詩》，立於禮，成於樂。」等等；稱「《詩》三百者」者，如《論語》之〈爲政〉：「《詩》三百，一言以蔽之，曰：『思無邪』。」〈子路〉：「誦《詩》三百，授之以政，不達；使於四方，不能專對：雖多，亦奚以爲？」

〔註3〕　「詩經」一詞，最早出現於〔西漢〕司馬遷《史記·儒林列傳》：「申公獨以《詩》爲訓以教。」然當時尚未成爲定名，後來根據朱彝尊《經義考》之考證，最早以「詩經」連屬爲書名者爲南宋廖剛《詩經講義》2 卷（存載於《高峰集》）。詳參〔清〕朱彝尊：《經義考》（臺北：中華書局，1979 年三版），卷105。

〔註4〕　該四篇分別爲《小雅·節南山》：「家父作誦，以究王訩」、《小雅·巷伯》：「寺人孟子，作爲此詩」、《大雅·崧高》：「吉甫作誦，其詩孔碩」及《大雅·烝民》：「吉甫作誦，穆如清風」。

〔註5〕　關於《詩經》作者，相關論述，詳參陳秀英：《十五〈國風〉作者身分探究》，玄奘人文社會學院（中國語文研究所），2004 年。

以《周頌》最早，約爲周初所作；《陳風・株林》最晚，作於周定王之時。〔註6〕在這漫漫四、五百多年間，記錄了周人諸多生活面貌及思想情感，忠實地反應了當時的社會生活，蘊藏豐富的文化元素，舉凡歷史學、地理學、宗教學、神話學、社會民俗學、人類文化學等諸多學科，經由詩篇的解讀、經傳典籍及出土文物交相佐證下，不僅可勾勒出周人諸多生活風貌，亦可對其思想、精神獲得更深一層的瞭解。此外，《詩經》諸多名物的記載，亦有助於農業學、天文學與博物學等相關學科研究。《詩經》中的詞彙、修辭、語言等，更爲研究漢語發展者不可忽略的重要材料，《詩經》之重要性可見一斑。因此，全文欲以《詩經》爲討論對象，一探祖先崇拜於當時之發展及影響。

在緒論部分，擬就研究動機、研究範疇、研究方法、研究步驟及研究現況與檢討等五節進行探討，建構本文所欲研究之大綱與方向。

第一節　研究動機

《詩經》爲先秦時期人民的生活點滴留下證據，凡是研究先秦歷史者，無不從中展開探索。《詩經》跨越領域極爲廣泛，就「人」而言，涉及社會各個階層，上至貴族，下至一般平民；就「地域」而言，《詩經》爲北方文學代表，爲中國文學發展之源頭；就「思想」而言，無論精神信仰、文化發展，皆可從中探知一二。中國文化傳統幾乎奠定於《詩經》時期，《詩經》可謂中國文化之濫觴。換言之，若欲瞭解中國傳統文化，由《詩經》著手研究可謂不二法門。

所有人類的起源幾乎皆源於宗教，宗教在人類發展史上，佔有重要的地位，不論中國或西方國家皆是如此。宗教之所以重要，乃源自人類對自身起源的渴望，藉由宗教以尋求解釋、慰藉。原始時期如此，現今社會亦然。早期先民由於對自然界發生的諸多現象疑惑、不解，因此便藉由對自然的崇拜，來弭平內心的恐懼不安，此爲原始宗教產生的原因。表面上是對自然的疑惑，

〔註6〕根據〔東漢〕班固《漢書・藝文志》：「孔子純取周詩，上採殷，下取魯，凡三百五篇。」界定《詩經》的篇數及年代，爾後孔穎達於《毛詩正義・序》中亦談到：「……於後時經五代，篇有三千，成康沒而頌聲寢，陳靈興而變風息。先君宣父，緝正遺文，緝其精華，褫其煩重，上從周始，下暨魯僖，四百年間，六詩備矣。」明確指出，三百篇之年代以文王之詩最早，最晚至靈公《陳風・株林》。

事實上藉此以安撫自身的恐懼；表面上是尋求對自然現象的解答，事實上是希望從中獲得滿意的解釋，來滿足自身的求知慾。無論如何，宗教的出發點，都是爲了滿足人類對知的渴望，其中包含了對人類根源追求的期待。隨著民智的開化，諸多自然現象規律的發生，先民從經驗中獲得智慧，由對自然物種的崇拜轉向對人類自身起源的崇拜，此爲祖先源頭的開端。

祖先崇拜對人類而言有著極大意義。象徵人類對自身能力的肯定，人類力量勝過自然界其他物種，當此想法產生，人類不再純粹以外在物種爲崇拜對象，轉向對自身起源（即祖宗先人）的崇拜。在研究先民如何以祖先當作自身崇拜的現象的同時，必須注意到另一個概念——「靈魂」的存在。「靈魂觀念」的產生，使得人類對死亡現象能夠加以解釋，對自身存在之永恆不再產生疑惑。〔註7〕中國的鬼魂觀念，根據典籍記載，早在周代便已產生。〔註8〕近年來，相關文獻的出土，更將鬼魂觀念之產生追溯至舊石器時代晚期，由此可推知，中國祖先崇拜的思想早在舊石器時代晚期便已經萌芽。根據殷墟卜辭的研究，商人宗教思想雖較原始初民進步，但仍停留在原始宗教精神的階段，直至周朝的創立才逐漸產生改變，建立了富涵「人文精神」〔註9〕的宗教文化。宗教文化的基礎便是建立在祖先崇拜的精神上。早在殷商時期，便有祭祀祖先的傳統，藉由諸多的祭祖儀式，定期的對祖先展開祭祀，祈求祖先能降福於後世子孫，此可視爲周人祖先崇拜之濫觴。周人雖因循商人祖先崇拜基礎而發展，然周人祭祖不純粹爲了宗教目的亦包含政治目的，使得周朝的祖先崇拜精神較殷商而言，富涵更多政治、文化意義。對此，作爲周人代表文學的《詩經》，誠實地呈顯出當時祖先崇拜的思想原貌。

《詩經》三百零五篇中，《周頌》三十一篇幾乎可視爲西周初期人們的宗教思想之反映。過去《周頌》多被視爲歌頌讚揚祖先功績之樂歌，忽略其餘

〔註7〕倘若人死後便隨著形體消逝而消失，那麼人類存在價值便不易凸顯，甚至使在世者產生消極念頭，這亦是宗教產生的目的之一——積極引導人生。關於宗教之功能，參見李志夫：〈論宗教在新世紀所應扮演之角色〉錄自《宗教哲學》第4卷第三期（臺北：宗教哲學研究學會，1998年7月1日），頁18。

〔註8〕關於周人的靈魂觀念可見《易經》、《左傳》、《禮記》、《楚辭》、《管子》、《列子》等典籍。關於上述典籍之具體例證與說法，參見蕭登福：《先秦兩漢冥界及神仙思想探原》（臺北：文津出版社，2001年元月二版），頁953。

〔註9〕關於「人文精神」的解釋，中國之人文精神與西方之人文主義相似，卻不盡然相同。相關論述可參見徐復觀：《中國人性論史·先秦篇》（臺北：臺灣商務印書館，1999年1月12刷），頁15。

價值。〔註10〕事實上，除卻其樂歌性質外，更蘊含周人宗教精神於其中，爲研究周人史料之寶貴資料。〔註11〕此外，《大雅》、《小雅》若干詩篇，經仔細推敲，更是處處可見祖先崇拜外在制度與內在思想之呈顯。

就個人生命而言，祖先崇拜此一信仰，透露了祖宗先人形體的逝去並非終結，子孫繁衍傳達了源源不絕的生命力；對於人類整體發展是一種希望的傳承與生命的延續，在中國文化發展過程中，佔有十分重要的地位。此外，中國的祖先崇拜與西方純粹用宗教角度闡釋不同，周人祖先崇拜有其特殊之文化意蘊，不僅奠定了爾後中國文化之發展方向，其影響力延伸至現今社會，不論現今社會如何變遷，中國人對於祖先崇拜的精神仍然存在。

歷來對於中國人祖先崇拜進行研究者，多從商周時期之祖先崇拜展開研究，焦點大都著重於商周祭祖禮制之呈現與比較。參考資料通常是以先秦相關典籍記載爲主，並兼以出土文獻加以佐證，較少就某一文獻作深入的探討。《詩經》爲周人代表文學之一，除其文學成就引人注目外，其文化特色之表現亦深具研究價值。因此，本文擬以《詩經》爲主要研究對象，藉由《詩經》祖先崇拜之討論，探求周人祖先崇拜之多元意義。

第二節　研究範疇

《詩經》之內容包含《風》、《大雅》、《小雅》、《頌》四部分，其中《頌》爲四十篇（《周頌》三十一篇，《魯頌》四篇，《商頌》五篇），內容幾乎皆屬於歌頌祖宗先人之宗廟祭祀樂歌；《大雅》三十一篇，內容以歌頌先人功業爲主；《小雅》七十四篇，雖以貴族朝會燕饗爲主要內容，然其中亦有若干篇涉及祭祀過程者可供參考。故全文以《雅》、《頌》詩篇爲主要研究對象。此外，由於周人宗廟祭祀制度包含層面廣泛，爲求焦點集中，全文以除喪後之「吉禮」爲

〔註10〕《周頌》主要爲西周宗廟祭祀之樂歌，產生於西周初期。過去研究者，多認爲其爲歌頌讚揚之樂歌，而忽略其餘價值，事實上，其蘊含了周人宗教思想於其中。「讚頌詩中有許多思想和藝術價值不高的作品。這些作品大致可以分爲兩種。一種是歌頌統治者的祖先，如文王、武王等。……另外一種是歌頌一般的貴族，不知所歌頌爲誰，其中所寫空虛無物……」參見胡念貽：〈詩經中的讚詩〉錄自《詩經學論叢》（臺北：崧高書社，1985年6月），頁430～432。

〔註11〕不僅止爲宗教思想，實爲各層面之寶貴參考資料。關於《詩經》近年來的發展方向及革新，詳參夏傳才：《二十世紀詩經學》（北京：學苑出版社，2005年7月第一次印刷）。

主要研究對象。〔註12〕又此部分多記錄於周人禮書當中，故亦需參酌《禮記》、《周禮》與《儀禮》之記載，〔註13〕探源祭祖禮制之本末。由於目前考古文物大量的出土，故文中亦援引相關文獻資料為證據，藉以佐證經傳典籍之記載，增加其可信度。由於祖先崇拜屬於人類文化發展的一環，因此，除了經傳典籍及出土文物的證明外，亦參酌人類文化學的觀點，全文大綱依外在制度與內在意涵的呈現兩大部分，建構出整個《詩經》祖先崇拜大綱。〔註14〕

探討《詩經》祖先崇拜，除研究其祭祖禮制外，另一方面，亦須探討其所隱含之內在意義——在當時社會背景之影響下，祖先崇拜本身對周人有何特殊意涵存在，論述議題如下：

一、中國祖先崇拜之淵源為何？各家說法為何？

二、《詩經》之祖先崇拜主要藉由宗廟祭祖儀式表達，其祭祖禮制如何呈現？

三、《詩經》中有關祭祖禮制之詩篇有哪些？如何以文學藝術手法呈現？

四、《詩經》祖先崇拜詩篇蘊涵之文化價值為何？對周代之個人、社會、國家有何影響？

全文由上述四大議題展開說明，希望藉由內、外在層面的分析，探討《詩經》祖先崇拜之究竟。

〔註12〕由於祖先崇拜部分內容涉及凶禮，為避免模糊焦點，本文主要以「吉禮」為主要研究範疇。「五禮」為吉禮、凶禮、軍禮、賓禮、嘉禮。根據《周禮・春官・小宗伯》：「掌五禮之禁令與其用等」。鄭玄注引鄭司農云：「五禮，吉、凶、軍、賓、嘉。」

〔註13〕此處所謂「禮書」，為《禮記》、《周禮》與《儀禮》。所採用版本為分別為：〔東漢〕鄭玄注、〔唐〕賈公彥疏：《儀禮注疏》《十三經注疏》本（臺北：藝文印書館，2001年12月初版14刷）。
〔東漢〕鄭玄注、〔唐〕賈公彥疏，《周禮注疏》：《十三經注疏》本（臺北：藝文印書館，2001年12月初版14刷）。〔東漢〕鄭玄注、〔唐〕孔穎達疏：《禮記注疏》，《十三經注疏》本（臺北：藝文印書館，2001年12月初版14刷）。文後凡述及《禮記》、《周禮》與《儀禮》篇章者，皆以此版本為主，不再重複標示。

〔註14〕就廣義的人類文化學而言，需要有物質、行為及認知文化三部分相互結合，方能呈現出一完整的文化。在這基礎上，本文以較廣義的文化學觀點對其展開說明，即以祖先崇拜之外在呈現（物質、行為文化）及祖先崇拜之外在呈現（認知文化）為區分標準展開研究。參考 Michael C. Howard 原著，李茂興、藍美華譯：《文化人類學》（Contemporary Cultural Anthropology）（臺北：揚智文化公司，1997年9月初版），頁28。

第三節　研究方法

　　本書研究主題爲《詩經》祖先崇拜，採用之研究方法有文獻分析法、歸納研究法、歷史分析法、比較分析法、二重證據法與文化詮釋法。藉由上述諸研究方法，依照每一章節特性加以運用。以下將各研究法之理論及運用於論文之狀況作一簡要說明。

一、文獻分析法的運用

　　分析經傳典籍等資料是研究的根本所在。現今所有研究幾乎皆建立在前人的基礎上，因此，對文獻進行搜集、歸納和分析是所有研究的開始。全書以《詩經》爲主軸，參酌同時期相關典籍，對祖先崇拜此議題展開研究。在祖先崇拜之外在呈現部分，主要是以周人祭祖禮制爲探討對象。因此，經文之考證實屬不容忽視之環節。故凡涉及周人祭祖禮制者，皆須一一加以論述。文中文獻分析法之運用對象，《詩經》部分除《詩序》、《毛傳》、鄭《箋》等外，如宋代朱熹《詩集傳》〔註15〕、元代季本《詩經解頤》〔註16〕、明代何楷《詩經世本古義》〔註17〕等，清儒胡承珙《毛詩後箋》〔註18〕、陳奐《詩毛氏傳疏》〔註19〕、馬瑞辰《毛詩傳箋通釋》〔註20〕、王先謙《詩三家集疏》〔註21〕、姚際恆《詩經通論》〔註22〕與方玉潤《詩經原始》〔註23〕等，以及近代研究《詩經》之相關著作；禮書部分則以清代孫希旦《禮記集解》〔註24〕、

〔註15〕〔南宋〕朱熹：《詩集傳》（上海：商務印書館，1936年，《四部叢刊》上海涵芬樓影印中華學菀社借照日本東京岩崎氏靜嘉文庫藏宋本）。

〔註16〕〔元〕季本：《詩經解頤》，《文淵閣四庫全書》版本（上海：上海人民出版社，1999年）。

〔註17〕〔明〕何楷：《詩經世本古義》，《文淵閣四庫全書》版本（上海：上海人民出版社，1999年）。

〔註18〕〔清〕胡承珙：《毛詩後箋》，《續經解毛詩類彙編》（臺北：藝文印書館，1986年）。

〔註19〕〔清〕馬瑞辰：《毛詩傳箋通釋》（臺北：廣文書局，1999年5月）。

〔註20〕〔清〕陳奐：《詩毛氏傳疏》（臺北：臺灣學生書局，1986年10月）。

〔註21〕〔清〕王先謙：《詩三家集疏》（臺北：明文書局，1988年10月）。

〔註22〕〔清〕姚際恆：《詩經通論》（臺北：廣文書局，1997年10月三版）。

〔註23〕〔清〕方玉潤：《詩經原始》（北京：中華書局2007年3月第三次印刷）。

〔註24〕〔清〕孫希旦：《禮記集解》沈嘯寰、王星賢點校（北京：中華書局，2007年，第四次印刷）。

孫詒讓《周禮正義》〔註 25〕、包世榮《毛詩禮徵》〔註 26〕與秦蕙田《五禮通考》〔註 27〕等歸納爲基礎。透過經傳典籍之分析與多家著作的徵引，期能對《詩經》祖先崇拜之外在呈現部分盡可能作確實而深入的考察。

二、歸納研究法的運用

主要對《詩經》祭祖詩作進行歸納、分類的工作。以《古序》〔註 28〕之說法與詩篇內文爲主軸，就其詩文內容歸屬於何種禮制加以分類，例如：哪些詩篇屬於「禘祭」、哪些詩篇屬於「時享」，根據詩文、詩旨對詩篇進行判別後，再予以討論。

三、歷史分析法的運用

藉由歷史分析法，將客觀事物之發展、變化，循著其歷史根源加以分析並釐清，藉此追根溯源，以期瞭解主題、實際社會背景與國家制度之關聯性。由於本文一部分著重於探討《詩經》祭祖詩作、周代禮樂制度與宗法制度間之關聯，因此，歷史分析法的運用尤爲重要。事實上，周人祖先與歷史發展有著看似果卻爲因的關係，過去多認爲周代禮樂制度、宗法制度導引出周人祭祖禮制的制訂，事實上，周人利用祖先崇拜強化其制度內容之實踐。

四、比較分析法的運用

在本文中，比較分析法主要使用於各家學說殊異的比較上。除了祖先崇拜之源頭說法；《詩經》諸詩篇之詩旨亦是眾說紛紜，宋代後，疑古風氣大盛，學者更是提出諸多迥異於過去的說法。因此，爲能釐清其中之差異，必須藉由比較分析法的使用，以期從中取得較合宜的說法。

〔註 25〕 〔清〕孫詒讓：《周禮正義》（臺北：臺灣中華書局，1978 年）。

〔註 26〕 〔清〕包世榮：《毛詩禮徵》（臺北：臺灣力行書局，1970 年 6 月初版）。

〔註 27〕 〔清〕秦蕙田：《五禮通考》，《文淵閣四庫全書》版本（上海：上海人民出版社，1999 年）。

〔註 28〕 關於詩序之分類及說法，本文採用文師幸福：《孔子詩學研究》第五章〈重建詩古序爲釋經之門〉之說法（臺北：臺灣學生書局，1996 年 3 月初版），頁 93～117。書中將序分爲大序（總論詩之綱領，及全體之大用）；續序（毛公後儒生之附語）；古序（毛公前之舊聞）。本文中對序的定義皆依此解，後不再贅述。

五、二重證據法的運用

此方法爲王國維於《古史新證》中首先提出。除了經傳典籍的分析外，提出須以出土文物加以佐證以判斷其眞實性及增加其可信度。二重證據法穿插運用於各章節中，除了典籍文獻之證據外，佐以實際文物以強化其可信度。〔註29〕

六、文化詮釋法的運用

本書架構主要是取義自文化人類學的範疇，擬就廣義的文化人類學區分爲論述要項，透過對周人祭祖禮制的分析，先建構《詩經》祖先崇拜之表層意義，換言之，爲文化人類學之器物、行爲文化，即《詩經》祖先崇拜之外在呈現，再向內探及核心──認知文化，即《詩經》祖先崇拜之內在呈現。

第四節　研究步驟

全文以《詩經》祖先崇拜爲研究主題，內容分爲七章，每一章節依照其性質不同，分別使用文獻分析法、歸納分析法、歷史分析法、比較分析法、二重證據法與文化詮釋法。本節就各章節內容之研究步驟與研究方法作一陳述。

第一章：緒論

說明全文研究方向，對論文之研究動機、研究範疇、研究方法等，參酌前人研究成果，並對過去相關議題研究者，作一文獻上的回顧。

第二章：中國祖先崇拜探源

本章主要利用二重證據法、分析比較法等研究方法，於前人累積成果之基礎上，從「古文字學」角度進行分析、討論與歸納「典籍經傳」等文獻資料之證據，探求祖先崇拜之源頭。第一節部分，擬就「祖」字進行探源的工

〔註29〕參見王國維：《古史新證》（北京：清華大學出版社，1996年第一版第三次印刷）。近代有三重證據法的提出，此一研究法主要是在王國維二重證據法的基礎上，加入人類文化學的觀點，使得整個學說能更爲鞏固，證據力更強。基本上是〈二重證據法〉與〈文化詮釋法〉的結合。民國以來，被學者廣泛使用，如聞一多即以此方法研究《詩經》。參見聞一多：《聞一多全集》第4、5卷《詩經》（武漢：湖北人民，1993年第一版）。

作，藉由「祖」之甲骨字形，考證「祖」字之來源。首先，羅列各家說法並加以說明、分析。再則，以過去相關研究爲基礎，簡要說明各家學說觀點，並例舉相關出土文獻佐證。最後，總結各家說法。

第三章：《詩經》祖先崇拜之外在呈現（一）──禘祭

本章主要利用二重證據法、歸納研究法與比較分析研究法。在中國，祖先崇拜最直接的呈現，便是宗廟祭典的舉行。周人制訂諸多祭祖禮制中，以「禘祭」最爲重要，因此，在第一節部分，先就甲骨文「帝」字作一探源工作，先羅列各家說法後，再作一簡單分析討論。第二節部分，擬以殷人之「禘祭」制度爲說明重點，殷人乃爲一崇鬼民族，祭祖儀式繁多，諸多祭祖儀式爲周人所襲用，可視爲周禮之濫觴；第三節部分，以禮書所記載之周人祭祖禮制爲基礎，考察歷代學者之說法，從經傳典籍中探討諸家對周人祭祖禮制的說法，並加以歸納整理。之後針對周人之「禘祭」制度進行分析討論，由於「禘祭」制度於經傳典籍紀錄中，本就眾說紛紜，主要爭執點在於「禘祭」範圍界定困難，過去多將禘祭分爲郊祭與宗廟之祭兩大系統，本書採清儒毛奇齡《論語稽求篇》之分類：將「禘祭」分爲「大禘」、「吉禘」、與「時禘」三大系統後，〔註30〕再一一加以說明。第四節部分，釐清殷人「禘祭」、周人「禘祭」後，則針對《詩經》有關「禘祭」詩篇加以分析討論，此部分爲第三章之焦點所在，先利用歸納研究法，就研究範疇中，先歸納出與「禘祭」有關之詩篇，再加以分析討論，討論重點主要在於對《古序》之考證，並藉由《詩經》篇章欲還原周人「禘祭」之面目。

第四章：《詩經》祖先崇拜之外在呈現（二）──時享

本章採用二重證據法、歸納研究法與比較分析研究法。第一節，針對周人之「時享」禮制加以說明。這部分主要由三個面向著眼：首先，針對祭名歧異與各家說法加以討論；第二部分，相關經傳典籍對於「時享」禮制之說法；第三部分，甲骨金文之相關討論。第二節，簡述殷人周祀制度，推論殷人周祀制度或爲周人「時享」禮制之濫觴。第三節，針對《詩經》有關「時享」詩篇加以分析討論，主要依春、夏、秋、多四季爲大綱，從詩旨、詩文分析「時享」相關詩篇。

〔註30〕〔清〕毛奇齡：《論語稽求篇》，錄於《百部叢書集成初編》第一冊，卷2（臺北：藝文印書館，1996年），頁1。

第五章：《詩經》祖先崇拜之外在呈現（三）——宗廟祭祀儀節

此部分採取以禮證經的方法。在第三、四章節針對祭祖禮制加以說明過後，本章第一節以《少牢饋食禮》、《特牲饋食禮》及《禮記‧禮運》疏文爲基礎，對周人祭祖過程作一還原；第二節則就《詩經》中出現之祭祖儀節逐一考證，由於前輩學者於該部分已經有豐碩的成果，因此，本章於該成果上擇取要點說明。

第六章：《詩經》祖先崇拜之內在呈現

本章採取歷史分析法、歸納分析法、文化詮釋法。對祖先崇拜之源頭、《詩經》祖先崇拜之外在呈現有所瞭解後，在第六章則針對其內在呈現作一說明。主要從個人、社會、國家三個角度，層層外推，研究《詩經》祖先崇拜之內涵。該部分採用歸納分析法，整理《詩經》中有關祖先崇拜之詩篇後，從「文化學」角度分別由個人、社會、國家等角度，就周人之歷史發展，探析祖先崇拜於周朝之呈顯。

第七章：結論

主要針對上述各章作一重點式的回顧，總結《詩經》祖先崇拜之內、外在呈現研究成果，並就其對後代影響與往後相關之研究方向作一簡單說明。

第五節　研究現況與檢討

關於祖先崇拜之議題，前人研究甚多，範圍多以周朝爲研究對象，除了周朝信史資料較爲豐富外，再加上大量出土文物，研究者更是趨之若鶩。然而，多以宏觀角度看待周人之祖先崇拜，鮮少以《詩經》爲主要研究對象。以下就以祖先崇拜該議題進行研究者，作一簡單的回顧與說明。

一、商周祖先崇拜研究之相關專著〔註31〕

（一）祭祖禮制部分

（按照出版年排列）

作　者	書　名	出版地及出版社	出版年
詹鄞鑫	神靈與祭祀 ——中國傳統宗教概論	江蘇：江蘇古籍出版	1992 年

〔註31〕下列表格統計截至 2008 年 7 月。

作　者	書　名	出版地及出版社	出版年
張鶴泉	周代祭祀研究	臺北：文津出版社	1993 年
常金倉	周代禮俗研究	臺北：文津出版社	1993 年
張榮明	殷周政治與宗教	臺北：五南圖書出版公司	1997 年
秦照芬	商周時期的祖先崇拜	臺北：蘭臺出版社	2003 年
劉源	商周祭祖禮研究	北京：商務印書館	2004 年

　　有關商周祭祖禮制的研究專著，多以整個先秦時代為研究範圍，以先秦相關典籍資料為對象，鮮少專就某一專書作深入的探討與研究。因此，僅就整個大範圍中，提及《詩經》部分者作簡要說明。

1. 詹鄞鑫《神靈與祭祀──中國傳統宗教概論》

　　本書主要以宏觀的角度，論述整個中國傳統宗教。全書分為三大部分：上編〈傳統諸神〉、中編〈宗教制度〉、下編〈宗教禮俗〉，書中涉及範圍極為廣闊，不僅提及神、鬼等禮書記載之祭祀對象，對於民間宗教信仰、神傳說話亦有所論述，兼顧禮與俗兩方面。所引據的資料不僅止於經傳典籍等資料，亦參考諸多前人研究成果，如民俗學、人類學、考古學與古文字學等，幾乎包括各個學科，此外，亦針本身對甲骨、金文的瞭解，提出許多精闢新穎的說法。

　　此篇提供筆者對整個中國傳統宗教有了大綱式的認識，尤其是〈宗教制度〉一篇，讓筆者對商周諸多祭祖禮制有了較詳細的概念，能夠在展開研究前對商周祭祖禮制先有基本認識。

2. 張鶴泉《周代祭祀研究》

　　全書主要以三大方向對周代祭祀研究展開闡述。首先，宗教本屬意識型態的一環，因此，該書針對周人祭祀對象之特性作探討，其研究對象包括天神、地祇、人鬼。再則，透過祭祀儀式探討其與周人政治統治間的關係。第三，延續前一部分，針對不同的祭祀禮制，分析其影響力，並藉此瞭解周人祭祀活動對其重要性。經由歷史考察，周人祭祀活動與禮制間的關係。基本上，對於周人祭祀制度作了通盤性的述說，敘述重點著重在祭祀禮制與政治間的關聯。

3. 常金倉《周代禮俗研究》

　　全書針對周人整個禮俗制度作探討，內容方面，分為三大部分做論述：

第一部分對「禮」本身作詳細的探討工作。第二部分則針對周人禮制中的吉禮、凶禮、嘉禮等，分門加以闡述。第三部分則將禮俗結合禮樂文化加以探討。研究方法方面，第一部分及第三部分，主要是從文化學的角度加以闡述，第二部分則著重於考證的工夫。

4. 張榮明《殷周政治與宗教》

本文最大特色之一便是以政治角度看待殷周的宗教，認為殷周宗教基本上與政治間有密不可分的關係。此外，具體研究法上亦有所突破，採用社會學科之定性研究與定量研究。所謂定性研究與定量研究之定義，引用如下：

> 「定性分析」是對事物本質屬性的識別，它是對意義和價值的判斷。定性分析包括如下內容。（1）識別屬性。任何事物的定性都包含兩層意思。第一，確定類屬性，即某類事物的共有屬性。第二，確定個屬性，即某一事物與同類事物相比所具有的獨特屬性。識別屬性就是通過準確的概念和定義來為事物定性，既確定類屬性，又確定個屬性。（2）確認要素及結構功能。要素是構成某種事物的基本構件。確定一事物的性質，不僅要確定各組成部分的性質，而且要確定事物內部的結構以及各組成部分之間的相互關係和相互作用。（3）歸類和溯因。歸類是按照事物的屬性作區分；溯因是判定事物間的因果關係。歸類和溯因是我們過去通常採用的方法。
>
> 「定量分析」是對事物的數量方面的判定。由於數學方法是對現實世界的數量關係和空間形式的抽象，所以定量分析必然表現為運用數學語言和數學方法。在社會科學研究中，主要通過兩種手段得以實現。（1）統計分析。統計分析是對統計資料所反映的社會現象及其關係進行數學量的揭示。統計資料的取得既可以採用全面歸納的方法，也可以採用抽樣方法。在實際研究中，根據實際情況，這兩種方法互為補充。（2）定量描述。定量描述是對社會現象予以量化，以便作出形式化的處理和精確分析。〔註32〕

張榮明利用就定性分析，解釋文中諸多概念之定義，及諸要素進行分析後，

〔註32〕 參見張榮明：《殷周政治與宗教》（臺北：五南圖書出版有限公司，1997 年 5 月初版一刷），頁 10～11。

得出最後的結論。〔註 33〕利用定量分析中統計、分析的方法，對殷周「天」
觀念的成長、宗教權力的衰落，與政治權力的成長作了量化的分析。〔註 34〕
與傳統研究方式相較下，可謂爲一大突破，但需注意的是，兩種方法需一同
使用且注意其比例分配，避免失去研究客觀性。〔註 35〕

5. 秦照芬《商周時期的祖先崇拜》

全文以商周祖先崇拜的外在禮制呈現爲主要論述重點，最大特色是引用
諸多甲骨、金文與考古遺跡加以佐證，但書中關於經傳典籍之說明，不另外
加以考證，主要整理前人研究成果並作簡要的陳述。

6. 劉源《商周祭祖禮研究》

全書主要由典籍經傳之記載，及甲骨、金文等資料的基礎上對典籍經傳
所載之祭祖禮制進行考證功夫。對於過去傳統觀念，提出許多新興看法，其
研究不侷限於文本資料，對於出土文獻亦詳加利用，充分運用王國維的「二
重證據法」。由於劉氏本身有深厚之古文字學涵養，因此，對其著作展開閱讀
時，須對古文字基礎概念有一定程度的認識，才能對其研究有較深入的瞭解。

〔註 33〕 例如，關於殷周宗教問題，我們對宗教概念作了明確的界定，認爲宗教是以
　　　　 某種信仰爲核心內容、以一定的組織形式、權力形態、規範禮儀爲外在形式
　　　　 的社會現象。在這一前提下，本書就殷周宗教的類屬性和個屬性作了分析，
　　　　 確認了殷周宗教的基本構成要素——宗教信仰、宗教組織、宗教權力、宗教
　　　　 活動和規範，並進一步分析了這些要素之間的結構，指出殷周信仰體系的特
　　　　 徵是部族至上神教，其社會基礎是部族血緣組織。春秋戰國時期部族血緣組
　　　　 織解體，直接導致了殷周信仰體系的崩潰和殷周宗教的瓦解。相關論述參見
　　　　 張榮明：《殷周政治與宗教》，頁 11～12。
〔註 34〕 例如，以對宗教權力與政治權力對比關係的分析爲例，我們對西周銅器銘文
　　　　 中反映的王朝政務官職和神務官職出現的次數頻度以及相互間的靜態比率作
　　　　 了分析，最後得出了殷周時期政治文明在不斷成長的結論。參見張榮明：《殷
　　　　 周政治與宗教》，頁 12。
〔註 35〕 對此，張榮明亦提出此兩研究方法的缺點：「定性分析和定量分析各有特點。
　　　　 定性分析具有普適性，普遍適合於自然科學和人文科學的研究，但具有一定
　　　　 的模糊性和多義性，可驗證性和可操作性差，顯得不夠精確；相反，定量分
　　　　 析具有可操作性和可驗證性，它克服了定性分析中模糊性和歧義性的缺陷。
　　　　 由於定量分析具有明顯的優點，自本世紀初以來在社會科學研究領域獲得了
　　　　 迅速的應用和發展。在經濟學和社會學等學科中，人們由最初的懷疑反對，
　　　　 發展到如今被普遍接受。但是，由於社會科學的研究物件與自然科學不同，
　　　　 存在著明顯的局限性，如不可重複、不可控制、主體因素等等。因此，儘管
　　　　 採用了定量分析方法，社會科學研究成果的『客觀性』仍舊是困擾研究者的
　　　　 問題。」參見張榮明：《殷周政治與宗教》，頁 12。

（二）文化內涵部分

（按照出版年排列）

作者	書　名	出版地及出版社	出版年
王祥齡	中國古代崇祖敬天思想研究	臺北：台灣學生書局	1992 年
葉舒憲	詩經的文化闡釋 ——中國詩歌發生研究	陝西：陝西人民出版社	1996 年
李山	詩經的文化精神	北京：東方人民出版社	1997 年
王暉	商周文化比較研究	北京：人民出版社	2001 年

就祖先崇拜之內在呈現方面，以王祥齡《中國古代崇祖敬天思想研究》、葉舒憲《詩經的文化闡釋》、李山《詩經的文化精神》及王暉《商周文化比較研究》四書較具特色，簡要論述如下：

1. 王祥齡《中國古代崇祖敬天思想研究》

全文對中國古代崇祖敬天思想，由哲學角度出發對其展開闡述。針對經典文獻之說法加以沿用但不作考證功夫，全文重心擺放在思想的探討。除了就人類學角度探求其源頭外，更添加中國崇祖敬天思想對後世儒家理論的影響。基本上，以哲學角度探討中國崇祖與敬天的思想。

2. 葉舒憲《詩經的文化闡釋》

對此書，夏傳才曾有以下評價：「這是近十年中出現的《詩經》文化人類學研究代表作」。〔註36〕該書主要就文化學的角度，對《詩經》之宗教、神話、禮俗等面向展開探討。此外，亦對許多字展開探源的工夫。諸多研究從文化學角度切入訴說，闡述過程十分特別，許多觀念的敘述上，顛覆了吾人過去對《詩經》之部分觀念理解，全文主要以「俗」的角度解釋《詩經》文化。

3. 李山《詩經的文化精神》

全書以一個概念貫串全文，即認為「三百篇」的時代是中國傳統趨於定型的時代。以《風》、《雅》、《頌》不同觀點，對其文化特色展開闡述。如從《風》探討中國農業文化的成型；從《小雅》探討燕饗詩作之文化表現；從《大雅》、《頌》探討宗教觀念等。基本上，先將《風》、《雅》、《頌》之年代作考證，再探討其文化層面。

〔註36〕夏傳才：《二十世紀詩經學》，頁284。

4. 王暉《商周文化比較研究》

全書就商周文化面之殊異處展開闡述。首先就兩者天神、上帝之信仰文化圈的差異作比較，再針對其思想文化、制度文化進行分析，最後就其文化根源加以討論。書內援引大量卜辭、金文與文獻資料。

二、商周祖先崇拜研究之相關學位論文

作者	論文名稱	學校系所	學位年月
周何	春秋吉禮考辨	師大博士論文（中國文學研究所）	1970 年
章景明	周代祖先祭祀制度	台大博士論文（歷史研究所）	1973 年
江美華	甲金文中宗廟祭禮之研究	政大碩士論文（中國文學研究所）	1983 年
季旭昇	《詩經》吉禮研究	師大碩士論文（中國文學研究所）	1983 年
梁煌儀	周代宗廟祭祀之研究	政大博士論文（中國文學研究所）	1986 年
王祥齡	中國古代崇祖敬天思想研究	文大博士論文（中國文學研究所）	1997 年

根據筆者收集與祖先崇拜相關之學位論文，計有周何《春秋吉禮考辨》、章景明《周代祖先祭祀制度》、季旭昇《詩經吉禮研究》、江美華《甲金文中宗廟祭禮之研究》、梁煌儀《周代宗廟祭祀之研究》五本著作，介紹如下：

（一）周何《春秋吉禮考辨》

全書對春秋祭祀禮制，作了相當詳細的考證與說明。全文以春秋經傳所見之吉禮禮制為主，並利用三傳解經以說禮。故全文以禮為大綱，再分別以事為條目，做敘述討論。諸多學位論文皆在其基礎上，進行更深入的研究。本文中對殷商制度的闡述，亦在其研究成果上，展開闡述。

（二）章景明《周代祖先祭祀制度》

對於周代祖先祭祀制度先進行經傳典籍上的探討，再利用出土文獻資料加以佐證。論文共分兩章：第一章針對祖先崇拜的起源與周人祭祀祖先的觀念、周代祖先崇拜的社會基礎、儒家對於祭禮的態度與主張等議題做探討；

第二章則針對周代祖先祭祀制度之宗廟制度，與周代祖先祭禮之名義及其制度進行了考證。

（三）季旭昇《詩經吉禮研究》

全文根據十三經原典爲主要參考資料，並參酌漢唐以下學者之詩禮注疏傳記，與近代學者之研究成果。其中，較重要者爲「王國維釋樂次補疏」，在王國維「釋樂次」之基礎上做補充，使周代行禮用樂的資料更加完備。此外，針對《詩經》中的祭祀制度作考證工作，對於周人宗廟祭祀部分，有詳細的討論與說明，結合《詩經》與禮書的記載，還原整個周天子諸侯祭祀過程，從最基本的祭祖儀節一一加以說明。

（四）江美華《甲金文中宗廟祭禮之研究》

全書以甲骨、金文驗證商周宗廟祭禮的存在。先就「宗」、「廟」二字作探源的功夫，再針對甲文及金文作分開式的探討。最後就宗廟祭禮的意義作闡述。

（五）梁煌儀《周代宗廟祭祀之研究》

全文共分五章，首先討論祭制，再則討論祭儀，最後討論祭儀。與張景明《周代祖先祭祀制度》、江美華《甲金文中宗廟祭禮之研究》研究模式相同。皆是藉由出土文獻加以考證周代宗廟制度。

以上爲近年來與祖先崇拜有關之研究成果，研究內容多集中對商周祭祖禮制作比較性的發揮，鮮少針對某一部經典進行通盤的研究。此外，從上表中可以發現，學者的研究手法由起初的以經解經，慢慢的利用出土文物加以佐證，到近期多從文化學角度進行闡述，越來越多元化，對於後來研究者而言，可謂開啓了另一扇窗，讓吾人可以學習用更多不同的角度、立場，對研究對象展開討論，以期能夠對所欲研究之議題作更充分的掌握與解說。

第二章　中國祖先崇拜探源

　　在中國人的觀念裡，祖先崇拜不僅僅爲純粹的宗教信仰，更是傳統文化的象徵，其精神早已融入日常生活中。中國祖先崇拜由來已久，早在商朝以前便已萌芽，〔註1〕直到周人才系統性的制訂祭祖禮制。〔註2〕後經過儒者添加道德實踐的色彩，並將其理論化的發揚，祖先崇拜正式成爲中國人的文化特色，影響後世甚鉅。〔註3〕中國祖先崇拜的源頭爲何？過去研究者多由經傳

〔註1〕張鶴泉於《周代祭祀研究》對於中國祖先崇拜的地位，作了以下的說明：「祖先作爲家族神而受到人們崇拜，並不是在周朝才開始發生的。在原始宗教活動，它就是主要的內容。祖先崇拜的出現，要早於周人所信奉的社稷和至上神『天』。它是原始社會進入父系氏族公社階段的產物。……在我國，祖先崇拜進階級社會後，不僅沒有削弱，而是得到了繼續的發展。」從這段話中，可以得到兩個訊息：首先，張氏認爲祖先崇拜並非始於周朝，其應爲父系氏族公社的產物。第二，中國祖先崇拜邁入階級社會後，得到繼續的發展，並沒有因爲社會型態的改變，導致此一崇拜信仰削弱、消失。參見張鶴泉：《周代祭祀研究》（臺北：文津出版社，1993年5月初版），頁129～130。另外，根據翦伯贊的研究，「父系氏族公社」約處於中國夏朝初期，文中其引用《書·甘誓》、《竹書紀年》、《史記·夏本紀·索隱》等資料，並援引人類文化學家的觀點以證其說。參見翦伯贊：《先秦史》（臺北：知書房出版社，2003年12月第一版第一刷）頁133～135。但夏朝是否存在？或是否可算爲一個正式朝代，學界仍未有共識，因此，本文暫將中國祖先崇拜萌芽設定爲商朝以前，而不直指夏朝。

〔註2〕文中所謂「有系統」的制訂祭祖禮制，乃是指周代禮書之製作，如《禮記》、《周禮》、《儀禮》等禮書，書中記載許多與祖先崇拜有關的禮制。商人雖亦有祭祖活動，然未有如周人般刻意制訂禮制加以規範，故內文以「有系統」說明周人祭祖禮制。

〔註3〕祖先崇拜之所以成爲中國文化傳統的象徵，乃是經由儒家倫理化以後所產生的結果，經儒家的轉化，逐漸由純粹宗教信仰，蛻變爲帶有道德實踐的文化

典籍之記載下手，藉文本資料考證其源頭。近年來，由於考古技術的進步，考古學發展迅速，相關考古資料數量亦較以往豐碩，藉此正彌補文本考證資料上的不足。本章〈中國祖先崇拜探源〉擬由以下幾個面向對此議題展開討論：

　　第一節「祖」字的探源，由「字義」角度探求中國祖先崇拜的源頭。由於文字具有負載文化信息的功能，文化產生早於文字。因此，藉由對文字的分析，探求文化根源所在。〔註4〕本節就甲骨文「祖」字的討論，探求中國祖先崇拜的源頭。第二節根據中國歷史背景，探討中國祖先崇拜之源頭。首先，羅列研究學者的說法並加以闡述。再則，以中國祖先崇拜考古遺跡為討論重點，借重考古研究成果，討論各家對中國祖先崇拜起源的說法。最後，綜上所述做一總結。希望藉由上述各層面的討論，對中國祖先崇拜之源頭有初步的瞭解。

第一節　「祖」字探源

　　中國文字不僅為純粹的語言紀錄，更是歷史文化的載體，藉著文字的記載，人類的行為與文化觀念得以被保留其中。與典籍文獻相較下，典籍的記載或許因諸多外力因素而有所中斷，但文字本身的演化卻是連續不斷的。目前中國可見最早的文字紀錄，依數量及文字形成系統，以殷商甲骨文字為代表。〔註5〕基於此，本節擬從「祖」之甲骨字形，探求祖先崇拜的根源。從

代表，最直接的表現，便是中國人對「孝」觀念的重視。參見韋政通：《中國文化概論》（臺北：水牛出版社，1980年4月再版），頁84。對於此，王祥齡進一步指出「孔子天道思想決定其對原始信仰鬼神（祖先崇拜）的觀念，甚而對日後孟、荀及儒家祭祀理論的建立，亦皆依其天道思想而獲得其指導大傳統理性主義的特色。」自漢武帝罷黜百家，獨尊儒術後，中國人的思想深受儒家影響，又儒家理論根源主要以孔子思想為主。因此，中國人的祖先崇拜之所以蘊含道德實踐的色彩，可推源於孔子之天道思想。參見王祥齡：《中國古代崇祖敬天思想》（臺北：臺灣學生書局，1992年2月初版），頁152。

〔註4〕鄒昌林於《中國古禮研究》提到：「禮在中國，由於它的充分發展和完備的形式，使它在形式上成為一種特殊的負載工具，即禮儀系統事先於文字發展起來的，然而又具有文字一樣的負載文化訊息的功能。」可知「禮」的形成應早於「文字」，即因如此，吾人可由文字本身探求文化產生的根源所在。參見鄒昌林：《中國古禮研究》（臺北：文津出版社，2000年12月二刷），頁12。

〔註5〕朱歧祥於《甲骨文字研究·論陶符與陶文》摘要部分，提到中國目前最早的文字紀錄：「殷商的甲骨文字，是最近出土文物中最大宗而具系統的上古文

古文字學的角度，歸納各家對「祖」的說法，一探中國祖先崇拜源頭。

　　對於「祖」字的解釋，阮元於《揅經室‧釋且》中提出以下的說明：「古祖字也。古文祖皆且字……小篆始左示作祖，故《說文‧祖部》：『始廟也。』」〔註6〕阮元認為「祖」之古文字作「且」，直至小篆出現後，才加上「示」部形成「祖」字。因此，可以知道「且」為「祖」的初文，屬象形字。〔註7〕探討「祖」字根源，需從「且」字展開說明。甲骨文中的「祖」字多寫為「且」，直至金文才有「祖」字的出現，「祖」之甲骨字形有以下幾種呈現：〔註8〕

字，數量超過十多萬片。然而就時間而言，新石器時期的陶器上零散發現的刻符，實遠於甲骨，因此，這些刻符才是目前所見最早的文字。」雖然，根據最新的考古資料發現，陶符出現時間遠較甲骨文字來得早，或許可將陶符視為最早的中國文字，然而就規模而言，其數量仍就甲骨文來得少許多，因此，筆者仍以甲骨字形作為根源討論的對象。因為甲骨文字的形成有其系統，而且亦有一定的規模存在，就目前而言，將其作為研究中國祖先崇拜的起源較為恰當。參見朱歧祥：《甲骨文字研究》——中國古文字與文化論稿（臺北：里仁書局，2000年11月初版二刷），頁23。

〔註6〕參見阮元《揅經室》一集之〈釋且〉。在阮元之前，對於「祖」字的解釋，見許慎《說文解字‧示部》云：「祖，始廟也。」許慎的說法並非本義，應為引伸義。由於許慎未曾見及甲骨文，因此不知道「祖」的本字為「且」。許慎將「且」解釋為「薦也。从几，足有二橫，一其下地也。」認為「且」是祭祀時用以獻祭先祖之禮器，參見阮元輯：《皇清經解‧諸經總義類彙編》（三）（臺北：藝文印書館，1986年初版），頁2561。

〔註7〕對於「且」之初文為「祖」，唐蘭提出另一種說法，認為「且」之初文應為「俎」。「且」之古文字為「祖」的說法乃是出於假借。唐蘭引林義光「二橫者俎上之橫，非足間之橫也。」（林義光《光源》提出：「⿱，夕象物形，古文字从二夕，一地也。物在屋之下，地之上，得所安也。」），認為「且」之字形「非从几」象「於俎上施橫格也」。參見《古文字研究》第一輯，唐蘭：《殷虛文字‧二記》（北京：中華書局，1979年8月），頁58。對於「且」字究竟為執字初文，學界有三種說法，一說「祖」字，以阮元為代表；一說「俎」字，以王國維（主張「且」、「几」同字）、唐蘭為代表；一說「宜」字，以林義光為代表。這三種說法，趙英山認為此「祖」、「俎」、「宜」三字，非今人易混，古人亦混淆不清。因此，應藉由文獻之上下文作判斷：「古人寫此三字（祖、俎、宜），也時亦有混淆不清者，識者，可以將三字之古文構成之意義與形狀為依據，然後以該文句與全文章，上下貫通之意義，去分辨該文字為何字，即不會有錯誤。」參見趙英山：《古青銅器銘文研究》（臺北：商務印書館，1983年7月初版），頁20。

〔註8〕關於「且」之寫法，參考孫海波等：《甲骨文編》（北京：中華書局，2004年1月第六次印刷），頁527～528。本文僅從諸多例證中舉出六例作代表，前三例見該書頁527，後三例見該書頁528。

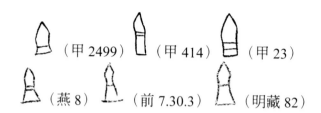

（甲 2499） （甲 414） （甲 23）

（燕 8） （前 7.30.3） （明藏 82）

就「且」的造字形象，歸納前人說法，主要有三種說法，分別爲「牡器說」、「俎几說」與「陶罐說」。分別將其列舉並說明於下：

一、「牡器說」

最先提出「牡器說」者爲郭沫若。郭沫若於《甲骨文字研究・釋祖妣》中，考證「祖」的字源：

> 古文「祖」不從示，「妣」不從女。其在卜辭祖妣字有下列諸形：「𝔸
> 𝔸 𝔸 𝔸」「𝔸 𝔸 𝔸」，是則「且」實爲牡器之象形，故可省作
> 𝔸：七乃七柶字之引伸，蓋以牝器似七，故以七爲妣若牝也……。
> 〔註9〕

郭沫若推論甲骨文之「祖」、「妣」二字乃「牝牡之初字」，提出「卜辭牝牡字無定形，馬牛羊犬豕鹿皆隨類賦形，而不盡從牛作」〔註 10〕的說法，並進而提出「且」爲男性生殖器倒懸之形象，並進一步推論「士」、「示」、「王」、「皇」諸字皆由男性生殖器所衍生。

郭沫若該說法一出，於當時學界泛起漣漪，學者多從「生殖器崇拜」的角度闡述中國民族的起源，認爲凡是經歷生殖器崇拜的民族，其崇拜物皆爲「且」，甚至衍生出中國祖先崇拜乃源自生殖器崇拜的說法。〔註 11〕

二、「俎几說」

「俎几說」爲王國維所提出，主要在許慎《說文》的基礎上，對「俎」字展開討論，藉由殷代銅器銘文證實「俎」與「几」、「且」二字皆象陳放祭物之禮器。王國維之說法引述如下：

〔註 9〕參見郭沫若：《甲骨文字研究》（香港：中華書局香港分行，1976 年 5 月港版），頁 33～34。

〔註 10〕參見郭沫若：《甲骨文字研究》，頁 32。

〔註 11〕關於祖先崇拜的起源，文中第二節〈中國祖先崇拜之起源〉作較詳細的討論，此處僅就「祖」字探其源頭。

《方言》、《廣雅》皆云:「俎,几也。」此蓋古訓。說文:「俎,從半肉在且上」,又「且,薦也。從几,足有兩橫,一其下地也」;⟨几⟩,古文以爲且,又以爲几字,則篆字俎從且,且從几,古文又「且」「几」同字,蓋古時「俎」、「几」形制略同,蓋以一字象之此說有徵乎?有。許書篆文几字與古文⟨几⟩字,皆作從正面視形;然金文作⟨几⟩、⟨几⟩或⟨几⟩、⟨几⟩二形,皆作從側面視形。……古⟨俎⟩字象匕肉於鼎之形,……則其右之⟨几⟩象俎明矣。〔註12〕

首先,藉由「⟨圖⟩」〔註13〕說明「几」字,認爲「⟨几⟩」、「⟨几⟩」實象「几」之形,几在尸左,乃周禮之定制,故僅書寫左側。再藉「⟨圖⟩」說明「⟨几⟩」乃象「俎」,「俎」亦可視爲「几」之形(「⟨几⟩」爲禮器直置或橫置之貌)。另外根據《說文》「⟨几⟩」(且)又可作「⟨且⟩」,若就字形外觀而言,甲骨文「俎」字〔註14〕與篆文「且」字皆自上觀下之形,而「⟨几⟩、⟨几⟩」乃側觀之形〔註15〕,綜上所論,推論得到「俎」與「几」爲同形二字。在層層推論中,得知「且」亦可視爲陳放祭物之禮器。此爲王國維之「俎几說」。

〔註12〕 參見王國維:《定本觀堂集林》(臺北:世界書局,1991年9月六版),頁157～159。

〔註13〕 〈父癸爵〉、〈齊婦鬲〉墟書契卷七第二葉。參見王國維:《定本觀堂集林》,頁157。

〔註14〕 右圖引自孫海波等:《甲骨文編》,頁529。⟨圖⟩(前7.20.3)⟨圖⟩(前5.37.2)⟨圖⟩(粹18)⟨圖⟩(鐵154.1)⟨圖⟩(燕10)若按照王國維的說法,皆自上觀下之形。

〔註15〕 對於「⟨几⟩」在古文字中亦有另一種說法,不僅爲「俎」亦可視爲「牀」字的象形初文。于省吾認爲:「甲骨文偏旁中的⟨几⟩字,象牀形,故疒(疾)字從之。但⟨几⟩字也象祭祀時用以陳列肉類的几案形,……」參見于省吾:《甲骨文字釋林·釋牀》(北京:中華書局,1979年6月第一版),頁422。

三、「神主說」

且	古研 8.89.2	乙 869	古研 3.34.276	粹 346
酉	續 4.35.5	古研 3.29.254	明 2318	鄴 2.40.1
俎	京 3974	京 3974	明 1904	續 5.17.4

（圖一）〈「且」、「酒」、「俎」甲骨文形構對照表〉

　　主張「神主說」說法者，以詹鄞鑫爲代表。根據他的解釋，認爲「且」之造字形象應爲陶罐形，推論殷商時期陶罐曾被商人視爲祖先神靈依附處，因此加以祭祀。換言之，即是今人所謂「神主牌位」。詹鄞鑫認爲「且」字應爲陶罐（盛酒容器）形象：

> 我們知道，「酒」的古文字寫作「酉」，是陶罐（酒墰）的形象。試比較早期（武丁時期）甲骨文中「且」與「酉」的寫法，除了正覆的不同之外，完全沒有其他區別。那麼「且」也應該是陶罐形象了。〔註16〕

詹鄞鑫利用「且」、「酉」、「俎」三字武丁甲骨文形作比較，得到三者極度形似的結論，見圖一〈「且」、「酒」、「俎」甲骨文形構對照表〉〔註17〕，並進一步舉出秦安縣寺嘴出土的陶罐偶像與同地出土的器形兩相比較，討論兩者異同處。從「且」之甲骨字形，可以發現有些「且」字呈現倒置的情況，對於「且」倒置的原因，詹鄞鑫推測出兩種可能：

　　（一）殷商早期，商人曾以倒置的陶罐作爲祖先形象加以祭祀，這裡可從「俎」之古文字形象亦爲倒置可證。

〔註16〕參見詹鄞鑫：《神靈與祭祀》（江蘇：江蘇古籍出版社，1992 年 6 月第一版第一刷），頁 131。

〔註17〕整理自詹鄞鑫〈「且」與「酉」古文字對照表〉，參見詹鄞鑫：《神靈與祭祀》，頁 131。

（二）造字時為了能夠清楚的判別「且」、「酉」兩字的不同，避免字形上的混淆，故將「且」加以倒置創形。〔註18〕

詹鄞鑫利用「且」、「酉」與「俎」相互比較，推論得到「且」為盛裝食物陶罐，並認為其為當時之「神主」象徵。

四、三種說法的討論

（一）對於「牡器說」的討論：在郭沫若「牡器說」影響下，生殖器崇拜說法幾乎沸騰於整個大陸學界，學者解釋諸多古文字形，幾乎皆朝該方向加以詮釋。近代，隨著考古資料成果愈加豐碩，漸漸有了不同的聲音，持異論者如詹鄞鑫、李零等人。詹鄞鑫認為：

> 在牡器說的影響下，過去人們都把原始民族男性生殖崇拜的偶像稱
> 為「祖」。其實，在原始社會中生殖崇拜與祖先崇拜是毫不相干的，
> 祖先神絕不可能來源於牡器崇拜，從而把牡器偶像稱為「祖」也是
> 毫無道理了的。〔註19〕

詹氏認為「且」言「牡器」已不可從，郭沫若認為中國祖先崇拜導源於生殖器崇拜的說法更不可信，且毫無道理可言。針對郭沫若的說法，李零提出三點質疑加以反駁：〔註20〕

第一點，「士」、「示」、「王」、「皇」諸字皆由男性生殖器所衍生一說，至今尚未成為定論；「妣」字像「牝器象飯匙」的說法亦十分牽強，字形上根本無相似處。

第二點，「祭」字從「示」外，亦有從「匕」者；「賓」字乃象屋下懸匕之形兩說，根本就是誤釋。

第三點，「母」與「爽」為一字，皆「象人形而特大其二乳」，基本上，亦是欲將其與生殖崇拜相互牽連而提出的說法。

對於李零的說法，根據現今學界的研究，部分已經得到解釋，可稍做修正。例如：「『土』、『士』、『示』、『王』、『皇』諸字皆由男性生殖器所衍生一說，至今尚未成為定論」目前學界已經得到基本的共識，本文引證季師旭昇研究整理成果如下：

〔註18〕參見詹鄞鑫：《神靈與祭祀》，頁132。
〔註19〕參見詹鄞鑫：《神靈與祭祀》，頁132。
〔註20〕參見李零：《中國方術考》（北京，東方出版社，2001年），頁439～442。

「士」本義：貴族的最低層。〔註21〕

「示」本義：祭祀的神主。〔註22〕

「王」本義：天下所歸往者。即王者。〔註23〕

「皇」本義：征討。〔註24〕

由上可知，「士」、「示」、「王」、「皇」諸字與男性生殖器根本無關。另外，李零認為郭沫若所謂「『妣』字像『牝器象飯匙』的說法亦十分牽強」事實上，此種說法亦不宜全盤否定。

　　除了詹鄞鑫與李零的說法外，筆者認為郭沫若對「且」的論述，對於「牡」、「牝」二字之「土」、「匕」為母器之形解釋合理，〔註25〕然證認為其皆出於生殖器崇拜一說之解釋，似乎卻稍嫌武斷。雖然，現在也有部分的考古證據證明，生殖器崇拜曾經存在於中國的原始信仰當中，〔註26〕但其說法僅可證明中國境內少數民族曾經有過生殖器崇拜的可能，是否能將所有生殖崇拜的崇拜偶像皆用「且」字表示，仍有待更多證據加以證明。另外，郭沫若時代正處於弗洛伊德（Sigmund Freud，1856～1939B.C.）學說盛行的時期，說法必然會受其影響，故「且」（祖之隸定）造字最初形象是否誠如郭氏所言，為男性「生殖器」之形，尚有商榷餘地。

　　（二）對於「俎几說」的討論

　　王國維在許慎解釋「且」（「薦也。从几，足有二橫，一其下地也。」）的基礎上展開說明，藉由殷代禮器銘文加以佐證，除了證實許慎說法外，進一步闡述認為「且」、「俎」、「几」視為三同形字體。「且」可解釋為陳放祭物之禮器。對於此，筆者認為「俎几說」之推論過程合理，其得到結果與詹鄞鑫主張「且」為「陶罐」（亦可作為置物用）說法相似，然詹鄞鑫的說法更為具體，更能合理說明「祖」之根源，故從其說。

〔註21〕 詳見季旭昇老師：《說文新證》（臺北：藝文印書館，2004年10月初版二刷），頁49～50。

〔註22〕 詳見季旭昇老師：《說文新證》，頁39～40。

〔註23〕 詳見季旭昇老師：《說文新證》，頁42～43。

〔註24〕 詳見季旭昇老師：《說文新證》，頁43～44。

〔註25〕 對於「牡」、「牝」二字之說法與討論，詳見季旭昇老師：《說文新證》，頁78～79。

〔註26〕 李零《中國方術考》中，針對中國考古資料中可能為生殖器崇拜者，作了詳細的舉例。相關資料參見李零：《中國方術考》，頁441～450。

（三）對於「神主說」的討論

詹鄞鑫認為「且」最初乃為陶罐形象，為祖先靈魂所依附，可供子孫祭祀的器具，商人採用木製牌位，稱作「示」，周人亦延續其制，便改稱「主」。「示」、「主」、「且」字義皆為祖先牌位。關於此，利用聲韻學及出土卜辭的角度，加以證明三者實為同一字：

> 則且讀音與「祖」同聲同韻。又，「示」是殷代先公先王的通稱，而且在甲骨卜辭中，見到殷代先公先王稱「且某」者，有數位，如且甲，且乙，高且乙，且丙，且丁，且庚，且壬，且癸等，似乎是二代以上的先公先王都可以稱「且」，「且」也許是他們的另一個通稱。其中，且壬、且癸又叫示壬、示癸；在《史記・殷本紀》上又稱主壬、主癸。何況在殷代名中有「癸」的先祖只有一位，且癸、示癸、主癸必是一人。這樣說來，「示」與「且」大有是一字之的可能。
> 〔註27〕

「且」字形構出自「陶罐」，本義乃為祖先神明所依附之器具，即「神主」的說法，筆者表贊成角度。三點理由如下：

第一點，詹鄞鑫利用「且」、「酉」、「俎」三古文字形，解釋「且」為陶罐形，利用陶罐之正、覆置放的型態以區別神主及器用之別，以同時字體佐證，增加其可信度。

第二點，提出「且」的存在若殷商之「示」，周人之「主」，同為神主的說法，經過現今古文字學家及經傳典籍的考證亦得到證明，「示」、「主」、「且」三字同為為神主之說。

第三點，詹鄞鑫根據現今黃河流域出土的仰韶文化遺址提出證據，仰韶文化遺址發現一個人象彩陶壺，其頂部通常有一小孔，應為陶罐此與西安半坡村之出土遺跡應屬於同一文化系統，此一陶罐很有可能即是由陶罐棺發展而來，把死者骨骸置放於陶罐中，死者靈魂便寄宿其中，要崇拜以死的祖先，自然便以陶罐為對象，故可視為「神主」之前身。因此，對於這三種說法，本文認為「神主說」證據較為充足，除了推論合理外，又有大量考古遺跡加以佐證，較能合理解釋祖字的起源。

〔註27〕　參見嚴和來〈或為石祖：簡述甲骨文中的「示」〉，主要討論「示」與「石祖」的關係，為了證明其說法，對於「示」、「主」、「且」可能為同一字，亦作了詳細的資料歸納與說明。參考：http://www.cpsac.org.cn/fxbj/2001/200132.htm。

第二節　中國祖先崇拜之源頭

關於中國祖先崇拜的起源說法眾多，其中較爲人所爭議的有以下三種說法：分別爲源於「生殖器崇拜」、「圖騰崇拜」及「靈魂不滅」。此節中，先就各家說法作理論及背景上的介紹，再討論與中國祖先崇拜間的關連。

一、源於「生殖器崇拜」說

（一）「生殖器崇拜」理論闡述

「生殖器崇拜」本爲西方人類學研究原始社會文化信仰的學說，傳入中國後，學者廣泛的運用於諸多典籍資料中。〔註28〕而後郭沫若更在生殖崇拜的基礎上，提出「且」乃男性生殖器的說法，造成後來研究者，多尋此路徑解釋中國祖先崇拜的起源。以下將就人類文化學對「生殖器崇拜」的解釋，作一基本的理論闡述。

根據人類學家的考證，人類的根源由猿人進化而來，由猿人階段邁入人類的過程中，人類生理構造產生改變，脫離四肢爬行的階段，學習直立並利用雙手製作器物，把持武器對抗猛獸的侵襲等；此外，居處穩定及社會經濟來源（食物）趨於穩定後，人類開始意識到對自身族群延續的重要性。在生理構造的改變及生存需要的背景下，人類對繁衍產生渴望，理解到惟有靠種族不斷延續，生命才能夠縣連不斷的流傳下去，由此產生對生殖器的崇拜。〔註29〕根據人類學家的研究，人類的生殖器崇拜基本上歷經過兩個階段：一爲對「女性生殖器崇拜」〔註30〕，此階段主要在母系氏族社會中形成，由於當時人類尚處於知母

〔註28〕除了上述郭沫若〈釋祖妣〉外，學者凌純聲根據古文字與地下出土遺物，亦主張「祖」乃性器的象徵，相關著作如〈中國的祖廟起源〉、〈中國古代神主與陰陽性器崇拜〉等，文中提到凡中國古代宗廟落家堂中，甚至墳墓上的墓碑、祭臺，都是象徵陰陽性器。（〈中國的祖廟起源〉錄自中央研究院，民族學研究集刊，第七期、〈中國古代神主與陰陽性器崇拜〉錄自中央研究院，民族學研究集刊，第八期）。

〔註29〕參考詹鄞鑫：《神靈與祭祀》，頁120～121。此外，張光直：《中國考古學論文集》，〈中國遠古時代儀式生活若干資料〉（臺北：聯經出版，1995年12月初版），頁93～109。

〔註30〕關於「女性生殖器」崇拜，以1979年和1982年遼寧省喀左東山嘴和1983年1985年遼寧省凌源牛河兩座紅山文化遺址中發現豐饒女神像爲代表，，距今約五千年之久，可視爲「女性生殖器」崇拜的典型例證。此外，這種女性神像在世界各地亦多有發現，據統計已有上百例之多。其中尤其以蘇雅境內發現最多，它們主要流行在舊石器時代，新石器時代亦可見期蹤跡，如上述紅山文化遺址即是屬於新石器時代。參見李零：《中國方術考》，頁435～436。

不知父的時期，因此，生殖器崇拜主要展現於對「女性生殖器」的崇拜上，而後邁入父系氏族社會後，男性的地位大爲提升。轉變成權力掌握者，在當時以父系單方面的血緣關係來確認氏族，才逐漸的由崇拜女性生殖器轉向崇拜男性生殖器，此爲「男性生殖器崇拜」。〔註31〕在中國，產生了「祖」爲男性生殖器形構的說法。後來諸多考古遺跡出土後，多從這個角度加以闡述說明。基本上，主張祖先崇拜源於生殖器崇拜者，其理論基礎乃建構於對「生殖力」的崇拜，不論是對女性生殖力的崇拜，或是男性生殖力的崇拜，基本目的皆是爲了種族的延續，人口的繁衍，換句話說即爲族群生存的基本需求。

（二）「生殖器崇拜」與中國祖先崇拜關係之討論

郭沫若考證「祖妣」字源時，與生殖崇拜相互連結，認爲「社」（與「且」同字），「士」（與「且」同字），「王」、「皇」（兩字皆「且」之變），「帝」（與花蒂有關）皆與男性生殖器崇拜有關；「祭」（從「匕」），「賓」（屋下懸「匕」之形），「母」、「爽」（「象人形而特大其二乳」），「后」（本作「毓」，象產子之形）皆與女性生殖崇拜有關，推論結果得到「祖先崇拜及一切神道設教之古習」〔註32〕皆由生殖器崇拜而出。

認爲祖先崇拜源頭爲生殖崇拜者，通常有以下幾個論點，將其作一簡要整理，羅列於下：

論點一：從「字」源的角度展開說明——探求「祖」字本義，認爲「且」乃男性牡器形象，故認定祖先崇拜在殷商時期，根源於「生殖器」崇拜。基本上，持該論點者，多本於郭沫若「牡器說」爲立論基礎。

論點二：從考古遺跡加以佐證——利用近年來諸多考古遺跡加以闡述其學說。認爲中國民族經歷過「生殖器崇拜」階段，而後逐漸轉變成「祖先崇拜」。〔註33〕

〔註31〕關於「男性生殖器」崇拜，以仰韶文化遺跡爲主要代表，考古學家將其定名爲馬廠類型的墓地。對於出土陶罐形象，《青海柳灣》有詳細的描述，引述於後：「標本採01，小口短頸，圓腹平底，泥質紅陶，從口到器腹中部塗敷了一層紅色陶衣。彩繪一組對稱兩圈網紋，另一組爲蛙身紋加塑繪裸體人像。彩繪人像是先捏塑出裸體人像，然後在人像各突出部位之周圍黑採勾勒。頭面在壺之頸部，目、口、耳、鼻俱全，披髮，眉作人字形，小眼、高鼻、碩耳、張口。器腹部即爲身軀部位，乳房、臍、下部及四肢袒露。乳房豐滿，用黑彩繪成乳頭，上肢雙手作捧腹狀，下肢直立，雙足外撇。彩陶壺通常爲34釐米。」參見《青海柳灣》（北京：文物出版社，1984年），頁116。
〔註32〕參見郭沫若：《甲骨文字研究》，頁41。
〔註33〕反映石祖崇拜的考古遺跡，在中國有多處發現，主要有：陝西銅川市李家溝

論點三：從「神話傳說」加以說明——援引許多中國傳說故事，認爲此爲中國古代生殖崇拜文獻記載。〔註34〕

就以上三論點提出看法如下：

「且」爲「祖」之源頭，最初爲陶罐形象，如同現今之「神主」牌，郭沫若之「牡器說」雖可供參考，然將其視爲祖先崇拜之源頭略顯武斷。再則，經由出土文物佐證，縱然穩固其理論基礎，然將大部分出土文物皆與「生殖器崇拜」相互牽連，易失於過度主觀，且略顯牽強。〔註35〕尤其，當時學界瀰漫著弗洛伊德（Sigmund Freud）思潮，學者幾乎都循其學說立論。在時代背景的影響下，生殖器崇拜說法會大盛亦是預料中的事情。此外，中國傳統神話是否可依此而論定爲古代生殖崇拜器文獻記載，尚有待商榷，不宜直接下定論。且既爲神話，捏造成分必然不少，因此，武斷將其視爲生殖崇拜之論證，有失客觀。因此，中國祖先崇拜源於「生殖崇拜器」一說，相關出土遺跡可供參考，但其理論不宜全盤採信。

二、源於「圖騰崇拜」說

（一）「圖騰崇拜」之理論

「圖騰」一詞非中國所固有，乃由西方學術概念所引進，爲近代社會學、民族學、民俗學或文化人類學之概念性詞彙。〔註36〕。中國「圖騰」觀念之

遺址、陝西華縣泉護村遺址、河南淅川下王崗仰紹文化遺址、陝西西安客省莊遺址、山西萬榮縣荊村遺址、河南信陽縣三裏店遺址、山東濰坊魯家口遺址、甘肅甘谷灰地兒遺址、甘肅臨夏市張家嘴遺址、湖北京山屈家鎮遺址、湖北江孜關廟遺址、湖南安鄉度家崗遺址、廣西壇樓石產遺址、廣西欽州獨料遺址、新疆羅布淖爾遺址、河南鄭州二裏崗遺址。參見宋兆麟：《生育神與性巫術研究》，北京：文物出版社，1990年。

〔註34〕 如女媧補天、嫦娥奔月等著名神話傳說，亦被學者加以引伸，與生殖崇拜相互證明。

〔註35〕 「與祖廟相關聯的是社，祖社當爲一物……祖社對舉成文，其實只是一物，郭沫若謂其象牡器之形，是也；謂其皆出於性器崇拜則未必。」參見龔鵬程：《思想與文化》（臺北：業強出版社，1995年元月修訂版一刷），頁133。

〔註36〕 中國對於Totemism之譯文，或翻譯爲「圖騰崇拜」、「圖騰文化」，或稱爲「圖騰信仰」、「圖騰制度」、「圖騰觀」。亦有學者以文化角度，將之稱爲「圖騰系統」（Totemic System）；或以歷史發展進程，將之稱爲「圖騰階段」（Totemic Stage），無論何種說法，其差異在於以何種立場對其展開說明，在諸多不同的詮釋面上，其無損於「圖騰理論」之基本觀念，爲求扣緊本文主旨「祖先崇拜」之研究，採用「圖騰崇拜」譯法。「圖騰崇拜」源於北美洲印地安人所使

初次引進，乃是清末嚴復（1854～1921 B.C.）將英國學者甄克思（Jenks, Edward）
（1861～1939 B.C.）《社會通論》一書中之「totem」譯為「圖騰」，此後，隨
著西方圖騰理論與著作不斷的引進，中國學者便開始藉由「圖騰」之理論基
礎，對於中國傳統學術的展開研究，以傳統文獻為素材，藉此對人類起源等
相關議題，展開闡述與研究。〔註37〕

　　關於「圖騰」理論之定義，各家說法不一。其中學者所共同採納的說法，
主要是基於「血緣」上的連結，相信人類之源起，主要根植於某種自然物或
自然現象，且人與自然物或自然現象間，彼此有著密不可分的關係——「血
緣」上的關連。換言之，便是指人與崇拜物間有著若親屬般的關係，此外，
隨著崇拜物的出現，崇拜者自然對於崇拜物會產生某些畏懼，因而有所謂禁
忌的產生。〔註38〕爾後，隨著此一基礎觀念與文化、歷史等各面向的相互結
合，便有所謂「圖騰崇拜」理論的出現。〔註39〕

　　用之奧其華（Ojibwa）語（阿爾岡金部落，Algonkintribe）的 ot-otem 或 ot-otam，
　　其義為「他的親族」。18世紀末（1971）英國商人約翰・朗格（John Long）
　　於其在北美生活之經驗，出版《印地安旅遊記》一書（Voyages and Travels of
　　an Indian Interpreter and Trader），書中將 ot-otem 或 ot-otam 寫為 totam，首度
　　介紹了北美印地安人的圖騰信仰與相關生活習俗後，圖騰所蘊含之信仰觀
　　念，便公諸於世，此後學術界便將相關的現象與觀念統稱為「圖騰崇拜」
　　（Totemism）關於「圖騰崇拜」詳參鍾師宗憲：《先秦兩漢文化側面研究》（臺
　　北：知書房出版社，2005年6月1版1刷），頁299～303。

〔註37〕嚴復對甄克思之圖騰概念作了以下的理解：「圖騰者，蠻夷之徽制，用以自別
　　　其眾於余眾者也。北美之赤狄，澳洲之土人，常畫刻鳥獸蟲魚或草木之形，
　　　揭之為桓表；而臺灣生番，亦有牡丹檳榔諸社名，皆圖騰也。由此推知，古
　　　書稱閩為蛇種，盤瓠犬種，諸此類說，皆以宗法之意推言圖騰；而蠻夷之俗，
　　　實亦有篤信圖騰為其先（祖先）者，十口相傳，不自知其怪誕也。」嚴氏對
　　　「圖騰概念」與氏族關係作了結合，「圖騰」是氏族族徽，此一徽幟與其他氏
　　　族是有所區別的，某一氏族的族幟便是此一氏族所崇仰之祖先。參見《嚴復
　　　集》第四冊（北京：中華書局，1986年），頁922。

〔註38〕鍾師宗憲於《先秦兩漢文化之側面研究》，對於「圖騰觀念」之主要關鍵作了
　　　詳細的闡述：「從原始意義來看，『圖騰』觀念的主要關鍵，是圖騰崇拜者相
　　　信他自己（或民族）與圖騰物有血緣上的關係，圖騰物同時也是崇拜物：圖
　　　騰物的型態會表現在徽記上，圖騰物的性質會構成某種禁忌。這是各種圖騰
　　　理論所共同承認的基本原則，也是後來所衍生各種圖騰理論的基礎所在。」
　　　參見鍾師宗憲：《先秦兩漢文化之側面研究》，頁309。

〔註39〕關於西方圖騰理論相關例證，參見王培基譯，佛雷澤（（J・G・Frazer），1854
　　　～1942B.C.）著：《金枝——巫術與宗教之研究》（臺北：桂冠出版社，1991
　　　年），頁299～367。

關於「圖騰」理論之定義，各家說法不一。其中學者所共同採納的說法，主要是基於「血緣」上的連結，相信人類之源起，主要根植於某種自然物或自然現象，且人與自然物或自然現象間，彼此有著密不可分的關係——「血緣」上的關連。換言之，便是指人與崇拜物間有著若親屬般的關係，此外，隨著崇拜物的出現，崇拜者自然對於崇拜物會產生某些畏懼，因而有所謂禁忌的產生。〔註40〕爾後，隨著此一基礎觀念與文化、歷史等各面向的相互結合，便有所謂「圖騰崇拜」理論的出現。〔註41〕

（二）中國「圖騰崇拜」之證明

1. 中國「圖騰崇拜」

隨著「圖騰觀念」的引進，學者利用「圖騰」的概念對中國歷史文化展開詮釋。中國並無「圖騰」此一詞彙，最初「圖騰」觀念，便是原始的「姓」，在中國早期，「姓」是部族的圖騰，亦是圖騰崇拜的內涵之一。在原始時期，部落與部落間時常有所爭執，導致戰爭頻傳，戰鬥時需要一共同信仰以加強本族的團結力，因此，「圖騰」的出現無疑為一精神象徵，具備團結作用及強大的凝聚力。時間一久，圖騰便逐漸演變成氏族的共同標記，「姓」也因此產生。這就是由「圖騰感生」演化為姓的來由。除了「姓」以外，在中國，關於圖騰崇拜例證較多的，便是始祖的誕生傳說：如夏始祖「禹」乃其母吞薏苡而誕生；《商頌·玄鳥》為一感生神話，述說商人始祖契的誕生等，〔註42〕

〔註40〕鍾師宗憲於《先秦兩漢文化之側面研究》，對於「圖騰觀念」之主要關鍵作了詳細的闡述：「從原始意義來看，『圖騰』觀念的主要關鍵，是圖騰崇拜者相信他自己（或民族）與圖騰物有血緣上的關係，圖騰物同時也是崇拜物；圖騰物的型態會表現在徽記上，圖騰物的性質會構成某種禁忌。這是各種圖騰理論所共同承認的基本原則，也是後來所衍生各種圖騰理論的基礎所在。」參見鍾師宗憲：《先秦兩漢文化之側面研究》，頁309。

〔註41〕關於西方圖騰理論相關例證，參見王培基譯，佛雷澤（（J·G·Frazer），1854～1942B.C.）著：《金枝——巫術與宗教之研究》（臺北：桂冠出版社，1991年），頁299～367。

〔註42〕對於〈商頌·玄鳥〉為契始祖，其象徵商人之圖騰崇拜，相關佐證資料非常多：如。《楚辭·天問》：「簡狄在台嚳何宜？玄鳥致貽女何喜？」〈思美人〉：「高辛之靈晟兮，遭玄鳥而致貽。」此外，《史記·殷本紀》亦有記述。除了文獻證明外，還可以從甲骨文、金文中找到證據。據胡厚宣研究，涉及鳥圖騰的「甲骨8片，卜辭10條。……王亥之亥字上的鳥字從又，又即手，為《山海經·大荒東經》：『有人曰王亥，兩手操鳥』傳說之所自出。……卜辭又稱王亥為高祖，高祖的意思就是遙遠的祖先。所以，才把鳥圖騰的符號，特加在王亥的亥字上邊。」另外，商晚期銅器「玄鳥婦壺」，壺名即為玄鳥婦三字

幾乎都將始祖與某一特定對象相互連結。此外,「面具」亦受到圖騰的影響,面具本起源於宗教信仰,為巫師藉以象徵神祇的工具。此外,符號圖像的出現,更象徵了文字符號的萌芽,意謂人類文明時代已經逐漸揭開序幕。基本上,「圖騰崇拜」的出現,代表著人類的進化,表示人類已經具備抽象思考的能力,逐漸會運用具體的事物或符號,將心中的觀念、思想加以表達。

2. 從「圖騰崇拜」邁向「祖先崇拜」

由於「圖騰崇拜」之理論基礎根植於人類與此一自然物或自然現象,彼此有著密不可分的「血緣」關係,基於此,便衍生出「祖先崇拜」源自於「圖騰崇拜」之說法。何星亮於《中國圖騰文化》一書中,便提及彼此間有承繼關係:

> 圖騰觀念是圖騰文化叢中最基本的文化元素。圖騰觀念有三種:一為圖騰親屬觀念;二為圖騰祖先觀念;三為圖騰神觀念。圖騰是最早的宗教意識之一,與神觀念的形成關係密切,他對後來祖先崇拜、

之合文,它的含義,是作壺者系以玄鳥為圖騰的婦人。再就壺的形制環瑋和紋飾精美考之,可以判斷此婦即為簡狄的後裔,又屬商代的貴族。」(關於〈商頌‧玄鳥〉為契始祖,參見胡厚宣:《甲骨文所見商族鳥圖騰的新證據》,《文物》1977 年第 2 期。上文說法引錄自張榮明:《殷周政治與宗教》,頁 24~25。)因此,玄鳥為契始祖,其象徵商人之圖騰崇拜。此外,鍾宗憲老師對於玄鳥亦認為最符合圖騰中血緣觀念之神話類型:「撇開歷史文化進程的思考與判斷,而從神話角度來看,目前學者將圖騰理論運用於神話詮釋最多的,有三種面向:第一種,對於崇拜對象的認定;第二種,感生神話中的祖神觀念;第三種,變形神話中的圖騰回歸。其中最符合『圖騰』血緣觀念基本意義的神話類型,應該是『感生神話』。」(參見鍾宗憲老師:《先秦兩漢文化之側面研究》,頁 312。)其中,以〈商頌‧玄鳥〉之「血緣觀念」表達的最為直接,可以視為中國圖騰崇拜例證。周朝姜原踩踏巨人足跡而產下棄的感生神話(參見孫作雲〈周先祖以熊為圖騰考〉,收錄自孫作雲:《詩經與周代社會研究》(北京:中華書局,頁 1966。))則無法視為圖騰崇拜的例證。針對此孫作雲的說法,趙制陽提出五點加以反駁。第一點,就圖騰學說本身,「不是圖騰學說不可從,而是(孫作雲)對圖騰的認定時常含混不清」導致「越推演,問題也越多」。第二點,就考證資料而言,孫作雲認為「姬字之得義得形,皆由於圖騰。」過於主觀,「其結果往往不是觀點跟著資料走,而是資料跟著觀點走」。第三點,從研究方法看,以錯誤歸納加以推演,求證過程不夠嚴謹。第四點,就學說而言,孫作雲學說主張自相矛盾,若姜姓氏族為羌人,又羌人以羊為圖騰,為何不事件踩「羊」之足跡。第五點,從論文整體而言,論述分明但過於主觀。過度受限於圖騰觀念,導致難圓其說。關於趙制陽〈孫著「周先祖以熊為圖騰考」質疑,發表於 1988 年〉摘錄自鍾師宗憲:《先秦兩漢文化之側面研究》,頁 317。

自然崇拜、薩滿教、英雄崇拜、帝王崇拜有極大影響，與古代倫理、
道德觀念和哲學思想的形成也有一定的聯繫。〔註43〕

何星亮認為「圖騰觀念」是最早之宗教意識之一，它不僅是後來神觀念形成的基礎，更是許多崇拜信仰的源頭，文中所提到之「圖騰親屬觀念」、「圖騰祖先觀念」、「圖騰神觀念」，綜言之，是一種「祖先神」的觀念。然「圖騰崇拜」之觀念是否可視為「祖先崇拜」之源頭？認為兩者間有絕對繼承關係的學者，多由以下兩種角度切入闡述：

（1）「血緣關係」的延伸：

基於圖騰概念中「血緣關係」的角度作說明。認為崇拜物與崇拜者間的「血緣」關係，猶若後來「祖先崇拜」中祭祀者與祭祀對象間的親屬關係，兩者間有著顯然亦見的承繼關係，祖先崇拜的起源，便是源自於「圖騰崇拜」。

（2）「文化發展」的進程：

基於人類文化發展的進程，對此展開說明，是以整個人類的文化發展為大佈局，認為「圖騰崇拜」這一階段先於「祖先崇拜」階段，因而兩者間是一種文化上的承傳關係，其象徵意義是人類由原始的蒙昧時期的宗教信仰，邁入人文宗教的樞紐〔註44〕。

（三）「圖騰崇拜」與中國祖先崇拜關係之討論

「圖騰崇拜」於中國古代確實存在，根據目前學界的研究已經得到統一的共識，經由民族學家的研究，證明中國少數民族確實曾經有過「圖騰崇拜」這一階段。但是，是否便可藉此說明「祖先崇拜」便是源自「圖騰崇拜」的說法？

「圖騰崇拜」本為西方理論，拿來運用於中國古代學術研究上，本應格外小心。除了基礎定義需明確界定清楚之外，中國與西方之學術背景相隔千

〔註43〕詳參何星亮：《中國圖騰文化》（北京：中國社會科學出版社，1994年2版），頁23～25。

〔註44〕關於人類從最原始的「自然崇拜」、「圖騰崇拜」原始宗教信仰，一直到「祖先崇拜」的人文宗教信仰，王祥齡將其界定為「從原始到人文的樞紐」，筆者文中所談到「象徵意義是人類由原始的蒙昧時期的宗教信仰，邁入人文宗教的樞紐」便是基於王氏界定而下的定義。王氏由文化發展角度看待「祖先崇拜」，認為其出現晚於「圖騰崇拜」階段，這是由文化發展的角度闡述，而非直指「祖先崇拜」源於「圖騰崇拜」。關於〈古代祖先崇拜的起源與進展〉之說法，詳參王祥齡：《中國古代崇祖敬天思想》，頁23～71。

里，亦是不容忽略的要點〔註 45〕。對於中國「圖騰」理論的運用於中國學術詮釋上，鍾師宗憲作了以下結論：

> 西方學界對於圖騰理論的使用，至少都有田野考察的實證基礎在，所以即使是百家爭鳴，也僅有定義範疇大小的衝突，而沒有理論基礎欠缺的危機。中國則不然，和神話研究一樣，圖騰理論由西方學界所建構，拿來加諸中國的歷史、神話、習俗，往往會有扞格不入的情形產生。〔註 46〕

中國的歷史、神話、習俗之成型是否能夠全然以西方之理論套用詮釋，的確是值得再行商榷。中國幅員廣闊，面對西方「圖騰」理論時，應該更能利用自身的優點對此理論展開研究，而非一味的否定或全盤接受。對於此，李學勤提出較公允的說法：

> 圖騰說是由西方學者所創始的。怎樣正確對待這一理論，如何已知與中國歷史文化相結合，並不是簡單的事情。中國是世界上少數有自己獨立起源的文明的古國之一，疆域廣闊、民族眾多，其歷史文化應該最能對圖騰說出驗證。可是談圖騰的每每是不加思索的接受，不談圖騰的往往沒有考慮便拒斥，真正作詳細研究的還很少。
>
> 〔註 47〕

〔註 45〕關於中西文化的差異，過去學者已作多諸多的探討。唐君毅認為中西文化精神的形成，就外緣而言，有以下三種差異：（一）西方文化之來源多元吸收；中國文化來源傾向一元吸收。（二）西方人著重個體自由觀念，容易與接觸之商業交易產生衝突；中國人愛好和平，此與發展農業有關，需要安定的生活，雖中國史上亦有戰爭，然大多屬於內亂。（三）西方文化著重文化類別，如西洋學術文化重分門別類，主義派別亦多；中國文化則以反本復始為主，重文化的精神。關於中西文化之差異，筆者整理自唐君毅：《中國文化之精神價值》（臺北：正中書局，1975 年 8 月十版），頁 112。此外，韋政通對中西文化的差異，提出七點不同，可歸納成三大系統作說明：（一）心靈表達的型態不同：中國以道德為主；西方則以認知為主。（二）方法不同：中國文化重直覺；西方文化重理智。（三）文化成績不同：中國文化成就主要表現在道德層面；西方文化成就則凸顯於科學方面。詳參韋政通：《中國文化概論》（臺北：水牛出版社，1980 年 4 月），頁 17～21。綜合兩人對中西文化差異之分析，可以知道中西文化有其根本上的差異，若將西方理論制式套入中國典籍解釋，容易有扞格不入的狀況發生，易容易失之武斷，因此，理論的使用上，需格外小心謹慎。

〔註 46〕參見鍾師宗憲：《先秦兩漢文化之側面研究》，頁 337。

〔註 47〕參見王大有、王有：《圖說中國圖騰》之〈序言〉（北京：人民美術出版社，1988 年），頁 14。

面對西方「圖騰理論」的傳入研究者應秉持中立的態度，而且中國屬具有獨立起源的國家，面對外來理論時，更應該格外注意，考慮到諸多外在環節及人文因素，而非盲目接收。

此外，「圖騰崇拜」最初崇拜對象乃屬自然物種，支持「祖先崇拜」源自圖騰崇拜者，多基於人類與此一自然物或自然現象，彼此有著密不可分的「血緣」關係的立場，推論出「祖先崇拜」源自於「圖騰崇拜」之說法。事實上，這是不合邏輯的說法。人類與自然物種雖皆為大自然之生物，但是，人類的祖先為人類，絕不可能迸出源於自然物種的說法，因此，「祖先崇拜」源自「圖騰崇拜」之說法有待考量。然之所以會有這種說法，或許是對「圖騰崇拜」理論基礎瞭解不夠深入所導致的誤解。「圖騰崇拜」存在於中國是不可否認的事實，然要將其推論為「祖先崇拜」的源頭並不適當，可以由「文化的進程」來說明由「圖騰崇拜」（物種崇拜）邁入「祖先崇拜」（人類自身祖先的崇拜），是人類不斷進步的象徵，但若因此就論定「圖騰崇拜」是「祖先崇拜」的起源稍顯武斷。

三、源於「靈魂不滅」說

第三種說法，祖先崇拜源於「靈魂不滅」，本文偏向該論點。以下先論述其理論基礎，再從中探討中國人祖先崇拜的起源。

（一）從典籍文獻看中國人的「靈魂觀」

遠古時期人類，普遍認為死亡後有「靈魂」的產生。「靈魂」的產生最初乃基於人類對於周遭環境的恐懼以及夢境無法順利的解釋，並在一定社會經濟基礎的支持下，才有發生的可能。在論及中國祖先崇拜前，需瞭解中國古代「靈魂觀念」。中國稱靈魂，而是以「魂魄」指稱。〔註48〕中國「靈魂」的

〔註48〕西方以「靈魂」一詞指稱人類死亡後之狀態。西方靈魂觀念最早由西方社會學家泰勒所提出其論述基礎在於萬物皆有其靈魂存在，即「萬物有靈論」（「Animism」）。詳參愛德華·泰勒（Edward B. Tylor，1832～1917 A.D.）：《原始文化》（Primitive Culture）（上海：上海文藝出版社，1992 年 8 月），頁 415～416。筆者於此處僅約略論述，不打算以其學說作為中國祖先崇拜之根本，泰勒以大方向探原人類起始本源，其學說符合人類大致發展歷程，但是，中國對於靈魂觀念是否等同於泰勒所提靈魂認知，則表存疑態度。故此關於靈魂觀念之說明，筆者認為中國文獻記載為主軸展開說明，較符合中國民情發展。根據中國典籍文獻記載，「靈魂」一詞最早見於《楚辭·九章·哀郢》：「羌

觀念最初以「精神」爲基礎。由於相關資料較少，過去討論中國人「靈魂」
的觀念多在先秦兩漢的儒家典籍結合諸子的思想展開說明。以下筆者先就典
籍資料作說明後，再以現今人類學家理論研究成果補強，佐以考古遺跡爲證
據，從這三方向對中國古代靈魂觀念作說明。「魂」與「魄」爲兩對不同的詞
彙，後人多用「魂魄」通稱，實際上，兩者是不同的概念。《左傳・昭公七年》
提及「魂魄」的觀念：

> 人生始化曰魄，既生魄，陽曰魂。用物精多，則魂魄強。是以有精
> 爽，至於神明。匹夫匹婦強死，其魂、魄猶能馮依於人以爲淫厲。
> 況良宵，我先君之穆公之胄，子良之孫，子耳之子，而三世執其政
> 柄，其用物也弘矣，其取精也多矣。其族又大，所馮厚矣。而彊死，
> 能爲鬼，不亦宜乎！〔註49〕

本段內容主要論述子產談論伯能否有爲「鬼」之可能。從子產這段言語記載，
吾人可得知兩個訊息，一爲人死後，乃化成魂與魄，代表當時已經有靈魂的
觀念產生；再則，其對象不僅止於王公貴族，即便一般平民於死後亦可化成
靈魂，可知「靈魂觀念」已經普及至社會各階層。〔註50〕《左傳》爲春秋時
期作品，由子產言語，吾人得知至少在當時靈魂觀念已經普及，從另外一個
面向思考，既然當時靈魂觀念已經普及，在戰國前靈魂觀念應該已經產生。
另外，從「既生魄，陽曰魂」中，有點值得注意：

　　首先，在古代中國人的觀念中，「魂」、「魄」是不同的存在，分別表示不
同的意義。依杜預解「魄」，認爲「魄」是形體，然若根據正文「魂、魄猶能
憑依於人」，則杜預解釋「魄」就有所矛盾了，故知「魄」〔註51〕應不爲形。

靈魂之欲歸兮，何須叟而忘反。」之後，直至佛教傳入，中國受到影響，「靈
魂」一詞才被廣泛運用，在此之前，多以「魂魄」二字指稱「靈魂觀念」。故
此處利用「魂魄」討論中國祖先崇拜之起源。

〔註49〕〔西晉〕杜預注、〔唐〕孔穎達疏：《春秋左傳注疏》《十三經注疏》本（臺北：
藝文印書館，2001年12月初版14刷）卷41～53，〈昭公〉，頁763。

〔註50〕關於「靈魂觀念」之普遍存在於戰國時期，筆者除了以子產言論爲本提出此說
法外，亦參酌余時英《中國思想傳統的現代詮釋》收錄之〈中國古代死後世界
觀的演變〉，文中提到：「在子產的時代靈魂不僅是王公的專有品，而是『匹夫
匹婦』所共有的。靈魂觀念擴大到每一個社會成員，一般而言，是和父權家庭
的出有關。」此外，更進一步推論「匹夫匹婦都有個別的靈魂觀念也許部分源
於西周以來宗法制度的發展。」參見余時英：《中國思想傳統的現代詮釋》（臺
北市：聯經出版事業公司，1999年9月出版第八刷），頁128～129。

〔註51〕參見余時英：《中國思想傳統的現代詮釋》，頁129。余時英認爲「魄」應指精

根據鄭玄《注》「耳目之聰明爲魂」孔穎達則在鄭《注》加以引伸，提出「是言魄附形，而魂附氣」〔註52〕。何謂「魄附形」？「魂附氣」？可由《孟子》大體、小體之別加以詮釋。〔註53〕根據孟子的說法，「耳目之官，不思而蔽於物」〔註54〕屬於小體（形）；而「心之官則思」屬於大體（氣）。若依孟子的說法，「魄」屬於「小體」指的是依附形體而產生的感官功能；「魂」屬於「大體」，指的是依附於形體之外的思維。

再則，「既生魄，陽曰魂」一語，提供時代上的線索。關於這句話的解釋，歷來說法眾多，過去僅能憑藉典籍之零星記載加以解釋，〔註55〕直到金文中發現「既生霸」與周原發現甲骨文中提及「既魂」、「既死魂」等用語，證明典籍之說法有其根據外，亦得以知曉周人的觀念中「魄」形成早於「魂」〔註56〕，且「魂魄」的觀念早在周初便已經形成，此爲文獻中對於「魂魄觀念」最早的紀錄。可知，在古代中國「魂」與「魄」隸屬於不同的兩個觀念，而後在慢慢以「魂魄」簡單說明，依附於人體內的抽象概念，意涵同於西方所謂「靈魂」的觀念。

至於殷商時期，是否已經有「靈魂」觀念的產生，本文傾向肯定的立場。此可藉由卜辭中常出現「賓於帝」一語推敲而知。根據今人的研究成果，可以知道，在殷人的觀念中，認爲祖先死亡後，形體雖消逝，然其靈魂會伴隨「帝」左右，其與「帝」之間，就吾人現代觀念解釋，爲一臣屬關係，祖先的靈魂不僅伴隨「帝」左右，更有輔佐其施達命令的權力，爲此殷人祭帝外

神或意識。

〔註52〕參見〈祭義〉：「宰我曰：『吾聞鬼神之名，不知其所謂。』子曰：『氣也者，神之盛也；魄也者，鬼之盛也。合鬼與神教之至也。』」鄭玄〈祭義〉注：「氣謂噓，吸出入者也。耳目之聰明爲魄，合鬼神而祭之，聖人之教致之也。」《疏》：「人之死，其神與形體分散各別，聖人以存生之時，神形和合，今雖身死，聚合，鬼神似若生人而祭之，是聖人設教時，致之令其如此也。」

〔註53〕參見《孟子‧告子上》。余時英認爲此乃後來引伸義，中國古代魂魄觀念非如其所言，可供參考。余時英：《中國思想傳統的現代詮釋》，頁129～130。

〔註54〕這裡所謂「體」與杜預注「體」有所不同，杜預所謂「體」應爲軀體，而孟子所謂「體」乃爲感官。

〔註55〕關於周人的靈魂觀念散見於《易經》、《左傳》、《禮記》、《楚辭》、《管子》、《列子》等典籍。關於上述典籍之具體例證與說法可參見蕭登福：《先秦兩漢冥界及神仙思想探原》，頁953。

〔註56〕關於「魂」、「魄」觀念的先後，及「既魂」、「既死魂」之「既」的解釋，參見王國維：《定本觀堂集林》卷1〈生霸死霸考〉，頁19～26。

亦祭祖，這種觀念一直延續至周初，周初《大雅・文王》：「文王在上，於昭于天。……文王陟降，在帝左右。」〔註57〕及〈大豐簋〉：「衣祀玕〔註58〕王，不顯考文王，事喜（熹）上帝。」〔註59〕中亦保留這種觀念。除了從文獻記載可推知中國人靈魂觀念外，從考古遺跡亦可進一步證實中國人的靈魂觀念產生已久。根據目前出土遺跡可以知道最晚在舊石器晚期山頂洞人時期，中國人已經產生「靈魂」的觀念〔註60〕，發現於北平周口店山頂洞下人，在當時不僅平時住所與埋葬亡者的地方，有上、下室的區別外，亡者身上更有穿孔獸骨、骨管而和石珠等飾品陪葬，且在骸骨四周灑有赤鐵礦粉末，由此推斷山頂洞人應該已經有靈魂的觀念，認為往生者死後亦應前往另外一個世界，這世界應若生前一般，與生前有著相同的生活型態，所以出現規模類似生前的喪葬地、陪葬品〔註61〕。由這種種跡象顯示，山頂洞人有靈魂觀念的存在，亦為中國考古遺跡至今發現最早相信靈魂存在的證明。進入新石器時代後，諸多考古遺址更證實了古代靈魂觀念的存在，甚至原始先民已經有一定程度的鬼魂信仰。〔註62〕

〔註57〕〔西漢〕毛亨傳、〔東漢〕鄭玄箋、〔唐〕孔穎達疏：《毛詩正義》，《十三經注疏》本，卷16～卷18〈文王〉，頁533。

〔註58〕「玕」為「于」之假借字。「在」的意思。參見趙英山：《古銅器銘文研究》（臺北：臺灣商務印書館，1983年七月初版），頁15。

〔註59〕關於這段話的翻譯：「大功大德的父文王，在天宮侍奉上帝，上帝最為喜悅。」周人亦認為祖宗先王死後，靈魂並不會消逝，而是伴隨侍奉著上帝。參見趙英山：《古銅器銘文研究》，頁24。

〔註60〕根據西方考古資料研究，人類的「靈魂觀念」目前最遠上溯到舊石器時代中期。然目前中國境內出土遺跡，僅發現舊石器晚期北平周口店發現的山頂洞人遺跡，因此暫將中國靈魂觀念之產生，界定於舊石器時代晚期。

〔註61〕關於人死後，是否有所謂的第二世界存在抑或是否仍存有知覺？根據先秦兩漢的儒家典籍及諸子的思想著作，基本上皆認為死後應沒有所謂第二世界的存在，對於此矛盾，余英時認為「這些系統思想家的說法都是經過『禮制化』的結果，因而不能代表社會上一般人（特別是平民）的觀念，但是後世注意這個問題的人卻往往把思想佳的說法來概括通俗的觀念。」筆者認為在當時，受教育者多為貴族的情況下，余英時的說法是值得肯定的。參見余時英：《中國思想傳統的現代詮釋》，頁123～124。

〔註62〕如何得知新石器時代的人類已經有鬼魂崇拜的觀念，藉由其喪葬儀式的舉行，可以得到證明。「進入新石器時代，尤其是歷史時代，靈魂觀念仍然成為喪葬習俗施行的基礎，喪葬與靈魂或靈魂不死觀念組是緊密結合，這是一個不爭的事實。」此外，對於新石器時期與靈魂觀念有關的遺址有：仰韶文化、大汶口文化、大溪文化、馬家濱文化等，由於筆者此部分主要是探討中國靈魂觀念至今最早的起源，對於新石器時代的出土遺址僅略提，參見陳華文：《喪

根據以上諸多考古遺跡可以發現，最初靈魂觀念的產生，乃是原始先民相信人類死後，靈魂會以生前型態存在於另外一個生活空間，因此特別重視喪葬儀式。後來慢慢衍生出親人往生後有施福降禍的權力，因此便進一步舉行祭祀祖先的典禮，關於此本書於第三、四、五章，就其外在禮制作詳細的說明。

（二）靈魂不滅產生背景

靈魂觀念產生後，衍生另一個問題，靈魂是否會若人死般消逝？抑或永不消滅？靈魂不滅的產生背景爲何？前一個問題，研究者做出了以下的推論：基本上，當人離開軀體後，以另外一種型態繼續生存後，人類無法設想其還會有經歷死亡的想法，由是產生靈魂不滅的觀念。〔註63〕但這種說法只是後代學者的合理推測之一，根據人類學家的研究靈魂不滅主要產生的原因有三，分別爲：一、人類對夢境的無法理解；二、人類死亡現象存在的解釋；三、社會經濟基礎的穩定。

1. 夢境的無法理解

夢境的產生，對先民而言，是無法理解的現象。在夢中，人類可以彷若一般生活般從事日常作爲，亦可超越現實，作一些醒時無法做到的事情，夢境中的自己，可以形象多變，可以上山下海，甚至從事一些想作而不敢作的事，夢境中種種的常態或怪異現象，都讓先民不得其解，於是便幻想人類的身體中，還有一自己，這個自己掌控自己的思想。平常生活時的所作所爲，都出自於他的命令發號。進入睡眠後，他可以自由的離開軀殼，到處遊走，時間到了，又會回到軀殼來，回到軀殼的那一刻，人類便從睡眠中醒來。

靈魂觀念產生的原因之一，便是由於起初先民對夢境無法理解，爲何沈睡後，仍然能夠活動？尤其是醒後夢界鮮明的存在於腦海中，更是加深了先民認爲體內的他是可以被抽離，從事其他活動。

2. 死亡現象的存在

「死亡」的現象，是產生靈魂觀念的關鍵。靈魂觀念的發生，最初乃源自於先民對死亡觀念的蒙昧，不知如何解釋「死亡」的發生，甚至對「死亡」

葬史》（上海：上海文藝出版社，2007 年 4 月），頁 6。

〔註63〕「既然靈魂於人死時離開肉體而繼續活著，那麼就沒有任何理由去設想他本身還會死亡，這樣就產生了靈魂不死的觀念。」參見陳華文：《喪葬史》，頁 5。

產生擔憂、恐懼，在此前提下，爲撫慰自身的不安全感，於是相信人類死亡絕非全部的消逝，人類死亡後，軀體雖失去活動能力，但形體卻猶如睡著一般，相貌與生前沒有甚麼改變。因此，原始人類便認爲這是由於體內靈魂離開的緣故，軀殼僅爲靈魂寄託的一個外在事物，靈魂離開後，形體並不會有甚麼改變。

靈魂不滅的觀念，一方面源自生者對自然現象的不理解，實際上卻在另一個角度撫慰了在世者的心情，「既然靈魂是不死的，善待死者的肉體是史靈魂獲得慰藉，從而護佑活著的人。」〔註64〕這種以「利益」的角度出發的說法，筆者認爲亦能切合原始先民尚未在倫理道德教育下的觀念。

3. 社會經濟基礎的穩定

在夢境與死亡的現象相互交纏下，原始先民產生了靈魂的觀念。這是靈魂產生的動力，然其發生亦其特殊社會背景，對於此，翦伯贊闡述靈魂觀念時，提及其產生背景，須達到一定社會經濟基礎時，才能被引導出來：

> 在有巢氏時代，老年人及病人常爲群所遺棄。這些被遺棄的人，他們後來變成怎樣，原始人不能正確的知道，只有當原始人達到比較固定的洞穴生活時，他們在洞穴附近偶然發現腐爛的屍體，這屍體在思維中反應，而以生前的姿態出現於夢中，然後才能達到靈魂不滅的觀念產生。〔註65〕

翦伯贊認爲「靈魂觀念」產生前，人類的經濟基礎尚未穩定，先當時中國傳之有巢氏時期，由於仍過著原始採集生活，尚處於與自然環境相互對抗的時期，填飽肚子爲其最基本的要求，爲了保障種族能夠延續，族人中的老弱者通常會面臨被拋棄的命運，以保全其他青壯年，因此，在基本生活的無法滿足的情況下，自然無暇產生其他更進步的思維。直到燧人氏的出現，經濟由採集經濟轉爲狩獵經濟，雖然自然的挑戰依舊，但是，對於基本的食物來源有了控制權，居處也固定下來，於是開始對四周環境產生新的想法，進一步從社會經濟的背景下，闡述「靈魂」觀念的發生。

（三）關於祖先崇拜與靈魂不滅之討論

在靈魂存在的基礎下，逐漸衍生出靈魂不滅的觀念，在這種思想的影響

〔註64〕參見陳華文：《喪葬史》，頁5。
〔註65〕參見翦伯贊：《先秦史》，頁64。

下，先民們相信祖先死亡後，並不會隨著生命的結束，而完全的消失，在軀體外有「靈魂」的存在。親人的靈魂不僅能保護子孫，更有施福降禍的能力，於是，對祖先神靈自然產生畏懼進而膜拜。對於祖先崇拜源於鬼魂崇拜，林惠祥作了以下的說明：

> 祖先崇拜是鬼魂崇拜中特別發達的一種，凡人對於子孫的關係都極密切，所以死後其鬼魂還是想在冥冥中視察子孫的行為，或加以保佑，或予以懲罰，其人在生雖不是什麼偉大或兇惡的人物，他的子孫也不敢不崇奉他。祖先崇拜雖由此而發生。〔註66〕

林惠祥認為祖先崇拜源於靈魂觀念，基於擔心死去先人的降罪而對其產生崇拜。這是最原始的祖先崇拜型態，也是原始人類崇拜祖先的原因，基本上是基於「功利」的角度，因而希望能藉由祭祀進供物品以取悅祖宗先人。在此利益關係的影響下，祖先崇拜雛形逐漸形成，再加上祖先與子孫間，有著血緣上的關係，在這一層血親敬仰關係的維護下，較不容易產生間斷，經由一代代的傳承，中國祖先崇拜由是產生。因此，對於祖先崇拜的源頭傾向祖先崇拜由鬼魂崇拜系統產生，屬於鬼魂崇拜的一支，最初源自於「靈魂不滅」的說法。

〔註66〕參見林惠祥：《文化人類學》（北京：商務印書館，1991年），頁245。

第三章 《詩經》祖先崇拜之外在呈現(一)
——禘祭

　　從文化學的觀點，一個完整的文化需要有「物質」、「行為」與「認知」三部分相互結合，方能表現其存在價值。在中國，祖先崇拜非僅為純粹之宗教信仰，周朝以後，隨著周人有意的維護、發揚下，逐漸脫離原始宗教精神，成為中國特有之文化傳統。周人之祖先崇拜不僅有外在祭祖禮制的規範，更蘊含著深刻的文化意涵。對於商、周間宗教精神之轉化，徐復觀於《中國人性論史》提到：

> 人類文化，都是從宗教開始，中國也不例外。但是文化形成一種明確而合理的觀念，因而與人類行為以提高向上的影響力量，則需發展到有某程度的自覺性。宗教可以引發人的自覺；但原始宗教，常常是由於對天災人禍的恐怖情緒而來的原始性地對神秘之力的皈依，並不能表示何種自覺意義。……但從甲骨文中，可以看出殷人的精神生活，還未脫離原始狀態；他們的宗教，還是原始性的宗教。當時他們的行為，似乎是通過卜辭而完全決定於外在的神——祖宗神、自然神、及上帝。周人的貢獻，便是在傳統的宗教生活中，注入自覺的精神；把文化在器物上的成就，提升而為觀念方面的展開。
> 〔註1〕

商、周之祖先崇拜有著彼此繼承卻又歧異的文化精神，周人在商人祖先崇拜

〔註 1〕 參見徐復觀：《中國人性論史》，頁 15～16。

的基礎上，添加更多人文元素，使得中國祖先崇拜脫離純然宗教信仰的範圍，蛻變成爲中國人特有之文化傳統。

　　祖先崇拜之具體儀式主要表現於宗廟祭祀上，即文化學所謂「行爲文化」。廣義而言，凡是於宗廟舉行之祭禮皆可稱爲「宗廟祭祀」，祖先崇拜屬於宗廟祭祀的範圍（相關祭祖儀式，本文皆以「祭祖禮制」稱之）。周人之祭祖禮制就性質而言，屬於「內祀」〔註2〕的範圍；其祭祀對象主要爲祖宗先人，屬「人鬼」〔註3〕系統；若依禮之輕重，屬於「大祀」〔註4〕。又宗廟祭祀依其舉行目的又可區分爲「常祀」及「非常祀」。「常祀」乃是指於固定時間、地點與對象所舉行之祭祖禮制，其祭祀內容主要有「日祭、月祀、時享、歲貢、終王。」〔註5〕；「非常祀」往往因特殊事由而展開，故亦稱作「因祭」〔註6〕。「非常祀」囊括範圍廣泛，舉凡立君建國與巡守、朝會與朝聘、會盟與盟詛、田獵與征伐、結婚生子與立嗣、祓除祈禳與朝祖祔廟等〔註7〕。「常祀」中以「禘祭」及「時享」爲周人祭祖禮制中較爲重要者，故筆者於《詩經》祖先崇拜之外在呈現部分，以「禘祭」、「時享」爲主要探討對象。

〔註2〕依照祭祀場所不同，有「外祀」及「內祀」的區別。根據《周禮・春官・典祀》：「典祀掌外祀之兆。」鄭玄注：「外祀，謂所祀於四郊者。」所謂「外祀」即郊祀，凡祭祀四方山川者，皆可稱爲「外祀」，所謂「內祀」即內祭，凡祭祀於宗廟者，皆可稱爲「內祀」；又《禮記・曲禮上》：「外事以剛日，內事以柔日。」文中所謂「外事」、「內事」即是指「外祀」、「內祀」。

〔註3〕《周禮・春官・大宗伯》：「大宗伯之職，掌建邦之天神、人鬼、地祇之禮，以佐王建保邦國。」周人依祭祀對象不同，有「天神」、「人鬼」、「地祇」的區別。

〔註4〕《周禮・春官・肆師》：「肆師之職，掌立國祀之禮，以佐大宗伯。立大祀，用玉帛、牲牷立次祀，用牲幣。立小祀，用牲。」周人按祭禮之輕重有「大祀」、「次祀」與「小祀」。藉由進獻祭品之多寡，便知其祭禮之輕重。

〔註5〕「常祀」一語最初出自《左傳・僖公三十一年》：「禮不卜常祀。」又根據《國語・魯語》記載，「常祀」包括：「日祭、月祀、時享、歲貢、終王。」又《國語・楚語》記載略同，云：「觀射父曰：『古者先王日祭、月享、時類、歲祀』」韋昭作注時，更進一步對「常祀」之祭祀對象作說明：「日祭於祖考，月祭於高曾，時類及二祧，歲祀於壇墠也。」由此可知，所謂「常祀」乃是指定時、定制的祭祖禮制，又因其祭祀時間固定，故亦稱作「常規祭」。

〔註6〕亦有學者將其定名爲「因祭」。參見林素英：《古代祭禮之政教觀》（臺北：文津出版社，1997年），頁176。

〔註7〕關於「非常祀」的內容繁多，故僅列其條目以供參考。關於「非常祀」之詳細內容，可參考林素英：《古代祭禮之政教觀》，頁176～187。

　　第一節部分，利用殷墟甲骨文獻探討殷人之禘祭制度，藉由學者對「禘」字之判讀，論述「禘」字於卜辭中的意義，藉此探求殷人之「禘祭」制度。

　　第二節部分，討論周人之禘祭，列舉典籍對「禘祭」之記載，並整理歷代學者對「禘」之解釋，加以歸納討論，探究周人之「禘祭」制度。

　　最後，探討《詩經》中與「禘祭」相關之詩篇。根據《古序》的說法，哪些詩篇屬於「禘祭」？屬於「禘祭」中的哪一類型？古代學者對其有甚麼樣的闡釋？現代學者之說法又如何？經由對「禘祭」源流的探討，一窺「禘祭」於《詩經》的呈現面貌。

第一節　殷人之禘祭

　　「周因於殷禮，所損益可知也。」〔註8〕周朝因革損益於商朝之禮儀制度，在其基礎上，孕育出屬於周朝自身之文化特色。因此欲探究周人「禘祭」制度，須先從殷人「禘祭」展開討論。藉由探源殷人之「禘祭」，一窺周人「禘祭」制度之全貌。要瞭解殷人「禘祭」制度，須藉由殷墟甲骨文獻對「帝」的記載為基礎，藉由甲骨文中「帝」字之討論，以探求殷人之「禘祭」制度。

一、甲骨文「禘」字釋義

　　根據學者研究，甲骨文中的「帝」字主要有以下四種解釋：

（一）花蒂說「帝」

　　主張「花蒂說」者，認為「帝」之甲骨字形取象「花萼」之形。花萼於植物構造中，主要居於生殖功能，為繁衍後代之象徵，因此，以其具有繁殖後代子孫之能力，引伸為具有繁衍後代子孫之權力者。

　　「花蒂說」首先由清人吳大澂提出，其於《字說》提到：「疑古帝字本作▼，如花之有蒂，果之所自出也。」〔註9〕吳大澂認為「▼」為帝，如花之蒂。此說法一出，引起廣大迴響，贊成者眾多。王國維《觀堂集林》闡述「天」字時，提及「帝」：「帝者，蒂也。不者，柎也。古文或作帝、不，但象花萼

〔註8〕〔魏〕何晏注、〔宋〕邢昺疏：《論語注疏》，《十三經注疏》本（臺北：藝文印書館，2001年12月初版14刷）卷2，頁19。

〔註9〕參見〔清〕吳大澂：《字說》卷1〈帝字說〉（臺北：學海出版社，1998年9月初版），頁1。

全形。未爲審諦，故多於其首加『一』作 ☰、☲ 諸形以別之。」〔註10〕此外，郭沫若《甲骨文字研究‧釋祖妣》：

> ▼是否即帝，雖無確證，然以帝爲蒂，（吳大澂）實爲倡始，特象根枝形之說未圓滿。王（王國維）謂花萼全形者，是也。分析而言之，其▼若▽，象子房，⊢象萼，个象花蕊之雄雌，以不爲柎，說始於鄭玄，《小雅‧常棣》：「常棣之花，鄂不韡韡」《箋》云：「承華者曰鄂。不當作柎，柎，鄂足也。古音不拊同。」王謂「不」直是柎，較鄭玄更進一境，然謂與帝同象鄂之全形，事未盡然。余謂「不」者房也，象子房猶帶餘蕊，與帝之異在非全形，房熟則盛大，故不引伸爲丕。其用爲不是字者乃假借也。知帝爲蒂之初字，則帝之用爲天帝義者，亦生殖崇拜之一例。〔註11〕

除了對「不」的看法與王國維稍有出入外，郭沫若基本上亦同意「帝」象「蒂」全形。李孝定《甲骨文字集釋》釋「帝」時提到：「帝字古文像花蒂之形，殆無可格。鄭樵《六書略》已有此說，郭（沫若）之說尤爲詳審。」〔註12〕李孝定認爲早在南宋時鄭樵已發其端，而郭沫若將其解釋得更加完善，甚至斷言「帝」即爲「蒂」，無須再審。吳大澂、王國維、郭沫若、李孝定等人多由「帝」之字形，討論其含義，魏建功則從聲韻學的角度著手分析「帝」字，試圖使「花蒂說」能夠趨於完善。其學說的提出，主要在劉半農的〈帝與天〉一文上所展開的說法。魏建功提出：

> 「天」與「帝」兩字雙聲古音，……花蒂又有花柄的名稱，「柄」、「不」雙聲，「鄂不」是「萼柄」。這「柄」、「蒂」之間，聲音上怕也給足以給我們研究；形體已有吳大澂的證明。〔註13〕

認爲一旦解開「帝」字源頭後，「天」、「不」等字或許亦能得到合理的解釋。基本上，支持「花蒂說」者，乃是將「帝」視爲象形字，以其形若「花蒂」，同花蒂般具備繁衍後代之權能。

〔註10〕 參見王國維：《定本觀堂集林》，頁283。

〔註11〕 參見郭沫若：《甲骨文字研究》（香港：中華書局，1976年5月），頁49～51。

〔註12〕 參見李孝定編述：《甲骨文字集釋》（臺北：中央研究院歷史語言研究所，1991年，景印五版），頁25。

〔註13〕 魏建功主要在胡適及劉半農的基礎上展開說明，認爲不僅可由字形上證得「帝」源於「蒂」，亦可由字音上，可證得其與「花柄」有密不可分之關係。參見魏建功：〈讀〈帝與天〉〉，錄自《古史辨》第二冊（臺北：藍燈出版社，1993年），頁30。

（二）燎祀說「帝」

主張「燎祀說」者，認為「帝」之甲骨字形似架柴貌，意為燔祀，故取「帝」為祭名，用以祭祀神靈。此說以葉玉森為代表，葉玉森於《殷墟書契前編集釋》提到：

> 帝，燎形。《唐書》引《禮》盧注：「禘，帝也。」卜辭之帝亦多假作禘。《禮‧大傳》「不王不禘」是惟王者宜禘，禘與燎並祭天之禮。殷人亦以祭祖。〔註14〕

依照葉玉森說法，「帝」為祭祀儀式之名稱，與架薪焚柴之燔祀相仿。然根據近人劉源的研究，雖同意「帝」形似束薪貌，然對其為祭祀儀式的名稱，提出了另一種看法，認為「帝」非祭名，而是指獻祭的方法，劉源認為：

> 根據殷墟甲骨文材料，殷人在商代後期前段，經常束薪燔燎犧牲祭祀神靈，此種祭祀內容及稱為「帝（禘）」，祭祀目的主要是求雨以祈求好的農業豐收。甲骨文「禘」一般作帝，前人曾指出其字像束薪，意為燔燎。我們同意這種看法，甲骨文「帝（禘）」上有時加三小點，有學者將此三小點視為「小」字，實際上這三小點是代表燃燒時所產生的上生之煙焰。〔註15〕

根據殷墟卜辭文例的歸納討論，可以知道殷人「禘祭」對象主要有四方神、先公及自然神靈等，其祭祀目的主要為了求雨以祈求農業豐收〔註16〕。因此，劉源認為殷墟卜辭中的「禘」主要是獻祭的方式，而非祭祀名稱。基本上，主張「燎祀說」者皆以「帝」形若束柴燔燎貌，其義或為祭祀名稱或為獻祭方法。

（三）日神說

主張「天神說」者，主要將上帝與日神（太陽神）的關係作一連結，認為兩者間有密切的相關性。該說法最初於西漢鄭玄討論天與帝的關係時便已

〔註14〕　參見李孝定：《甲骨文字集釋》（臺北：中央研究院歷史語言研究所，1970年），頁27。

〔註15〕　參見劉源：《商周祭祖禮研究》（北京：商務印書館，2004年10月第一次印刷），頁70。

〔註16〕　「以『禘』法祭祀四方神、先公、自然神等神靈的目的主要是為了求雨，已獲得好的農業收成。禘方或為求雨（集成12888，賓），或為「年」（集成14295，賓）；禘先公為求雨（集成1140正，賓）；禘風亦或為求雨（集成34150，歷二）」禘方或為求雨（集成12888，賓），或為「年」（集成14295，賓）；禘先公為求雨（集成1140正，賓）；禘風亦或為求雨（集成34150，歷二）」參見劉源：《商周祭祖禮研究》，頁71。

經提出：

> 據其在上之體謂之天，天爲體稱，故《說文》云：「天，顛也。」因
> 其生育之功謂之帝，帝爲德稱也。〔註17〕

依鄭玄觀點而言，天與帝爲事實上是同一事物的稱謂，兩者差異在於，前者
從位置角度闡述，天位於頭之上，因此稱爲「天」；後者由德的角度說明，天
有生育萬物的功勞，因此稱爲「帝」。基本上，天與帝並無差別，這是中國首
先將天與帝的關係相互連結者。近代學者如何新、楊希牧、詹鄞鑫等人則進
一步延伸，認爲天爲日神（太陽神），其等同於「帝」，因此，「帝」爲古代日
神信仰。何新認爲「在中國上古時代（自新石器時代早期到早期殷商），也曾
存在過一元的日神信仰」〔註18〕何新認爲早在中國上古時代，就已經有日神
信仰，「帝」便是由其所出。楊希牧則提出：「商周社會所謂昊天、皇天、上
帝、昊天上帝或皇天上帝，均當義指上天或天上的光明之神，即太陽神。」〔註
19〕楊希牧認爲中國傳說中所出現皇、昊、神、帝諸字都是對太陽神的讚美，
均與太陽神信仰有關，因此，「帝」與太陽神間有絕對的關連性。詹鄞鑫則認
爲：「人間的部落酋長在聯盟中取得領袖地位，王與方伯、天子與諸侯的尊卑
關係導致日神在諸神中也獲得了發號施令的權威。」〔註20〕詹氏認爲「日神」
乃類於人間上屬與部屬間的關係，同樣都是命令最高掌權者，因此，自然容
易聯想到與「帝」有關。贊成「天神說」者，將「帝」與「太陽神」（日神）
相互連結，認爲殷商時期的「上帝」信仰，對象即爲「太陽神」（日神）。因
此「帝」應象徵「日神」。

（四）宇宙生成說

此說主要由「文化學」的觀點進行闡述，認爲「帝」乃「宇宙生成」原
型。此觀點最大的特色，便是認爲「帝」爲表意字而非象形字。〔註21〕首先

〔註17〕 參見〈郊特牲〉。〔東漢〕鄭玄注、〔唐〕孔穎達疏：《禮記注疏》，《十三經注
　　　　 疏》本，卷25。
〔註18〕 參見何新：《諸神的起源中國遠古太陽神崇拜》（中國：光明日報出版社，1996
　　　　 年初版），頁7。
〔註19〕 參見楊希牧：〈論商周社會的上帝太陽神〉，《中國史研究》第三期（1992年3
　　　　 月）。
〔註20〕 但有一點值得注意，「帝」的名稱未必依賴於人間帝王的產生，大約在天崇拜
　　　　 產生之後，可能就已經有「帝」觀念的產生了。參見詹鄞鑫：《神靈與祭祀》，
　　　　 頁47。
〔註21〕 張榮明：《殷周政治與宗教》，頁34～36。

提出此說者，以劉復爲代表。劉復認爲：

> 巴比倫最古象形（案，用「圖形」二字更恰當）文字中有一個「个」
> 字，其音爲 e-dim，或 e-din，其義爲「天」。又有一「米」字，其
> 音爲 din-gir，或 dim-mer，或 dimmer，其義爲「天帝」，或爲「人王」。
> 我們把金文中的「帝」字……等，和甲骨文中的……（省略者皆爲
> 「帝」的圖形文字，可參看附圖四）等，拿來和比較，形體實在象
> 極了。〔註22〕

劉復發現巴比倫之古文字，型似於中國之「帝」，兩者之間應有所關連。張榮
明即以「曼達拉」〔註23〕之圖形類似於卜辭之「帝」爲基礎展開說明，先舉
古印度信仰及西藏之宗教信仰爲證明，並提出中國之「河圖」、「洛書」、「太
極圖」、「伏羲八卦圖」加以佐證，說明此現象在東方古代文化存在已久。最
後，並連結甲骨、金文之「帝」作連結，認爲「帝」「爲蒼穹之上的宇宙的起
點，或天上的創造世界的最高神靈。」並再次闡述「帝」爲「會意」字而非
「象形」字一說。最後經由以上之討論，最後作出以下之結論：

> 「帝」字來源於中國（甚至世界）遠古文化的一種「原型」，而且它
> 本身仍體現著這一原型。這種原型只可意會，難以言傳；只可義指，
> 不能物指。這一文化原型由來已久，在「帝」沒有產生之前既已存
> 在（在史前中國文化中，普遍存在著曼達拉現象。例如在仰韶文化
> 和馬家窯文化中，發現了許多「十」字（或類十字）圖形，也有的
> 爲「內十字、外圓圈」結構。一些學者注意到了這一現象，並把這

〔註22〕 參見劉復：〈帝與天〉，《古史辨》第二冊（臺北：藍燈文化事業，1993 年 8
月二版），頁 26～27。然劉復提出此觀點後，未就此論點加以探討，反而將方
向轉向「花蒂說」。

〔註23〕 所謂「曼達拉」（Mandala）是指在人類文化史和人類大腦記憶體內存在著一
種圖式，也可以說是一種圖形。根據張榮明歸納「曼達拉」現象，有以下九
大特徵：1. 圓形、球形、或蛋形的結構；2. 這個圓被裝飾爲一朵花或一個
車輪；3. 其中央由一個太陽、星、或十字來表現，通常帶著四條、八條、或
十二條由中心向外的射線；4. 這個圓圈形、球形或十字形時常顯現爲旋轉的
（如字元）；5. 這個圓圈表現爲一條蛇盤繞於一個中心，或爲圓圈形，或爲螺
旋形；6. 在方形中，方形圈取代圓形圈，反之亦然；7. 以城堡、城市和庭院
爲主體，或爲方形，或爲圓形；8. 眼睛（瞳孔或眼睛的虹彩）；9. 除四個一
組（或四的幾何級數）外，亦有三個一組或五個一組的，不過這些罕見。此
現象於人類早期文化特別是東方古代文化曾廣泛存在過。參見張榮明：《殷周
政治與宗教》，頁 37～38。

些圖像解釋爲「太陽」的象徵。我們認爲,解釋爲曼達拉更爲合適。)
〔註24〕

基本上,主張「宇宙生成說者」認爲「帝」乃屬於文化原型,屬於會意字。認爲遠古先民創「帝」字,利用人類共同心理模式,用來表示創造和主宰世界的最高神靈。

「花蒂說」的解釋乃針對甲骨文中上帝的「」字而言;然甲骨文中的「帝」(禘)一般作「」。因此,「燔祀說」的解釋,比較符合殷人「禘」祭的解釋。根據對甲骨文「帝」字的討論,對於殷人「禘祭」制度,可以得到以下的認識:將「禘」視爲束柴燔燎犧牲以獻祭神靈的祭祀方法較適合的說法。

二、殷人之禘祭

　　根據學者研究,「帝」於殷墟卜辭中,主要有以下三種意義:(一)上天主宰之神;(二)殷人先祖之尊稱;(三)祭祀的方式(一說祭祀名稱)。「帝」之甲骨字形如下〔註25〕:

(甲 779.帝方)　　(河 383)　　(鐵 159.3)
(後 126.5 倒書)　　(戩 5.13)　　(掇 2.126)

由上可知,甲骨文中的「帝」(禘)一般作「」,與上帝的「帝」作「」不同。因此,殷人之禘祭應屬於祭祀之「帝」(禘)而非上帝的「帝」,待明白研究對象後,以下根據前人研究成果,對殷人之「禘祭」作一說明。首先,商人禘祭對象,引證如下:

　　△貞:帝于王亥?。(《合集》〔註26〕一四七四八)

　　△丙戌卜,貞:室犬虫豕帝?(《合集》一五九八三)

　　△癸巳卜:其帝于巫?(《合集》三二〇一二)

　　△要亥卜:帝西?(《合集》三四一五六)

〔註24〕張榮明:《殷周政治與宗教》,頁38～41。

〔註25〕例證繁多,該處僅舉六例。詳參孫海波:《甲骨文編》(北京:中華書局,2004年一月第六次印刷),頁4。

〔註26〕參見邱德修:《商周金文集成釋文稿》(臺北:五南出版社,1986年限定版)。

　　△禘黃奭，三犬？（《合集》三五〇六）

故知商人祭祀對象十分廣泛，不僅止於祖宗先人。〔註 27〕劉源指出殷人利用
「禘祭」方法舉行祭祀，祭祀的對象主要有六類，按照其於卜辭出現頻率分
別爲：

　　（一）方，即「東」「西」「南」、「北」四方。（《合集》34154，歷二）
　　　　　　（《合集》14295，賓）

　　（二）高祖，如岳（《合集》8330，賓）、 (字) （《合集》1140 正，賓）
　　　　　　、河（《合集》14531，賓）、王亥等。（《合集》14784，歷二）

　　（三）先王，即直系先王。自卜辭云「上甲」。
　　　　　　（《合集》32063，歷一）

　　（四）巫，受祭祀之巫居於四方，如東巫。（《合集》5662，歷二）

　　（五）自然神，如小河神（《合集》14363，賓）、風（《合集》21080
　　　　　　，賓）等。

　　（六）舊臣，如黃奭。（《集成》3506，賓）〔註 28〕

基本上，殷人之「禘祭」也有以下幾個特點：殷人「禘祭」爲一祭祀方法；
祭祀對象廣泛，不僅限於祖宗先人；祭祀目的主要爲了祈雨、求年。然其祭
祀制度內容如何？根據周何對殷人之「禘祭」，經歸納整理後，列舉以下五點
結論：

　　（一）禘之所祭，皆上甲以前遠祖中之尤遠者，尊尊之義存焉。

　　（二）禘爲禮之尤尊者，不同於宗廟一般祭祀。

　　（三）凡禘皆特祭一祖，不見有群廟合食之事。

　　（四）契爲殷之始祖，嚳爲契父，若卜辭之 (字) 爲夋，則殷人有禘嚳

〔註 27〕引證五例，藉此說明以殷人禘祭對象廣泛，不限於祖宗先人。此外，援引丁
　　　　山、黃然偉：《殷禮考實》（臺大中國語文學研究所，碩士論文，1965 年）、董
　　　　蓮池：〈殷周禘祭探真〉（錄自《人文雜誌》，1994 年五期）、周聰俊：〈殷周甲
　　　　骨文字所見禘祭考〉（錄自《第二屆近代中國學術研討會論文集》）、詹鄞鑫：
　　　　《神靈與祭祀——中國傳統宗教綜論》。詳參鄭憲仁：〈銅器銘文禘祭研究〉
　　　　錄自《大陸雜誌》第 104 卷第三期（2002 年 3 月），頁 119～120。

〔註 28〕參見劉源：《殷商祭祖禮研究》，頁 71。其說與黃然偉相近，黃然偉指出殷人
　　　　禘祭對象有（1）禘先公先王；（2）禘自然神祇；（3）神巫；（4）禘方向；（5）
　　　　神于某地；（6）禘秋；（7）禘風。

之事，殆《禮記・祭法》禘嚳、〈大傳〉禘其祖之所自出之所本也。然殷禘實不限於某一祖為異耳。

（五）禘之所祭，下不及於先王，與後世所謂三年喪畢之禘蓋無涉。

〔註29〕

綜上述可知，就殷人禘祭之內涵而言，殷之祭祖禮制繁複，「禘祭」屬於特殊之祭，〔註30〕迥異於其他祭祖禮制。殷人於宗廟祭祖禮，面對祭祀神主時，多採合祭方式，少數乃採特祭方式，對於祭祀對象之多寡，有其一定的要求〔註31〕。《禮記・祭法》：「殷人禘嚳而郊冥，祖契而宗湯。」《禮記・大傳》：「禘其祖之所自出」等說法乃有所本，非禮書杜撰。但是，有一點值得注意，根據卜辭研究，殷人之「禘祭」祖先，對象不僅限於帝嚳。在瞭解殷人「禘祭」制度後，以下就周人「禘祭」制度作一說明。

第二節　周人之禘祭

周人宗廟祭祀中以「禘祭」制度說法最為紛雜，直至清朝，學者們仍然爭論不休。以下便在前人研究成果上，將周人「禘祭」制度歸納並加以簡要說明，作為第三節討論《詩經》禘祭詩篇的基礎。

關於「禘祭」制度的分類，清儒金鶚於〈禘祭考〉將其分類如下：

禘之大綱有二：一為郊禘之禘；一曰禘祫之禘。禘郊之禘，其目有

〔註29〕參見周何：《春秋吉禮考辨》（臺北：嘉新水泥公司文化基金會，1970 年 10 月初版），頁 130。

〔註30〕殷人之祭祖禮制多達三十多種，陳夢家將其分為以下七大類：
祭名而為祭日之名者，有七種：翌日、肜日、肜夕、夕、歲、祀、丁。
以所祭薦之物為名者，有八種：祭、祼、酒、䢅、麇、羴、登、叔。
以所祭之法為名者，有二種：血、燎。
祈告之祭，有七種：告、曶、禱、祝、先、兌、柴。
合祭，有三種：衣、彡、柴。
特殊之祭，有四種：祊、帝、及、焂。
無所屬者，有六種：又、屮、遘、御、龠、漢、勲。
　　陳夢家為最早由甲骨卜辭中提出祭名者，然其說法，遭諸多學者之反駁，然此非為本論文所欲討論之重點，故省略。之所以舉陳氏之說法，一方面藉此顯示殷人祭祖禮制之繁複，另一方面，則知殷之禘（帝）祭乃屬於特殊之祭。參見秦照芬：《商周時期的祖先崇拜》（臺北：蘭臺出版社，2003 年 3 月初版），頁 71～72。

〔註31〕參見秦照芬：《商周時期的祖先崇拜》，頁 270～272。

五：一曰圜丘之禘、一曰方丘之禘、一曰南郊之禘、一曰北郊之禘、
一曰明堂之禘。禘祫之禘，其目有二：一曰宗廟吉禘、一曰宗廟大
禘。〔註32〕

根據周何的考證，「祫」非祭名，應爲祭祀時所採取的合祭方式。〔註33〕金鶚
將「禘祭」分爲祭天及祭祖兩大系統，季師旭昇於《詩經吉禮研究・附錄・
論郊禘》中考證郊禘五目，認爲周之禘祭實屬宗廟祭祀，並無祀天之義，因
此，鄭玄所謂「周禘」即郊禘的說法不可信。〔註34〕本文在前人研究基礎上，
就周人之「宗廟之禘」作以下討論。《爾雅》注疏解「禘」云：

經傳之文，稱禘非一，其義各殊。《論語》云：「禘，自既灌。」及
《春秋》：「禘于太廟」，謂太廟之祭也。〈喪服小記〉云：「王者禘其
所自出也。」及〈大傳〉云：「禮，不王不禘」謂祭感生之帝，於南
郊也。〈祭法〉云：「周人禘嚳而郊稷。」謂祭昊天於圜丘也。以此
比餘處爲大祭，總得謂：「禘宗廟謂之禘者，禘，諦也。言使昭穆之
次審諦而不亂也；祭天謂之禘者，亦言使典禮。諦也。〔註35〕

根據《爾雅・釋天》說法，周人之禘祭分爲宗廟之禘及郊天之禘，周人無郊
天之禘已見前說。以上爲典籍文獻之說法，根據實際出土銅器銘文記載，是
否亦如此？關於西周禘祭，鄭憲仁在董蓮池先生的基礎下，歸納得到以下五
點：

1、祭主：周初只有「王」才能禘祭，其他人無權行禘。

2、對象：一律只限于祭祀先祖先考。

3、地點：在宗廟。

4、時間：在夏秋兩季。

5、其他：用雄性牲，祭後王有賞賜。〔註36〕

〔註32〕〔清〕金鶚：《求古錄禮說》15卷〈禘祭考〉（收錄於《續經解三禮類彙編》
第一冊）（臺北：藝文印書館，1986年初版），頁76～77。

〔註33〕周何：《春秋吉禮考辨》（臺北：嘉新水泥公司文化基金會，1970年十月初版），
頁114～122。

〔註34〕參見季旭昇老師：《詩經吉禮研究》〈論郊禘〉（師大碩士論文，1979年），頁
21～33。

〔註35〕〔晉〕郭璞注、〔北宋〕邢昺疏：《爾雅注疏》，《十三經注疏》本（臺北：藝
文印書館，2001年12月初版14刷），卷6〈釋天〉，頁97。

〔註36〕董蓮池提出「到了穆王時，欠才有權行禘」及「周初可合祭，以後只專祭的

由上可知，文獻典籍所記載之禘祭，實際上是眞正存在的。另外，亦如季師旭昇考證所言，周人禘祭無郊天之際。得知西周禘祭眞實面目後，關於宗廟之禘，學者說法種多，本文主要根據毛奇齡《論語稽求篇》之分類：一曰「大禘」、一曰「吉禘」、一曰「時禘」。〔註37〕以下就此三目，對其內容作一介紹。

一、大禘

在討論「大禘」前，先論「大祭」。《爾雅‧釋天》云：「禘，大祭也。」《注》：「五年一大祭。」《疏》：「知非祭天之禘者，以此文下云『繹』，又祭也，爲宗廟之祭。知此禘，大祭，亦宗廟之祭也。」故知「禘」爲「大祭」，每逢五年一舉行大禘，其非祭天，應爲宗廟之祭祖禮制。〔註38〕關於「大禘」有以下特點：

（一）大禘者，天子之禮，《大傳》所謂「禮不王不禘」是也。諸侯不得與聞。

（二）大禘有禘祭，有祫祭，其禘分祫合蓋相歧而行。合時存廟之主皆生合食於大廟，無各祭於其廟之事；分時群主先合祭於大廟，存廟之主復有各於其廟之祭。

（三）大禘爲常祀，行年疏數蓋有定，今雖不可詳悉，而每舉必有定期，節次而行，當無可疑。〔註39〕

由於「王者禘其祖所自出，以其祖配之。」〔註40〕故知其場面應十分浩大。屬於天子之禮，其儀節必較一般祭祖禮制更爲尊隆，故以「大」稱之。然周人宗廟祭祖禮制已有時享之祭，爲何還添設「禘祭」一制？對此，林素英於《古代祭禮中之政教觀》提到：

周禮因於殷禮而有所變革，更改對於不定對象之單一遠祖特祭，爲

意見」，鄭憲仁認爲由於董蓮池所見資料有限，故此兩點可再行商議。參見鄭憲仁：〈銅器銘文禘祭研究〉，頁121。

〔註37〕《百部叢書集成初編》第一冊，卷2（臺北：藝文出版社，1996年），頁1。

〔註38〕《爾雅注疏》引郭云：「五年一大祭者，出《禮記》文，知非祭天之禘者。」然孔穎達申、鄭玄注文時，卻認爲「禘者，祭天之名。」由於鄭說當時已經參雜感生思想，故對鄭玄說法持保留態度。

〔註39〕詳參周何：《春秋吉禮考辨》，頁130～136。

〔註40〕〔東漢〕鄭玄注、〔唐〕孔穎達正義：《禮記正義》，《十三經注疏》本，卷15〈喪服小記〉，頁591。

對於「其祖之所自出」者行使禘祭，故祭於始祖大廟，代表對於氏族始祖之所自出之更高原始源之推崇。亦即在此有形象徵之最高祖廟中，遙祭其所從出，然而卻為立廟之無本根源，推遠更高之孝思，表達特別尊崇之敬意，樹立禮有定秩、尊有當尊之標記使用。〔註41〕根據周制，周為祖先立廟僅立四代，即顯考廟（高祖）、皇考廟（曾祖）、王考廟（祖父）及考廟（父）四廟，遠祖則設立二祧。〔註42〕周人行祭依照祭祖禮制對此四廟及二祧展開祭祀。於此之外，已遭「毀廟」〔註43〕之遠祖，則待其他特殊時機而祭之，此與殷人之「禘祭」有異曲同工之妙。如此一來，除了表達自身對先祖的崇敬，更強化了不忘本之意涵於其中。故《朱子語錄》：

> 「禘」是祭之甚大、甚遠者，若他祭與祫祭止於太祖，禘又祭祖之所自出，如祭后稷又推稷上一代祭之，周人禘嚳是也。「禘」之意最深長，如祖考與己身未相遼絕，祭禮亦自易理會。至如郊天祀地，猶有天地之顯然者，不敢不盡其心，至祭其始祖，已自大段闊遠難盡感格之道矣。今又推始祖所自出，而祀之苟非察理之精微，盡誠之極至，安能與於此？故知，此則治天下不難也，此尚明得，何況其他。此尚感得何況其他？自祖宗以來，千數百年，只是一氣相傳，德厚者流光；德薄者流卑，但法有止處，所以天子只是七廟，然聖人心猶不滿，故又推始祖所自出之，帝以始祖配之，然已是無廟，只是附於始祖之廟，然又惟天子得如此諸侯以下不與焉，故近者易感遠者，難格若粗淺之人，他誠意如何得到那裏，不是大段見得道理分明，如何推得聖人報本反始之意。如此深遠，非是將這事去推

〔註41〕參見林素英：《古代祭禮中之政教觀》（臺北：文津出版社，1997年9月一刷），頁244。

〔註42〕《禮記‧祭法》：「天下有王，分地建國，置都立邑，設廟祧壇墠而祭之，乃為親疏多少之數。是故：王立七廟，一壇一墠，曰考廟，曰王考廟，曰皇考廟，曰顯考廟，曰祖考廟；皆月祭之。遠廟為祧，有二祧，享嘗乃止。去祧為壇，去壇為墠。壇墠，有禱焉祭之，無禱乃止。去墠曰鬼。諸侯立五廟，一壇一墠。曰考廟，曰王考廟，曰皇考廟，皆月祭之；顯考廟，祖考廟，享嘗乃止。去祖為壇，去壇為墠。壇墠，有禱焉祭之，無禱乃止。去墠為鬼。」

〔註43〕所謂「毀廟」即指撤除不再奉祀的前代宗廟。《公羊傳‧文公二年》：「毀廟之主，陳于大祖」何休《注》：「毀廟，謂親過高祖，毀其廟，藏其主于大祖廟中。」

那事，只是知得此說時，則其人見得道理極高，以之處他事自然沛
然也。〔註44〕

由此可知，「大禘」之施行，實爲周人表達「不忘舊祖」外，其所蘊含之深義，
更可向外推及其他做人處事上。尤其，周人施行宗法制度，重視階級分別，
王者祭先祖，除表達自身對前人之緬懷外，實則亦參雜政治考量於其中。〔註
45〕《喪服小記》云：「王者禘其祖所自出，以其祖配之。」又云：「禮不王不
禘」唯有王者始可祭「始祖」。除了祭祀「始祖」外，更以其他祖先配祭之，
一方面表達廣祭群祖之不忘舊恩之義，另一方面，則說明僅有「王者」始可
對「始祖」展開祭祀，〔註46〕其他諸侯、大夫等階層，不可私自祭祀，否則
即是「淫祀」〔註47〕。

二、吉禘

根據《春秋‧閔公二年》：「夏五月乙酉，吉禘于莊公。」杜預《注》：「三
年喪畢，致新死者之主於廟，廟之遠主當遷入祧，因是大祭，以審昭穆，謂
之禘」。故知古時除喪，將死者神主入祭於宗廟，即爲「吉禘」。由上定義可
知，「吉禘」應爲每世一舉，且除喪即行吉禘，故祭無常月，且天子、諸侯皆
可行此祭祖禮制。清夏炘《學禮管釋‧釋祫》云：「古者天子禘祭，祭所自出
之帝於始祖之廟。又天子崩，諸侯薨，祝取群廟之主，而藏諸祖廟。」〔註48〕
每一次「吉禘」，都需將神主牌位，另作調整，新主供奉入廟，而舊主則依制
升遷，若需毀廟者，再將其神主至入祧廟。由於每次調整，皆大規模的調動
神主，故需將眾神主祫祭於大廟中，以示諸祖廟將予以更調，而後，尚須各
獨祭各廟之制，以示對被遷動神主之尊敬，希望其能安於所居之處。綜上所
述，周人之「吉禘」有以下特點：

〔註44〕〔清〕秦蕙田：《五禮通考》卷97，引朱子（朱子語類）之語言「大禘」。

〔註45〕關於周人宗廟祭祖禮制之政治意義，待第六章〈詩經祖先崇拜之內在呈現〉
再加以討論。

〔註46〕參見秦蕙田：《五禮通考》卷97，引張子曰：「禮不王不禘，則知諸侯歲缺一
祭爲不禘。」諸侯既無「禘祭」則大夫以下階層亦然。

〔註47〕《禮記‧曲禮下》：「非其所祭而祭之，名曰淫祀。」孫希旦《禮記集解》：「淫，
過也。或其神不在祀典，如宋襄公祭次睢之社；或越分而祭，如魯季氏之旅
泰山，皆淫祀也。」故知所謂「淫祀」即是指不合禮制，妄濫、不當祭的祭
祀。見〔清〕孫希旦：《禮記集解》（中），卷6，頁153。

〔註48〕〔清〕夏炘：《學禮管釋‧釋祫》第14卷，《續經解三禮類彙編》，王先謙輯
（臺北：藝文印書館，1986年），頁347。

（一）吉禘者，天子、諸侯之通制，曾子問云：「天子崩，諸侯薨」
是也。又左氏襄公十六年傳：「晉人曰：以寡君之爲禘祀。」
晉有喪畢之祭曰禘，足證吉禘之禮通於諸侯。

（二）吉禘則惟同於禘之犆，凡當毀之限，遷遠主入大廟，班序尊
卑之時，必有合祭之舉，存廟之主悉入大廟，曾子謂所謂崩
薨而有「虛主」，五經異議云「禘於大廟」是也；而廟主遞升，
新主入祀之際，又有各于其廟之祭。是則吉禘惟一，禮同於
大禘之犆祭。

（三）吉禘惟天子崩，諸侯薨，孝子三年喪畢，始得一舉，是每世
只得一祭，祭無定時，無常月也。〔註49〕

之所以稱爲「吉禘」，取其「三年喪畢」之因，由喪轉祭故稱爲「吉」。一國
由喪轉吉，透過「吉禘」之舉行，一方掃除守喪期間之陰霾；另一方面詔告
新興國政之開始，於是利用新王除喪之際，設置「吉禘」之制，代表國政將
邁入新的紀元〔註50〕。

三、時禘

關於「時禘」的記載，主要出現在〈祭統〉、〈王制〉、〈雜記〉、〈郊特牲〉、
〈祭義〉與〈中庸〉六篇文獻。分別列舉如下：

〈祭統〉：「凡祭有四時，春祭曰礿，夏祭曰禘，秋祭曰嘗，冬祭曰
烝。」

〈王制〉：「天子、諸侯宗廟之祭：春曰礿，夏曰禘，秋曰嘗，冬曰
烝。」

〈雜記〉：「孟獻子曰：『正月日至，可以有事於上帝；七月日至，可
有事於祖。』七月而禘，獻子爲之也。」

〈郊特牲〉：「饗禘有樂，而食嘗無樂，陰陽之義也。凡飲，養陽氣也；
凡食，養陰氣也。故春禘而秋嘗」

〈祭義〉：「是故君子合諸天道：春禘秋嘗。……樂以迎來，哀以送
往，故禘有樂而嘗無樂。」

〔註49〕詳參周何：《春秋吉禮考辨》，頁 136～138。
〔註50〕參見林素英：《古代祭禮中之政教觀》，頁 245～246。

〈中庸〉：「明乎郊社之義、嘗禘之禮，治國其如指諸掌而已乎。」由於典籍經傳之記載，後人多認為周人禘祭之禮，除了「大禘」、「吉禘」外，尚有「時禘」之制。然根據今人的考證，「時禘」的說法是不存在的，最初乃是源於《禮記》作者基於諸多誤解而產生的說法，周何對此曾有過深入的探討，援引條列於下：〔註51〕

1. 〈祭統〉、〈王制〉作者對時令的誤解

「時禘」一說，最早出現於《春秋‧僖公八年》七月：「禘於大廟。」及《禮記‧明堂位》：「季夏六月，以禘禮祀周公於大廟。」就字面而言，本來只是單純記錄禘祭於大廟的一件事情，既於大廟舉行祭祀，應屬「大禘」無疑，但是，由於兩者記載恰好都在夏季，因此，便產生「夏禘」之說。實際上，單就《春秋‧僖公八年》所記「七月」及《禮記‧明堂位》所言「季夏六月」應指夏之時令，而非周之時令，又周之六、七月為夏之四、五月，然〈祭統〉、〈王制〉作者不察，誤以為禘祭之禮舉行於夏季，因此，便在文中提出「夏季曰禘」及「夏曰禘」等說法，產生了夏祭曰「禘」，即「時禘」的說法。

2. 〈祭統〉本身說法自相矛盾

〈祭統〉嘗言：「昔者，周公旦有勳勞於天下。周公既沒，成王、康王追念周公之所以勳勞者，而欲尊魯；故賜之以重祭。外祭，則郊社是也；內祭，則大嘗禘是也。」魯國之所以可以施行禘祭，乃因君王追念周公之功勞，換句話說，魯本來應該不可行禘祭之制。然而，卻又提到「春季曰礿，夏季曰禘，秋季曰嘗，冬季曰烝。」將此制列為諸侯之禮，兩相比對，自相矛盾。

3. 不解為何禘月不一，因此自創新說：

《春秋‧僖公八年》禘祭為七月；《禮記‧明堂位》則言「季夏六月」。一說七月一說六月，〈雜記〉作者無法合理解釋。因此，便提出「獻子為之」為其解套，此說一出，反而導致後儒誤會，以為〈明堂位〉之說法乃時禘制訂之開始。

4. 後儒發揚理論而加以引申

〈郊特牲〉與〈祭義〉之作者，基本上僅是為了申訴其有樂與否，用禘嘗之說加以對照陰陽哀樂之義，並將其分置於春、秋二季。此為後儒就理論而引伸其意義罷了，未必合於當時的制度。

〔註51〕參見周何：《春秋吉禮考辨》，頁132～133。

5.《禮記》所言寄託儒家思想

鄭玄回答趙商時曾經說過：「《禮記》之云，何必皆在春秋之例」。〔註52〕可見《禮記》之說，或許部分僅為儒家理想化的說法，未必真實存在於周制中。

6.〈中庸〉禘嘗相對非同一禮制

〈中庸〉嘗言：「武王末受命，周公成文、武之德，追王大王、王季，上祀先公以天子之禮。」可見直到武王受命後，天下底定，才有「先公」之說。因此，推論《小雅·天保》所言：「禴祠烝嘗，於公先王。」為周制無誤。因此，〈中庸〉禘嘗對言，應指兩種不同的制度才對。

以上六點，根據《禮記》篇章之訛誤、矛盾，推論得到周人無「時禘」之說。〔註53〕除了典籍資料可供證明外，周何亦利用銅器銘文之例證加強其說之可信度，更加確定周人無「時禘」之制。〔註54〕

第三節　《詩經》中有關禘祭之詩篇

《詩經》中有關「禘」之詩篇，為《商頌·長發》、《周頌·雝》及《魯頌·閟宮》。以下對此三首詩作，作一討論。〔註55〕

一、《商頌·長發》

濬哲維商，長發其祥。洪水芒芒，禹敷下土方。外大國是疆，幅隕既長。有娀方將，帝立子生商。

玄王桓撥，受小國是達，受大國是達。率履不越，遂視既發。相土烈烈，海外有截。

〔註52〕《禮記·雜記》孔疏：「……禘不載於經，唯譏於宣公，得正之禘也。鄭又一解云：『禮記之言，不可合於春秋之例。』故鄭答趙商云：『禮記之云，何必皆在春秋之例。』是禮記不與春秋合也。」

〔註53〕直至清朝，對「時禘」之有無，依舊爭論不休例如清儒馬瑞辰認為禘祭可以劃分時禘、吉禘、殷禘與大禘（祭天之禮）。基本上，他遵循鄭玄的說法，認為時禘雖存在，但是，應為夏、商時期的宗廟祭禮，基本上，周朝並不存在時禘之制。周人之宗廟祭祖禮制應該只有三年喪畢後舉行的吉禘以及每五年舉行一次的殷禘才對。參見〔清〕馬瑞辰：《毛詩傳箋通釋》卷29，頁336。

〔註54〕參見周何：《春秋吉禮考辨》，頁133。

〔註55〕雖已由周何考證得到周無「時禘」之制，但在過去大部分詩經學者相信有「時禘」的存在，基於此，文中將「時禘」一說一併列入討論範圍。

帝命不違，至於湯齊。湯降不遲，聖敬日躋。昭假遲遲，上帝是祗。帝命式于九圍。

受小球大球，爲下國綴旒，何天之休？不競不絿，不剛不柔，敷政優優，百祿是遒。

受小共大共，爲下國駿厖，何天之龍？敷奏其勇。不震不動，不戁不竦，百祿是總。

武王載斾，有虔秉鉞。如火烈烈，則莫我敢曷。苞有三蘖，莫遂莫達，九有有截。韋顧既伐，昆吾夏桀。

昔在中葉，有震且業。允也天子，降予卿士：實維阿衡，實左右商王。〔註56〕

（一）各家說法

〈長發〉一詩，所謂何祭？所祭何時？所祭者何人？主要有以下三種說法。茲分述如下：

說法一：大禘也

《古序》曰：「長發，大禘也。」《箋》云：「大禘，郊祭天也。《禮記》曰：『王者禘其祖之所自出，以其祖配之是謂也。』」鄭玄於《箋》引〈喪服小記〉及〈大傳〉之說法，認爲「王者禘其祖之所自出，以其祖配之是謂也。」《正義》云：

> 長發詩者，大禘之樂歌也。禘者，祭天之名。謂殷王高宗之時，以正歲之正月，祭其所感之帝於南郊。詩人因其祭也而歌此詩焉。《經》陳洪水之時已有將王之兆；冥王政教大行；相土威服海外；至於成湯受天明命誅除元惡，王有天下，又得賢臣爲之輔，佐此皆天之所祐，故歌詠天德，因此大禘而爲頌，故言大禘。以總之《經》無高宗之事而爲高宗之頌者，以高宗禘祭得禮因美之，而爲此頌故爲高宗之詩。但作者主言天德，止述商有天下之由，故其言不及高宗，此則鄭之意耳。〔註57〕

〔註56〕〔西漢〕毛亨傳、〔東漢〕鄭玄箋、〔唐〕孔穎達疏：《毛詩正義》《十三經注疏本》，卷20，頁793。

〔註57〕〔西漢〕毛亨傳、〔東漢〕鄭玄箋、〔唐〕孔穎達疏：《毛詩正義》《十三經注疏本》，卷20，頁800。

孔穎達亦同鄭說，並進一步說明，此詩本於殷王高宗時所做，爲何詩中不論及高宗之源由。由上可知，鄭、孔之說法相同，認爲〈長發〉一詩爲大禘之詩。周制「禘祭」有三：一爲「大禘」；一爲「時禘」；一爲「吉禘」，《詩序》言此詩爲「大禘」。何謂「大禘」？依前文所述，「大禘」者，三年除喪舉行「吉禘」之後，每隔五年，定期舉行之祭祖禮制。鄭玄於《箋》引〈喪服小記〉及〈大傳〉之說法，認爲「王者禘其祖之所自出，以其祖配之是謂也。」鄭玄引《禮記》之說，本來是爲了證明祖之所出於天，舉行大禘以祭之，不過其說法，經由考證已經被推翻，西周禘祭並無郊天之祭，屬於宗廟祭祖禮制才是。何楷亦贊成《古序》之說，認爲〈長發〉爲大禘之詩〔註58〕。因此，進一步提出說明，認爲「禘祫皆以享名，而禘尤大于祫，故以大享名也。」將「大禘」與「大享」作連結；引「禘所以異于祫者，功臣皆祭也。」〔註59〕說明末章提及伊尹輔政之因。引何氏之說如下：

> 此詩末章舉及，阿衡正配享太廟之事，固大禘之一証也。《書‧盤庚篇》：「茲予大享于先王，爾祖其從與享之。」《周禮‧司尊彝》云：「凡四時之間，祀追享、朝享先儒，謂禘。追其所自出，故爲追享；祫羣廟主皆朝于太廟，故爲朝享。」禘祫皆以享名，而禘尤大于祫，故以大享名也。〈盤庚〉言功臣配享，正在大享之時，則《序》以〈長發〉爲大禘，信非妄矣。何休亦云：「禘所以異于祫者，功臣皆祭也。」〔註60〕

藉由《周禮‧司尊彝》之文，將「大禘」別稱「追享」；「祫祭」別稱「朝享」，則「禘祫皆以享名」。又「禘尤大于祫」，故「大禘」亦可稱爲「大享」。「實維阿衡，實左右商王」所言即指「功臣皆祭」，爲「大禘」之證。

說法二：祫祭也

對此，朱熹提出新的看法，認爲《序》之說法不可信。《詩經集傳》謂：

> 序以此爲大禘之詩，蓋祭其祖之所出，而以其祖配也。蘇氏曰：「大禘之祭，所及者遠，故其詩歷言商之先后，又及其卿士伊尹，蓋與祭於禘者也。《商書》：『曰茲予大享于先王，爾祖其從與享之。』是

〔註58〕 何楷雖尊毛而發其說，然其言〈長發〉一詩，卻將其解釋爲「時禘」，此爲筆者將其置於「時禘」一說之因。

〔註59〕 參見〔東漢〕何休注、〔唐〕徐彥疏：《春秋公羊傳注疏》（《十三經注疏》本）卷13～14〈文公〉二年，頁165。

〔註60〕 〔明〕何楷：《詩經世本古義》，卷2，頁3～4。

禮也豈其起於商之世歟。」今按大禘不及群廟之主，此宜爲祫祭之
詩，然經無明文不可考也。〔註61〕

朱氏引蘇轍之說，認爲「大禘」祭祀對象主要是遠祖，然詩中所提及，除了
商之先王外，亦有先后「有娀」〔註62〕之外，及功臣伊尹，又《商書》有載，
殷商時已有以先王配天，功臣從祭之紀錄，若此詩若《箋》所言，難道「禘」
一禮制早在殷商時期即有，若依周禮，「大禘」之祭祀模式，僅祭遷主於大祖
廟，其他爲遷之祖皆各於廟，舉行祭祀，詩中之祭祀對象論及「群廟之祖」，
故應爲「祫祭」而非「大禘」，故朱氏認爲〈長發〉一詩，應爲「祫祭」。對
於朱氏之說，元朱倬撰《詩經疑問》提到：

> 禘者，祭始祖所自出之帝而以始祖配之。故商人禘嚳而郊冥，祖契
> 而宗湯，此詩若以爲禘祭，則當但言嚳與契而已，今乃不及嚳，而
> 始於契且及相土，而至于成湯，其非禘祭明矣。蓋祫祭者，合已毀
> 未毀之主而祭于太祖之廟也，今由契而至湯凡十四君，此詩乃該首
> 尾而言之，其爲祫祭之詩無疑矣。〔註63〕

此外，宋宗元亦大感認同，於《五禮通考》云：

> 宗元案：大禘對時禘言是也，猶之大祫對時祫言也，若因追享爲
> 大禘，而即以大禘爲大享，則未確。夫享莫尊于禘，而莫大于祫，
> 禘惟太祖一人，所以尊之，又追其所自出之帝，故謂之追享。特
> 以對時禘及吉禘言而謂之大禘，不可因大禘而謂之大享也，惟三
> 年之祫，徧及羣廟、毀廟，而元功之臣亦配享焉。但不及所出之
> 帝，然其禮最爲周徧，而廣闊，故對時祫，言既謂之大祫，又對
> 追享言而謂之大享也，亦謂之朝享，者正是功臣亦在，而同朝于
> 太祖也。考〈長發〉之詩中，及相土毀廟之主，并及伊尹之元功，
> 即所謂大享于先王爾，祖其從與享者，正是大祫之祭，而謂之大
> 享者也。小序謂大禘者非，朱子已曾駁正之，集傳雖未質言要，
> 已發其疑矣。<u>何元子</u>信序，而曲証爲大享，即大禘者，欲以強詞

〔註61〕〔南宋〕朱熹：《詩集傳》，卷20，頁43。
〔註62〕關於「有娀」，《毛傳》解釋爲簡狄；《箋》則謂：「有娀氏之國」。朱熹於此從
　　　　《毛傳》之說，認爲「有娀」指的是簡狄，以呼應「帝立子生商」，亦由此推
　　　　論，〈長發〉一詩，祭祀對象遍及遍祖廟。
〔註63〕〔元〕朱倬：《詩經疑問》《欽定四庫全書‧經部‧詩類》，卷6，頁5。

軌正，理實不足取也。夫自漢儒以來，多以大禘爲合祭羣廟，惟
趙伯循因大傳只云，以其祖配之而無合食于前之文，故謂禘其始
祖所自出者，配惟始祖一人，而不及羣廟，此不刊之論也。蓋古
祭各于其廟，惟時祫、大祫乃合食于大廟，故謂之祫耳，若禘郊
宗祖之祭尤典禮之特隆者，而可以羣廟之主雜于其間乎，朱子獨
從趙氏說洵至當，不易矣。說此詩者又因序有大禘之語，反謂大
禘原及羣廟，以遷就之何其惑也，又或以爲商周之禮不同，亦未
免從而爲之詞耳。夫周公所損益者不過制度，文爲之末，若禘郊
宗祖之祭，乃享帝享親之極盛，正所謂殷因於夏禮，周因於殷禮
者，而可假商周異制之說，以巧爲解乎，則序說洵爲無稽，而不
足据也，審矣。〔註64〕

宋宗元認爲，何楷（何玄子）過度執著於《詩序》所言，爲使「大禘」之說
合理化，故引出「大享」之說，事實上，「大禘」可言爲「追享」，因「追其
所自出之帝」故謂之，絕不可因「大禘而謂之大享也。」又引出趙伯循說「大
禘」僅爲「以其祖配之而無合食，于前之文，故謂禘其始祖所自出者，配惟
始祖一人，而不及羣廟」，〈長發〉一詩所祭者眾，非僅止於「祖之所自出」，
因此，宋宗元認爲朱熹之說可從。

　　然針對朱熹之說，姚際恆亦提出駁斥，認爲朱氏之說法不如《序》，引姚
文如下：

彼意似謂禘不及群廟之主，惟祫及之；然詩中未嘗有及群廟之主語。
相土未爲王，無廟也，豈認相土爲廟耶？更難曉。愚按祫祭之說更
不如禘，抑或商之禘不必所自出耶？〔註65〕

姚氏針對朱氏之說，提出疑惑？認爲朱氏所提，未若詩序所言來得恰到，然
對於〈長發〉一詩，亦未明言詩旨爲何？提出或許爲「商之禘不必所自出耶」
一語作結。

　　朱熹將「禘」、「祫」兩者解爲兩種祭名，故得出「爲祫祭之詩」之說，
後又謂「經無明文不可考也」，之所以於經不可考，「祫」非祭名，僅爲一舉
行祭祀之方式，即「合祭群組」，又姚氏所提「詩中未嘗有及群廟之主語」，

〔註64〕　〔清〕秦蕙田：《五禮通考》，卷58，頁17～18。
〔註65〕　〔清〕姚際恆：《詩經通論》（臺北：廣文書局，1997年），頁365。

故認爲「禘」祭之說勝於「祫」祭〔註66〕。至此，筆者亦從姚氏之說，〈長發〉一詩應併入「禘祭」一說〔註67〕。

說法三：大享成湯，伊尹從之

學者多主張〈長發〉爲「祀成湯而以伊尹從祀」之詩。支持此論點者，有陳子展、余培林等。陳子展認爲：

> 〈長發〉當是大享成湯，以伊尹從享的樂歌。《詩序》曰：「長發，大禘也。」何謂大禘？鄭《箋》云：「大禘，郊祭天也。《禮記》曰：『王者禘其祖之所自出，以其祖配之是謂也。』」按《禮記·祭法篇》說：「殷人禘嚳而郊冥，祖契而宗湯。」豈不是禘嚳之說出於周人，禘湯之事殷人本有？所謂大享，可以說烝嘗時祭，也可以說禘郊大祭。禘有時說郊，郊有時說禘，禘郊可從祭功臣。文二年《公羊傳》說：「禘所以異於祫者，功臣皆祭也。」《詩序》說大禘，無妨於詩禘成湯詩末說及伊尹。〔註68〕

陳子展以較廣義之解釋看待「大享」〔註69〕一詞，認爲「大享，可以說烝嘗時祭，也可以說禘郊大祭。」，故「大禘」亦可稱作「大享」，故〈長發〉爲「大享成湯」之詩，又「功臣亦可從祭」，進一步使末章提及伊尹之文，得到

〔註66〕乃由於關於祫祭此一說法，參見周何對「祫」之討論，參見周何：《春秋吉禮研究》，頁 115～122。

〔註67〕至此，筆者亦認爲〈長發〉一詩應併入「禘祭」一說，然究竟爲「大禘」或「祭」則待後討論。

〔註68〕參見陳子展：《詩三百題解》（上海：復旦大學，2001 年 10 月第一次印刷），頁 1257。

〔註69〕關於「大享」之解，筆者將其區分爲廣義及狹義。若爲「廣義」解「大享」一詞，則凡對先王舉行合祀之禮皆可稱之，故「大禘」亦可爲「大享」；若以「狹義」解「大享」一詞，則有鎖定特殊的對象。《書·盤庚上》：「茲予大享於先王，爾祖其從與享之。」孫星衍《疏》：「大享，即《禮記》大饗也。」《禮記》言及大饗則有以下三種對象，分別爲先王、五方大帝及諸侯來朝者，引錄鄭注《禮記》原文於下：

    1. 合祭先王。《禮記·禮器》：「大饗其王事與」？鄭《注》：「謂祫祭先王。」凡合祭先王者，可稱爲「大享」。

    2. 遍祭五方天帝。《禮記·月令》：「（季秋之月）是月也，大饗帝。」鄭《注》：「言大饗者，遍祭五帝也。《曲禮》曰『大饗不問卜』，謂此也。」

    3. 謂天子宴飲諸侯來朝者。《周禮·春官·大司樂》：「大饗不入牲。」鄭《注》：「大饗，饗賓客也。」又《禮記·仲尼燕居》：「大饗有四焉。」鄭《注》：「大饗，謂饗諸侯來朝者也。」

合理解釋。余培林先生亦從其說〔註70〕，然兩者有殊異之處，則陳子展認為「大享」與「大禘」不相違背；而余培林則認為，〈長發〉一詩非大禘之詩，僅為一祭祀成湯以伊尹從祭之作〔註71〕，兩者之所以有所殊異，乃基於兩人對「大享」一詞之定義，有嚴、寬不同之解釋。

（二）小結

就以上三種說法，可以確定的是，〈長發〉一詩應為「禘祭」之說無誤。朱熹之所以認為其為「祫祭」之說，乃將「祫祭」誤認為祭名，故生此說，自秦漢以來，今文家多將「祫」解為宗廟大祭之專名，〔註72〕故造成後世學者研究禘祫之說時，常感渾昧不明。至於「大禘」及「時禘」之別，主要在於是否祭於「太廟」及祭祀對象是否兼及始祖，又「時禘」一制應有進貢時季新物之制，文中並無提及，故應非「時禘」，故若以「禘其祖之所自出，以其祖配之」之「大禘」論之，文中「祖」若以「始祖」視之，則大禘對象應有嚳及契；若將「祖」以「群祖」〔註73〕論之，則大禘對象應有契兼及群祖，若此則大禘之說，則可成立，每論及此，傳統說法，多以後者立說，認為此處之祖應為「始祖」無誤，因此導出〈祭法〉所謂：「殷人帝嚳而郊冥」一說。

綜上所言，本文認為〈長發〉一詩詩旨，《古序》所言較為合理。〈長發〉應為大禘之詩。

二、《周頌・雝》

有來雝雝，至止肅肅。相維辟公，天子穆穆。於薦廣牡，相予肆祀。
假哉皇考，綏予孝子。宣哲維人，文武維后。燕及皇天，克昌厥後。
綏我眉壽，介以繁祉。既右烈考，亦右文母。〔註74〕

〔註70〕參見余培林：《詩經正詁》，頁715。

〔註71〕對於《古序》說法，余培林提出如下反駁：
然〈祭法〉曰：「殷人禘嚳而郊冥，祖契而宗湯。」徧觀全詩：首章論述契之生。次章則述及契之功業，與相土之繼武。三、四、五、六章則總述湯之功，末章論及伊尹輔政之功業。對於〈長發〉一詩，論述對象多言湯而非嚳，未能提出合理說明。

〔註72〕參見周何：《春秋吉禮考》，頁122。

〔註73〕崔東壁（崔述）《經傳禘祀通考》認為此處之祖，所指非「始祖」，「祖之所自出者」，才是「始祖」。周何則進一步指稱此處之「祖」應為群祖，引文如下：「單云『祖』，不云『始祖』則此祖蓋兼群祖可知。」，頁133。

〔註74〕〔西漢〕毛亨傳、〔東漢〕鄭玄箋、〔唐〕孔穎達疏：《毛詩正義》《十三經注疏本》，卷19，頁733。

（一）各家說法

〈雝〉解詩關鍵在於詩中所祭何人？確定祭祀對象後，詩中所言何祭，即可迎刃而解。關於此詩詩旨，主要有以下三種說法：

說法一：禘大祖

《古序》：「禘大祖也。」鄭《箋》：「禘，大祭也。大於四時而小於祫。大祖，謂文王。」孔《疏》：「雝者，禘太祖之樂歌也。謂周公、成王太平之時，禘祭太祖之廟。詩人以今之太平，由此太祖，故因其祭，述其事，而為此歌焉。」鄭玄認為〈雝〉祭祀之對象為「文王」；舉行之祭典為「大禘」。孔穎達進一步申鄭，說明此詩乃「周公、成王太平之時」於「太祖之廟」所舉行之祭祀。〈雝〉所祭之人（文王）、事（大禘）、時（成王之時）、地（太廟），昭然若揭。鄭玄認為此詩為成王祭祀文王之作，詩中之「大祖」作「文王」解。

針對鄭玄之說法，陳奐提出不同的看法。陳奐解〈雝〉云：「此時禘后稷之樂歌也。……周以文武為受命之祖，以后稷為肇封之祖。立后稷為大祖廟，故唯后稷稱大祖。」〔註75〕陳奐亦從《古序》所言，認為此詩為「禘大祖也」，然此禘非「大禘」應為「時禘」；又「大祖」非鄭《箋》所謂「文王」，應為「后稷」才是，文王為受命之王，后稷為肇封之祖，故為大祖。鄭玄之將大祖解作「文王」，乃本於劉昫《舊唐書・禮儀志》引《白虎通義》云：「文王為大祖，武王為大宗。」然《白虎通義》所云乃是指明堂配天之祭，於宗廟之祭未曾以「大祖」稱「文王」，又成王即位時，文王乃其曾祖，應為王考廟，屬於親廟之一，若為禘祭，應置於大廟祭之，而非於文王本廟舉行祭典，陳奐認為此為鄭解〈雝〉所誤之源由。〔註76〕除此之外，鄭玄注《周禮》〔註77〕及《禮記》〔註78〕時，皆解「大祖」為「后稷」，由此推知，大祖為后稷無誤。陳奐認為此詩為成王禘祭后稷之作，詩中之「大祖」作「后稷」解。對於此

〔註75〕〔清〕陳奐：《詩毛詩傳疏》，頁851～852。陳奐在《毛傳》之基礎上提出此看法，認為《毛傳》所云：「烈考，武王也。文母，大姒也。」

〔註76〕陳奐對於鄭玄解〈雝〉之誤，提出說明：「祖文王宗武王為明堂配天之祭，不聞於宗廟稱文為大祖、稱武為大宗。且文王不得與后稷同稱大祖，成王時文王尚居親廟，室得於文王廟特禘？」參見陳奐：《詩毛詩傳疏》，頁852。

〔註77〕《周禮・大司樂》：「於宗廟之中奏之，若樂九變，則人鬼可得而禮。」鄭注曰：「人鬼則主后稷。」

〔註78〕《禮記・王制》：「天子七廟，三昭三穆，與大祖之廟而七。」鄭注曰：「七者，大祖與文王武王之祧，與親廟四。」

范處義亦認爲「后稷爲太祖」，並進一步說明，〈祭法〉言「禘嚳」，然《古序》爲何言「禘大祖」，兩者可通：

> 周以后稷爲太祖。〈祭法〉曰：「周人禘嚳。」此曰禘太祖何也？曰：「禘其祖之所自出」則嚳也。以其祖配之，則后稷也。天子七廟，三昭三穆，與太祖之廟而七，禘行於宗廟，嚳既無廟，故舉其配而言之。〔註79〕

以上所舉，陳奐所言，爲古文家之說法，范處義亦同其說。今文家雖亦同意《古序》言〈雝〉，然對於「大祖」之解釋，卻與古文家有所不同。今文家認爲「大祖」應爲「文王」〔註80〕。王先謙《詩三家義集疏》引證《魯》說如下：

> 《魯》說曰：「〈雝〉一章十六句，禘太祖之所歌也。」（蔡邕《獨斷》文，《魯》也。）《韓》說曰：「禘，取毀廟之皆生合食於太祖。」陳喬樅云：「白虎通云：『祭宗廟所以禘祫何？尊人君，貴功德，廣孝道也。位尊德盛，所及彌遠。謂之禘祫何？『禘』之言『諦』也，序昭穆，禘父子也。『祫』者，合也，毀廟之主，皆合食於太祖也。周以后稷文王，特七廟。周之所以七廟者，以后稷始封，文王武王受命而王，后稷爲始祖，文王爲太祖，武王爲太宗。』韋玄成云：『禮，王者受命，諸侯始封之君，皆爲太祖。』並與《箋》說同，則魯家之說以此『禘太祖』爲祀文王也。鄭用魯義。」《淮南·主術訓》「奏〈雝〉而徹」，高注：「雝，巳食之樂也。」〔註81〕

又引《齊》說曰：

> 《禮·仲尼燕居》「客出以〈雝〉徹」，鄭《注》：「〈雝〉，樂章也。」陳喬樅云：「〈樂師〉云：『及徹，率學士而歌徹。』《注》：『徹者，歌〈雝〉，在《周頌·臣工之什》。』《論語》『〈雝〉徹』，注引馬融云：『天子祭於宗廟，〈雝〉以徹祭。』若諸侯自相饗，徹器即歌〈振

〔註79〕 范處義《詩補傳》：「雝禘大泰祖也。周以后稷爲大祖。〈祭法〉曰：周人禘嚳。此曰禘大祖何也？曰禘其祖之所自出，則嚳也。以其祖配之則，后稷也。天子七廟，三昭三穆與太祖之廟而七禘，行於宗廟。嚳既無廟，故舉其配而言之。」參見宋代范處義《詩補傳》：（經部，詩類，詩補傳，卷26），頁24。

〔註80〕 鄭《箋》所謂太祖即文王，本於今文三家之說。

〔註81〕 〔南宋〕王先謙：《詩三家義集疏》（臺北：明文書局，1988年10月10日初版），頁1029～1030。

鷺〉。〈仲尼燕居〉云「徹以〈振羽〉」，是其事也。」〈雍〉本禘太祖之所歌，用之徹祭，又用之大饗。《文選》李注釋〈西都賦〉『食舉〈雍〉徹』，引《禮記》『客出以〈雍〉徹』爲證，是以讀『〈雍〉徹』絕句，謂歌〈雍〉以徹也。又言『以振羽』者，謂兩君相見，諸侯大饗之禮，則歌〈振鷺〉以徹也。《禮記正義》讀『客出以〈雍〉』爲句，言客出之時歌〈雍〉以送之，失其義也。」〔註82〕

可知今文三家同。王先謙認爲此詩爲成王禘祭文王之作，詩中「大祖」作「文王」解。此爲今文家之說法。今人滕志賢亦從《古序》之說，然解「大祖」時，偏向今文家之說，認爲：

> 此是周天子祭祀父母之詩。《詩序》曰：「〈雝〉，禘大祖也。」亦即祭祀太祖也。太祖是誰？或曰后稷，或曰文王。今觀詩中有「宣哲維人，文武維后」之句，似指文王爲勝。故舊說多以此詞武王祭文王之詩也。〔註83〕

滕志賢乃從《古序》之說，認爲此詩爲禘文王之作，由於「宣哲維人，文武維后」故引起另一派主張此詩「武王祭祀文王」之作。

今、古文家兩說相似，皆認爲此詩爲「禘祭」之詩，然爲「大禘」或「吉禘」之詩，古文家認爲「大祖」爲「后稷」；今文家認爲「大祖」爲「文王」。兩家之說主要歧異點於「大祖」之解。鄭玄雖出《魯》家之言，認爲「大祖」爲「文王」，然解「禘」爲「大禘」，非「時禘」，此爲鄭玄異於今古文家者。陳子展亦贊成《古序》所言，然今、古文兩家解「大祖」一詞，究竟孰是孰非，提出「就詩來說，兩說都通，還沒有人判定何者爲是」作結。〔註84〕

說法二：武王祭祀文王

提出此說者，以朱熹爲代表。朱子《詩序》（亦稱《詩序辨》）提出駁《古序》的理由：

> 周人禘嚳，又曰天子七廟，三昭三穆，及太祖之廟而七。周之太祖，即后稷也。禘嚳於后稷之廟，而以后稷配之，所謂禘其祖之所自出，以其祖配之者也。《祭法》又云：「周祖文王。」而春秋家說：「三年喪畢，致新死者之主於廟，亦謂之吉禘。」是祖一號，而二廟；禘

〔註82〕〔南宋〕王先謙：《詩三家義集疏》，頁1030。
〔註83〕參見滕志賢：《詩經讀本》（臺北：三民書局，1990年1月），頁994。
〔註84〕參見陳子展：《詩三百題解》，頁1169。

> 一名，而二祭也。今此《序》云：「禘太祖。」則宜爲禘嚳於后稷之
> 廟矣，而其詩之詞無及於嚳、稷者，若以爲吉禘於文王，則與序已
> 不協，而詩文亦無此意。恐序之誤也。此詩但爲武王祭文王而徹俎
> 之詩，而後通用於他廟耳。〔註85〕

朱熹認爲，〈雝〉非《古序》所謂：「禘太祖。」周之太祖爲「后稷」，若爲禘
大祖，應於禘嚳於后稷之廟才是，〔註86〕但是詩中無提及嚳、后稷者，反倒
言及文王。此外，若言「吉禘於文王」亦不合，與《古序》相抵觸，且詩句
中亦無與「吉禘」相關之語，故此爲朱熹認爲《古序》不可採信理由。

另外，於其《詩集傳》提出兩個理由以茲佐證：首先，解「綏予孝子」
之孝子爲武王自稱之詞；「既右烈考，亦右文母。」之烈考爲「皇考」即「文
王」，「文母」爲「大姒」，父、母並言，爲武王之語是也。再則，援《周禮》、
《論語》以證其說：

> 《周禮・樂師》：「及徹，帥學士而歌《徹》。」說者以爲即此詩。《論
> 語》亦曰：「以《雝》徹」，然則此蓋徹祭所歌，而亦名爲《徹》也。
> 〔註87〕

證明此詩爲天子行宗廟祭祀，撤祭時所歌之詩。故朱熹認爲〈雝〉爲武王祭
祀文王之詩。姚際恆亦持相同意見，認爲此詩爲「武王祭文王徹時之樂歌」，
針對《古序》提出以下駁斥理由：

> 《小序》謂：「禘大祖」，謬。周之大祖，后稷也。據《禮》：「禘其
> 祖，之所自出而以其祖配之。」后稷所自出爲嚳，《詩》無及嚳、稷，
> 前人已辨之。今按篇末曰「烈考、文母」，於禘義尤萬里。〔註88〕

就詩文本身，若依《禮記》所言禘祭對象應爲嚳、后稷才是，然詩中並無提
及。又「烈考、文母」與禘義更難與所關連。此外，針對蘇轍《詩集傳》對
「克昌厥後」一語，無諱文王之疑，〔註89〕提出「周公始定諱，武王時尚未

〔註85〕〔南宋〕朱熹：《辨說》《欽定四庫全書・經部・詩類・詩序》卷下，頁27。
〔註86〕〔南宋〕朱熹：《辨說》《欽定四庫全書・經部・詩類・詩序》卷下，頁27。
〔註87〕〔南宋〕朱熹：《詩集傳》，卷19，頁31。
〔註88〕〔清〕姚際恆：《詩經通論》（臺北：廣文書局，1997年10月三版），頁340～341。
〔註89〕〔北宋〕蘇轍：《詩集傳》卷18云：「禘，宗廟之大祭。所謂禘，祫者也。太
祖，文王也。或言周人以諱事神，而此詩有『克昌厥後』則太祖，非文王也。
然周之所謂諱者，不以其名號之耳，不遂廢其文也，諱其名而廢其文者，後
世之禮，而非周之故，疑之過。」蘇轍認爲，直言「昌」不加以避諱，乃是
由於「諱王之名」乃出於後世，非周之禮。

有此」，認爲「名諱」乃始於周公之時，故此直言「昌」無妨。因此，姚氏認爲《古序》之說不可從〔註90〕，此詩應爲「武王祭文王」之詩作。方玉潤亦同朱氏、姚氏，認爲朱氏之說「頗爲明晰，可無疑義矣。」又提出反駁《古序》之理由：

> 若如《箋》、《疏》以爲成王禘祭文王之詩，則詩中「烈考」、「皇考」之稱既不可通，即文母之祭亦與禘祭無涉，故不若從《集傳》之爲當。

方玉潤解「皇考」爲「文王」；解「烈考」亦爲「文王」，並提出「烈考」、「文母」乃對偶之文，「子豈可與母對而且居母上耶？」故《毛傳》將「烈考」解爲「武王」〔註91〕之說不可從。另外，《毛傳》將「右」訓爲「助」，亦遭方氏反駁，認爲「右爲尊，故謂其神在右，猶云『如在其上』也」若從毛說，於詩難解。

余培林亦認爲〈雝〉爲「武王祭文王」之詩。除了同意朱氏所言「綏予孝子」且「既右烈考，亦右文母」爲武王之語外，又提出《漢書》中劉向所言，以證其說，引文如下：

> 向上封事曰：「當此之時，武王、周公繼政，朝臣和於內，萬國驩於外，故盡得其驩心，以事其先祖。其詩曰：『有來雝雝，至止肅肅。相維辟公，天子穆穆。』言四方皆以和來也。」〔註92〕

藉由劉向上封事時，引《雝》之詩句，認爲足以證此詩爲武王祭祀文王之作。此外，糜文開、裴普賢之說法亦同朱熹。〔註93〕

說法三：成王禘祭文王、武王

魏源《詩古微》則認爲〈雝〉爲「成王將禘文王、武王」〔註94〕之作。其立論乃根據「文武維后」一語，認爲文中之「文武」即文王、武王。此說已遭後世學者非議，認爲「宣哲維人」、「文武維后」乃對文；又此「維人」、

〔註90〕姚際恆之說與朱熹相同。然對於《詩集傳》援引《論語》、《周禮》以證其說，認爲多此一舉，以「頗爲蛇足」譏之。

〔註91〕嚴粲亦從《毛傳》解「烈考」爲「武王」。見言粲《詩緝》卷33：「《傳》曰：『烈考，武王也。《疏》曰：洛誥云：『烈考，武王弘朕恭。』」

〔註92〕參見余培林：《詩經正詁》（臺北：三民書局，2005年2月，修訂二版一刷），頁659～660。

〔註93〕參見糜文開、裴普賢：《詩經欣賞與研究》（臺北：三民書局，1991年8月），頁1572。

〔註94〕參見魏源：《詩古微》卷6《續經解毛詩類彙編（三）》，頁3197。

「維后」之安排乃爲了協韻而已。故魏源之說缺乏證據，故僅供參考。

（二）小結

就以上解〈雝〉之三種說法，筆者認爲以《古序》說法，較爲可信。首先，詩中所祭之對象，主要有后稷、文王兩種說法。就詩文本身而言，筆者較傾向《毛傳》所言，將「大祖」解作「后稷」。朱熹解釋「皇考」時，認爲「皇考」指的是文王，然解「烈考」時，又言「烈考，猶皇考也」，說法顯然矛盾。此外，「烈考武王」一語亦出現於〈洛誥〉一文，則此詩當作於成王之時了，怎麼可能出現武王祭祀文王的情節。再則，朱熹認爲「既右烈考，亦右文母。」乃父、母並言，所以應爲武王之語。對於此，陳子展認爲：

> 詩中既說「假哉皇考」，煞尾又說「既右烈考，亦右文母。」當是說皇考既祝佑了烈考，又佑助了文母。即是說，文王記佑助了在位之子，又祝佑了尚存之妻。詩先說武王，後說大姒，當然是爲了趁韻。
>
> 〔註95〕

最後，「禘」爲何種祭典？根據《論語・八佾》所言：「以《雍》徹」知其爲宗廟祭禮。又詩中提及「文王」、「大姒」及「武王」，知其應爲「大禘」，唯「大禘」已毀之祖合祭於大祖之廟，未毀之祖則祭於本廟，然是時「文王」、「武王」尚爲親廟，故不祭於后稷之廟。又「文王」、「武王」爲受命之祖；「后稷」爲始祖，故《古序》曰：「禘大祖也。」已言明此詩所祭對象有文王、武王等群祖，之所以不言后稷，乃因后稷本爲「大禘」之對象，又文王、武王本出自后稷，《禮記》所謂：「祭其祖之所自出」，故知〈雝〉爲「大禘」之詩。

〔註95〕參見陳子展：《詩三百題解》，頁1169。

第四章 《詩經》祖先崇拜之外在呈現(二)
——時享

　　本章主要就周人宗廟祭祖之「時享」禮制為探討主題。以《詩經》為主要研究資料，參酌其他經傳典籍之解釋，並引論甲骨、金文說法加以佐證。內容安排部分：

　　首先，就「時享」禮制本身「定義」與「各家說法」作一討論。再則，論述殷商時期「周祀」制度，由殷人此一祭祖禮制，比較其與周人「時享」禮制之相關性與殊異處。最後，針對《詩經》有關「時享」禮制之詩篇作一探討。

第一節　周人之時享禮制

一、各家說法討論

　　所謂「時享」禮制，乃是指天子、諸侯依照春、夏、秋、冬四季的遞嬗，於宗廟獻祭應時的品物，藉由祭祀祖宗先人以表示誠敬之意。「時享」名義在經傳典籍之記載有所殊異。表列如下：

經傳典籍／季節	春	夏	秋	冬
《小雅・天保》〔註1〕	禴	祠	烝	嘗

〔註1〕《小雅・天保》：「禴祠烝嘗，于公先王。」鄭玄《注》：「禴，殷春祭之名也，四時祭之省者也。」「禴」為「春祭」。(〔西漢〕毛亨傳、〔東漢〕鄭玄箋、〔唐〕孔穎達疏：《毛詩正義》，《十三經注疏》本，卷9～15，頁327)。

經傳典籍／季節	春	夏	秋	冬
《禮記·王制》〔註2〕 《禮記·祭統》〔註3〕	礿	禘	嘗	烝
《禮記·祭義》〔註4〕	禘	／	嘗	／
《周禮·春官·大宗伯》〔註5〕 《爾雅·釋天》〔註6〕	祠	禴（礿）	嘗	烝

關於典籍之記載可綜合如下：

「春祭」祭名：禴（礿）、祠、禘

「夏祭」祭名：禴（礿）、祠、禘

「秋祭」祭名：嘗、烝

「冬祭」祭名：嘗、烝

除了排列順序有所差異外，基本上春、夏兩季有「禴（礿）」、「祠」、「禘」三種名稱，秋、冬則有「嘗」、「烝」兩種名稱。關於典籍記載之不同，歷代學者解釋頗多，經歸納整理，主要有以下四種說法：

（一）夏商周祭祖禮制名稱之殊異

此一說法，最先由鄭玄提出。〔註7〕鄭玄認為典籍記載有所差異，乃導因於部分典籍所載祭名為夏、殷時期的禮制名稱。鄭玄注《禮記·祭義》

〔註2〕 《禮記·王制》：「天子、諸侯宗廟之祭，春曰礿，夏曰禘，秋曰嘗，冬曰烝。」（〔東漢〕鄭玄箋、〔唐〕孔穎達疏：《禮記正義》，《十三經注疏》本，卷5，頁241）。

〔註3〕 《禮記·祭統》：「凡祭有四時，春祭曰礿，夏祭曰禘，秋祭曰嘗，冬祭曰烝。」（〔東漢〕鄭玄箋、〔唐〕孔穎達疏：《禮記正義》，《十三經注疏》本，卷25，頁837）。

〔註4〕 《禮記·祭義》：「是故君子合諸天道，春禘秋嘗。」（〔東漢〕鄭玄箋、〔唐〕孔穎達疏：《禮記正義》，《十三經注疏》本）卷24。

〔註5〕 《周禮·春官·大宗伯》：「以祠春享先王，以禴夏享先王，以嘗秋享先王，以烝冬享先王。」（〔東漢〕鄭玄注、〔唐〕賈公彥疏：《周禮注疏》，《十三經注疏》本，卷17〜27，頁266）。

〔註6〕 《爾雅·釋天》：「春祭曰祠，夏祭曰禴，秋祭曰嘗，冬祭曰烝。」，（〔西晉〕郭璞注、〔北宋〕邢昺疏：《爾雅注疏》《十三經注疏》本，卷6，頁97）。

〔註7〕 鄭玄此說法一出，遵其說者眾多，至清朝後才逐漸有相左的說法提出，相關說法詳參郭善兵：〈概述清儒關於周代天子宗廟禮制的研究（二）〉（錄自 http://www.confucius2000.com/confucian/gsqrgyzdtzzmlzdyj2.htm）。劉源：《商周祭祖禮研究》，頁56。

曰：「春禘者，夏、殷禮也，周以禘爲殷祭，更名春祭日祠。」鄭玄認爲《禮記・王制》及《禮記・祭統》文中所言「礿」、「禘」、「嘗」、「烝」四名皆爲夏、殷祭祖禮制；《小雅・天保》中所載之「禴」、「祠」、「烝」、「嘗」四名才是周代時享祭名。後來，《禮記・祭義》之春祭稱「禘」，由於「禘」本爲夏、殷禮制名稱，而周朝之「禘」爲殷祭，鄭玄認爲周人爲了避免名詞上的混淆，因此，將《周禮・春官・大宗伯》改名爲「祠」〔註8〕。鄭玄利用歷代禮制名義的差異，解決典籍中紀錄之分歧，而後，孔穎達爲其作疏，基本上亦遵循鄭玄說法，〔註9〕認爲禮書上說有所法殊異，主要導因於三代祭名之改變。

（二）周代天子、諸侯政治等級性差異

主張此說法者，認爲典籍記載之所以不同，乃是由於經傳典籍所記載，分屬於不同主祭者，由於施行對象有所不同：一爲天子、一爲諸侯的緣故。因此，文獻記載自然有所差異。此說法提出者爲萬司大，其於《禮記偶箋》中提到：

> 不知此詩（《小雅・天保》）作於武王時，而禴、祠、烝、嘗是諸侯之祭。武王末受命，未遑製作，尚以侯禮祀先，故禴、祀、烝、嘗遂見於《詩》。迨周公相成王，始祀先公以天子之禮，定爲春礿、夏禘、秋嘗、冬烝，而禴、祠、烝、嘗爲諸侯之制也。〔註10〕

萬氏認爲《禮記・王制》及《禮記・祭統》應爲三代之通禮。而《詩・小雅・天保》乃作於武王時，當時武王尚未受命，故以諸侯禮舉行祭祀，造成典籍記載殊異。

（三）《禮記》篇章所記乃「析言」及「渾言」之別

黃以周於《禮書通故》中，對《禮記》記載不同，提出乃「析言」及「渾言」名別的緣故，因此，才會導致同祭而名殊：

〔註8〕 鄭注《禮記・祭義》曰：「春禘者，夏、殷禮也，周以禘爲殷祭，更名春祭日祠。」
〔註9〕 此處有一點需留意，孔穎達雖循鄭說，然《周禮》、《爾雅》究竟何時改名，鄭玄、孔穎達有著不同的意見。鄭玄認爲改名於周公制禮之時，而孔穎達則根據《周易》之記載，將其改名時間訂爲周文王時。相關討論，參考周何：《春秋吉禮考辨》之〈駁鄭玄虛設僞周沿革，周公改制之臆說〉，頁198～199。
〔註10〕 參見萬斯大：《禮記偶箋》錄自王先謙編《清經解續編》卷26（上海書店，1988年版），頁2578。

〈祭統〉、〈王制〉云：「春祠、夏禘、秋嘗、冬烝」，記時祭之別名
也。〈祭義〉、〈郊特牲〉舉春、秋以概冬、夏，而以禘、嘗為文，渾
言之也。析言名別，渾言之，春亦可稱禘，以大禘行於春故也。
〔註11〕

黃氏認為《禮記》之〈祭統〉、〈王制〉乃指四時祭的別名；至於〈祭義〉、〈郊
特牲〉則是舉春、秋祭以略言夏、冬祭的緣故。

（四）周世宗廟時享禮制行之有漸，而後始有此通名

此說為周何所提出。對於「時享」禮制，《禮記》諸篇記載之所以有別，
乃由於其制為逐步形成，故經歷一段名目不一的時期：

《禮記》一書，至多駁雜，成文多在六國以後，是此諸文，蓋本主
記周世時享之禮，雖有傳聞失實之處，然由不害為周制紊亂之徵也。
明乎此，則於此四記禮名之不同於祠禴烝嘗者，蓋無可怪矣。又周
世宗廟時享之禮，春曰祠，夏曰禴，秋曰烝，冬曰嘗，蓋行之有漸，
而後始有此通名，初則未必一致。〔註12〕

此外，又提出造成此種差異的原因，乃導因於周世禮教至後期已逐漸瓦解、
廢弛，因此，禮書作者所聽聞自然有所不同，故時享祭名所記亦有所歧異：

周世諸侯有不用周之正朔禮法者，雖有四時祭享之制，其禮名則未
必盡同，兼以末世禮教廢弛，容有措置失宜之事，於是後之記禮者，
或以見聞各殊，而所記周世宗廟時享之名遂有不同。〔註13〕

周氏乃從《禮記》成書背景及周朝歷史發展加以說明，認為周世後期政治世
局不穩定，諸侯們各自為政，不在若西周時期服從周天子地位外，禮制的形
成本有其成長時間，非一蹴即成，後來，隨著時間、習慣的形成，才有春祠，
夏禴，秋烝，冬嘗之定名。

（五）小結

以上四種說法，主要針對「時享」禮制名目歧出，學者所作出代表性的
解釋。自從鄭玄為禮書作注，漢儒對其說法深信不疑。直至清朝，「時享」議
題重新被提出討論，部分清儒針對鄭玄說法提出非議，然從之者仍眾。對於

〔註11〕 參見黃以周：〈時享禮通故〉錄自《禮書通故》卷18（上海古籍出版社《續修
四庫全書》本，2003年），頁509～510。

〔註12〕 參見周何：《春秋吉禮考辨》，頁198。

〔註13〕 參見周何：《春秋吉禮考辨》，頁198。

鄭玄說法，皮錫瑞大表讚賞備加推崇，認為鄭玄從離析、分辨、折中今、古文經的立場加以立說，皮氏提出：

> 《王制》記先王之法度，與《周禮》不同。……《王制》今文說，《周禮》古文說，尤不相合。惟鄭君兼治今古學，能疏通證明之。……各經之文已不能通，鄭以《王制》所云為夏、殷祭名，《周禮》所云為周公改制，如此乃能使今、古文兩家說各不相背，此鄭學所以為通達，並非強作調人。〔註14〕

概觀上列諸家說法，本文傾向鄭玄說法。鄭玄合理解釋經傳載錄祭名殊異的原因，然夏、殷禮制是否真若鄭玄所說異於周制，甚至夏、殷是否存有「時享」祭祖禮制，皆為鄭玄推論，該部分則尚宜斟酌。針對此，周何指出鄭玄解《禮》之妄：

> （時享禮制）其禮始行於周室；初時列國諸侯未必一致，故載籍於春、夏之諸多異名。鄭氏惟見王制、祭統之文異於通行之名，不得其解，遂委之夏、殷之制，……至見郊特牲、祭義「春禘」之文，又與己說不合，貿然破字改名以強合之。〔註15〕

周何認為，鄭玄注釋禮書時，對於〈王制〉、〈祭統〉載錄之不同，不知該如何解釋，故將兩者之歧異，解釋為夏、殷制度的不同，然至注解〈郊特牲〉、〈祭義〉兩篇時，又發現若依其注〈王制〉、〈祭統〉之說，將無法合理解釋文中出現的「春禘」，因此，便將其字任意改動，企圖使其說完美。禮書記載之所以不同，乃是由於時享禮制起初並非定制，隨著時間的推移，慢慢才有其固定的名號。

至於萬司大認為歧異所出，乃因天子、諸侯階級之不同，大體上，萬氏延續鄭玄說法，進一步補充鄭玄說法不足之處，認為《禮記·王制》、《禮記·祭統》所記載可能是三代之通禮，然〈天保〉武王時所作，此說法根據今人考證，應為武王受命之後所作，因此，其說存疑待進一步考證。至於黃以周針對《禮記》一書祭名不同，提出乃「詳言」及「略言」所造成，亦屬推測僅可供參考。周何認為隨著周朝後期禮制逐漸崩壞，作者所聞有別，遂造成

〔註14〕值得注意的一點，皮錫瑞雖然沿循鄭玄說，其分析角度與鄭玄略有不同。參見皮錫瑞：《魯禮禘祫義疏證》（上海古籍出版社《續修四庫全書》本，2003年），頁774。

〔註15〕詳參周何：《春秋吉禮考辨》，頁258。

祭名歧出，利用周代歷史背景及禮書本身成書時間爲基礎提出說明，推論較爲合理。

二、時享內涵

經過討論後，得知周人「時享」禮制之形成有其時間性，乃逐漸形成。在討論漢儒「時享」名義解釋前，須知周人「時享」禮制訂立內涵爲何？根據《禮記・祭義》所載：

> 祭不欲數，數則煩，煩則不敬。祭不欲疏，疏則怠，怠則忘。是故君子合諸天道：春禘秋嘗。霜露既降，君子履之，必有悽愴之心，非其寒之謂也。春，雨露既濡，君子履之，必有怵惕之心，如將見之。〔註16〕

〈祭義〉此段話，完整說明周人禮制的內涵。〔註17〕本於人性之「煩」、「怠」說明祭祀不可過於「疏」、「數」。以四季遞嬗，氣候景物轉變，表達人心隨四祭的轉換易勾起思親之情。此外，身爲子孫，對親人感念應終身不忘，不應隨其形體消逝而有所懈怠。對於祭祀者的心態，〈祭統〉接著說：

> 祭者，所以追養繼孝也。孝者畜也。順於道不逆於倫，是之謂畜。是故，孝子之事親也，有三道焉：生則養，沒則喪，喪畢則祭。養則觀其順也，喪則觀其哀也，祭則觀其敬而時也。盡此三道者，孝子之行也。〔註18〕

祭祀者多本於「追養繼孝」，認爲生既有「養」，死亦應有「享」〔註19〕，因此，即便亡者以離開人世，亦應秉持生前奉養之道，爲了表達己身恭敬之心，

〔註16〕〔東漢〕鄭玄注、〔唐〕孔穎達正義：《禮記正義》，《十三經注疏》本，卷24，頁807。

〔註17〕〈祭義〉一篇，作成時代歷來爭議不斷。主要有以下三種說法：說法一：認爲其乃出自秦漢人之手筆，此說法本於文中出現「黔首」一語，此與爲秦漢時所用，故主張此文爲秦、漢時作品。說法二：主張此篇乃拼湊而成，因文中部分內容與《樂記・樂化》及《大戴禮・曾子大孝》相同。說法三：主張此應爲周人作品，因西漢韋玄成等人曾引此篇以發奏議，且〈祭義〉篇名已定，因此，即使文中參雜其他典籍內容，基本上不應斷然藉此便說非周人作品。於此，本文傾向說法三，因此，提出「〈祭義〉此段話，完整說明周人禮制的內涵」。

〔註18〕〔東漢〕鄭玄注、〔唐〕孔穎達正義：《禮記正義》，《十三經注疏》本，卷25，頁830。

〔註19〕根據賈公彥《疏》《周禮・大宗伯》：「享，獻也。爲獻饌具於鬼神也。」

進獻之物需以應時之物，又依時節的不同，可祭之物亦有薄、豐之別，故漢儒解釋「時享」名義時，多將進獻品物結合季節，並佐以進獻物之多寡豐碩的基礎下作衍生說明：

> 蓋春夏百物未登，可薦者少，故獻享薄簡而禮敬，秋冬穀食登成，
> 可薦者多，故獻禮豐隆而禮備。〔註20〕

故知獻禮之「薄簡」、「豐隆」，其象徵意義不僅止於時節有別而已，「時享」禮制本爲一按時行祭之祭禮，何不以一通名命之，反而於「時享」之下又細分爲「祠」、「礿」、「嘗」、「烝」四名，若四時禮制均一，則無須分立其名，故可推知「禮有隆簡差降之別」〔註21〕。然當時四者之差異究竟如何，限於現有經傳典籍無載徵，不可得知。

對於時享四祭之春祠、夏礿、秋嘗、冬烝名義解釋，由於經傳對其僅有記載而無意義之闡述，後人對「時享」名義的瞭解，過去僅能依照後儒闡述而知，自從甲骨、金文陸續出土後，研究者有了新的材料，可對「時享禮制」作更深入的研究。以下先就典籍經傳記載，瞭解漢儒後對享禮制名義的解釋，而後再佐以甲骨、金文的紀錄相互比對，推論時享禮制於周時之面貌。

三、時享釋義

時享祭名解釋，最早乃出於漢代董仲舒《春秋繁露・四祭篇》一文：「古者歲四祭。四祭者，因四時之所生熟，而祭其先祖父母也。」〔註22〕而後儒者闡述「時享」意義時多依董仲舒解釋爲基礎展開說明。現在，將其分別條列於下，再分別說明：

（一）典籍經傳之詮釋

1. 春祠

許慎《說文解字一上・示部》：「春祭曰祠。品物少，多文詞也。從示，司聲仲春之月，祠不用犧牲，用圭璧及皮幣」〔註23〕

〔註20〕 參見周何：《春秋吉禮研究》，頁197。
〔註21〕 參見周何：《春秋吉禮研究》，頁197。
〔註22〕 〔漢〕董仲舒：《春秋繁露》（上海：商務印書館，1922年，《四部叢刊》上海涵芬樓藏武英殿聚珍版本），卷15，頁6。
〔註23〕 〔東漢〕許慎：《說文解字》（上海：商務印書館，1922年，《四部叢刊》上海涵芬樓借日本岩崎氏靜嘉堂藏北宋刊本景印本）卷第1上，頁3。

何休注《公羊傳‧桓公八年》：「祠猶食也，猶繼嗣也，春物始生，孝子思親，繼祠而食之，故曰祠，因以別生死。」〔註24〕

董仲舒《春秋繁露‧祭義篇》：「春上豆實，豆實韭也，春之所始生也，始生故曰祠，善其司也。」〔註25〕

郭璞注《爾雅‧釋天》：「祠之言食。」〔註26〕

班固《白虎通義‧宗廟篇》：「春曰祠者，物微，故祠名之。」〔註27〕

秦蕙田《五禮通考》卷五十八引鄭鍔曰：「春以詞爲主」〔註28〕

春祭之「祠」以兩種型態出現：一將「祠」當作動詞，解釋爲「食」〔註29〕；若就祭名闡述，則多以春祭品物鮮少，故以文詞爲主。

　　2. 夏礿

何休注《公羊傳‧桓公八年》：「礿，麥始熟可汋，故曰礿。」〔註30〕

董仲舒《春秋繁露‧祭義篇》：「夏上尊實，尊實麵也，夏之所受礿也。夏礿故曰礿，貴所初礿也。」〔註31〕

李昉撰《太平御覽》：「禴，薄也。夏時百穀未登，可薦者薄也。」〔註32〕

郭璞注《爾雅‧釋天》：「礿，新菜可汋」〔註33〕

班固《白虎通義‧宗廟篇》：「夏曰禴者，春熟進之。」〔註34〕

〔註24〕〔東漢〕何休注、〔唐〕徐彥疏：《春秋公羊傳注疏》，《十三經注疏》本，卷4～5，頁59。

〔註25〕〔漢〕董仲舒：《春秋繁露》，卷16，頁15。

〔註26〕〔西晉〕郭璞注、〔北宋〕邢昺疏：《爾雅注疏》，《十三經注疏》本，卷6，頁97。

〔註27〕引錄自〔北宋〕李昉：《太平御覽》（上海：商務印書館，1936年，《四部叢刊》涵芬樓景印中華學藝社借照日本帝室圖書館藏京都東福寺東京岩崎氏靜嘉堂文庫藏宋刊本）卷526，頁5。

〔註28〕〔清〕秦蕙田：《五禮通考》（上海：上海人民出版社，1999年，景印文淵閣四庫全書本），卷85，頁6。

〔註29〕參見劉源：《商周祭祖禮研究》，頁56。

〔註30〕〔清〕阮元《校勘記》引段玉裁之說，進一步解釋：「此礿當作汋。以汋釋礿，同音訓詁法也。」

〔註31〕董氏利用音訓的方法，所得出「夏礿故曰礿」結果。

〔註32〕〔北宋〕李昉：《太平御覽》（上海：商務印書館，1936年，《四部叢刊》涵芬樓景印中華學藝社借照日本帝室圖書館藏京都東福寺東京岩崎氏靜嘉堂文庫藏宋刊本）卷21，頁1。

〔註33〕陸德明《釋文》：「礿，余弱反。煿菜也。」此就其「音訓」而言。

王弼注《易・既濟九五》：「禴，祭之薄者也。」〔註35〕

秦蕙田《五禮通考》卷五十八引鄭鶚曰：「夏以樂為主。」〔註36〕

夏祭之「禴」為祭名：就「禴」而言，以兩種型態出現，一為名詞，直接將其解作「可以煮食之初生穀菜類」；若以「品物之薄約」解釋，可視為「音訓」〔註37〕。若將其作動詞使用，則有「酌」之意。〔註38〕

3. 秋嘗

鄭玄注《周禮・春官・肆師》：「嘗者，嘗新穀。」又賈疏：「秋祭曰嘗，以其物新熟可嘗。」〔註39〕

許慎《說文》：「嘗，口味之也。」〔註40〕

何休注《公羊傳・桓公八年》：「嘗者，先辭也。秋穀成者非一，穀先熟可得薦，故曰嘗。」〔註41〕

董仲舒《春秋繁露・祭義篇》：「秋上杬實，杬實黍也，秋之所先成也，先成故曰嘗，嘗言甘也。」

郭璞注《爾雅・釋天》：「秋祭曰嘗。」〔註42〕

班固《白虎通義・宗廟篇》：「秋曰嘗者，新穀熟。」〔註43〕

孔穎達疏《左氏桓公五年傳》：「嘗者薦於宗廟，以嘗新為名。」〔註44〕

〔註34〕引錄自〔北宋〕李昉：《太平御覽》，卷526，頁9。

〔註35〕〔魏〕王弼注、韓康伯注、〔唐〕孔穎達正義：《周易注疏》（臺北：藝文印書館，2001年12月初版14刷），卷6，頁136。

〔註36〕〔清〕秦蕙田：《五禮通考》，頁6。

〔註37〕劉源《商周祭祖禮研究》中提到：「禴」之亦近於煮新麥、新菜，解釋成祭品「簡約」，則為音訓。」參考劉源：《商周祭祖禮研究》，頁56～57。

〔註38〕對此，詹鄞鑫認為：「禴之言汋是對的，可是新麥或新菜，怎麼可以『汋』呢？汋與酌同義，指的是酌新酒薦神。《詩・豳風・七月》云：『此為春酒，以介壽眉』周人新酒城于春時，也有冬釀接夏而成的，為清酒。」參見詹鄞鑫：《神靈與祭祀》，頁341。

〔註39〕〔東漢〕鄭玄注、〔唐〕賈公彥疏：《周禮注疏》，卷17～27，頁296。

〔註40〕〔東漢〕許慎：《說文解字》（上海：商務印書館，1922年，《四部叢刊》上海涵芬樓借日本岩崎氏靜嘉堂藏北宋刊本景印本）卷5上，頁12。

〔註41〕〔東漢〕何休注、〔唐〕徐彥疏：《春秋公羊傳注疏》，《十三經注疏》本，卷4～5，頁59。

〔註42〕〔西晉〕郭璞注、〔北宋〕邢昺疏：《爾雅注疏》，《十三經注疏》本，卷6，頁97。

〔註43〕引錄自〔北宋〕李昉：《太平御覽》，卷526，頁9。

〔註44〕〔西晉〕杜預注、〔唐〕孔穎達疏：《春秋左傳注疏》，《十三經注疏》本，卷5～7〈桓公〉，頁107。

秦蕙田《五禮通考》卷五十八引鄭鍔曰：「秋以薦新爲主，嘗者物初
成始可嘗，於是而薦新。」〔註45〕

秋祭之「嘗」有兩種解釋：一爲動詞「品嚐」；一爲名詞「穀類先熟者」。

4. 冬烝

許慎《說文》：「烝，火氣上行也。」〔註46〕

何休注《穀梁傳・桓公八年》：「烝，眾也，氣盛貌。冬萬物皆成，
所薦眾多，芬芳備具，故曰烝。」〔註47〕

董仲舒《春秋繁露・祭義篇》：「冬上敦實，敦實稻也，冬之所畢熟，
皆熟故曰烝，烝言眾也。」〔註48〕

郭璞注《爾雅・釋天》：「烝，進品物也」〔註49〕

班固《白虎通義・宗廟篇》：「冬曰烝者，烝之爲言眾也，冬之時物
成者眾。孫炎云，烝，進也，進品物也」〔註50〕

《後漢書・明帝紀》李注：「蒸，眾也。冬物畢成，可祭者眾。」
〔註51〕

賈疏《周禮・夏官勳》：「蒸者眾也，冬時物成者眾。」〔註52〕

秦蕙田《五禮通考》卷五十八引鄭鍔曰：「冬以備物爲主焉，烝者物
畢皆可烝，於是備物也。」〔註53〕

「烝」之解釋，則多環繞「獻物之眾」、「物之成者」爲主要論述，其他若「火
氣上行」、「氣盛貌」則是漢朝以後，以陰陽五行之精神立說，故筆者於此僅
陳列不再加以討論。

〔註45〕〔清〕秦蕙田：《五禮通考》（上海：上海人民出版社，1999 年，景印文淵閣
四庫全書本），卷 85，頁 6。

〔註46〕〔東漢〕許慎：《說文解字》（上海：商務印書館，1922 年，《四部叢刊》上海
涵芬樓借日本岩崎氏靜嘉堂藏北宋刊本景印本），卷 10 上，頁 14。

〔註47〕〔東晉〕范甯注、〔唐〕楊士勛疏：《春秋穀梁傳注疏》（臺北：藝文印書館，
2001 年 12 月初版 14 刷），卷 3～4〈桓公〉，頁 34。

〔註48〕〔漢〕董仲舒：《春秋繁露》（上海：商務印書館，1922 年，《四部叢刊》上海
涵芬樓藏武英殿聚珍版本），卷 16，頁 15。

〔註49〕〔西晉〕郭璞注、〔北宋〕邢昺疏：《爾雅注疏》，《十三經注疏》本，卷 6，頁
97。

〔註50〕〔清〕秦蕙田：《五禮通考》，卷 85，頁 5。

〔註51〕〔南朝宋〕范曄：《後漢書》（上海：上海人民出版社，1999 年，景印文淵閣
四庫全書本），卷 2，頁 11。

〔註52〕〔東漢〕鄭玄注、〔唐〕賈公彥疏：《周禮注疏》，卷 28～33，頁 454。

〔註53〕〔清〕秦蕙田：《五禮通考》，卷 85，頁 6。

綜合上述，儒者對於時享的解釋，得到以下結論：漢儒以後解釋「時享」名義多本於以四時進獻品物之特性，以及獻物之豐薄隆差立說。

（二）甲骨金文考證

根據甲骨金文考證「祠」、「礿」、「嘗」、「烝」之解釋，劉源提出以下說法：

> 「祠」訓「食」，「礿」訓「汋」，即「煮」，「嘗」訓「品味」，「烝（登）」訓「進獻」，與四個季節的關係並不大，漢人的解釋都是爲了與「四時之祭」掛勾，未免穿鑿。〔註54〕

劉源考證目前出土之文獻，認爲「祠」、「礿」、「嘗」、「烝」與四季間關係並不大，漢儒將其與四季合併解釋，實際上，只是爲了讓「四時之祭」顯得更爲合理。對於劉源該說法，本文持保留態度。雖經其考證得到「四時之祭」似乎與季節的關係不大，但是若由另一角度思考，根據卜辭內容，或許可以說明「祠」、「礿」、「嘗」、「烝」於殷商時期未成定制，其字初義僅停留至「食」、「汋」、「品味」、「進獻」，換句話說，僅能說明殷商時期「時享」未成定制，不宜直接否定其存在。〔註55〕此外，根據詹鄞鑫的研究，關於周人「時享」禮制，亦可在殷人甲骨文字中發現。甲骨文從豆從共，爲𠭯，向雙手捧豆簋獻神的模樣，卜辭中所「登」的物品例舉如下：

> 登𨡠（屯南 2360）、登新𨡠（屯南 766、1088）
> 登麥（屯南 2715）
> 登禾（屯南 899）
> 登黍（屯南 618、1221）
> 登米（屯南 189）
> 登羌（屯南 606）

〔註54〕「祠」於春秋、戰國時期金文曾被發現，胤嗣䜌壺：「雨（霝）祠先王」然其本義如何？至今尚未得知，但大概可以推斷其爲「祭祀」的意思。據目前研究，「礿」在殷商金文中可以見其蹤跡，「礿」字於西周金文中亦有發現，不過是以「龠」（龥）的型態出現，「礿」、「龠」（龥）二字相通，引證如下：我鼎云：「延礿棷二女（母）」（集成 2763）臣辰卣云：「隹王大龠於宗周」（集成 5421）前者爲殷代金文爲一祭祀動詞，其本義未知。後者乃西周金文，其字通「龠」，像用口吹編管樂器，用作祭祀名，則本義不詳。此字最早於殷商卜辭中就已經出現，更頻繁出現於西周晚期、春秋金文中。根據目前學者研究，「嘗」爲一祭祀動詞。因此，許慎說「嘗」：「口味之也。從旨尚聲。」其說近於本義。參見劉源：《商周祭祖禮研究》，頁 56～58。

〔註55〕參考周何：《春秋吉禮考辨・殷無時享定制》，頁 198。

以上皆為獻祭先王之例證。金文中，此字從「癶」從「豆」從「共」，其形與許慎所記「烝」之籀文「𤎳」完全相同。殷商時期，凡薦新於祖廟者，幾乎皆以「烝」（登）字表示，或作「示」＋「登」。卜辭中「登鬯」與「春祠」相仿；「登麥」與「夏礿」相仿；「登黍」與「秋嘗」相仿；「登禾」、「登米」，若「禾」、「米」指稻米而言，則相當於「冬烝」。或許殷商時期，雖無「時享」祭名，然其祭祀內容卻已經形同「時享」禮制。〔註56〕

第二節 「時享」之源流

一、「時享」之濫觴──殷人「周祭」制度

祖先崇拜同為殷周二代重要的宗教信仰，其具體形式主要表現在立廟祭祀祖先上。雖然殷周兩代在諸多文化關係上有所繼承，但是兩者在祭祖禮制方面仍有所差異，本節擬就上節所討論之周人時享禮制為基礎，探討殷人周祭制度的呈現特點及其發展，並進一步討論兩者制度上的異同。

（一）殷人「周祭」制度形成前

殷人周祭制度形成前，曾經存在著繁複的祭祀禮制，根據陳夢家〈古文字中之商周祭祀〉將其分為以下七大類、三十七種：〔註57〕

（1）祭名而為祭日之名者，有七種：翌日、肜日、肜夕、夕、歲、祀、丁。

（2）以所祭薦之物為名者，有八種：祭、祼、酒、禦、𥸠、羍、登、叔。

（3）以所祭之法為名者，有二種：血、燎。

（4）祈告之祭，有七種：告、𡥨、禱、祝、先、兌、桒。

（5）合祭，有三種：衣、舀、桒。

（6）特殊之祭，有四種：祊、帝、及、烄。

（7）無所屬者，有六種：又、屮、遘、御、龠、濩、皷。

陳夢家是最早整理甲骨卜辭並提出祭名說法者。後來董作賓則根據甲骨之分期、斷代等性質，將殷墟卜辭中的祀典為新、舊兩派：〔註58〕

〔註56〕 參考詹鄞鑫：《神靈與祭祀》，頁339。
〔註57〕 參見陳夢家：〈古文字中之商周祭祀〉，錄自《燕京學報》19期，1936年。
〔註58〕 參考董作賓：《甲骨學六十年》（臺北：藝文印書館，1974年），頁111～112。

1. 舊派祀典龐雜，種類有：（1）彡、劦、史（又）、叙、勺、福、歲。
　　　　　　　　　　　　（2）御、匸、冊、帝、竳、告、求，視（見）。
2. 新派則較簡約，種類有：（1）五種周期規律的祀典：彡、翌、祭、壹、甾。
　　　　　　　　　　　　（2）系統不太明晰的祭祀：又（史）、勺、歲、㶑、賓夕福、彡龠、彡夕濩、登、日。

隨著卜辭研究成果不斷的推陳出新，不論陳夢家或董作賓的說法，逐漸被後來研究學者所反駁，並提出新的意見。〔註59〕但是，董作賓於新派提出五種週期規律的祭祀（董作賓將其稱爲「五祀統」），卻對甲骨學及商代歷史研究有著重大的意義。後來，學者多在其基礎上展開研究，並各自提出了新的見解。其中成果較著名的有陳夢家、島邦男及許進雄、常玉芝等。〔註60〕以下便在其基礎上，對周祭制度作一簡要的說明。

（二）殷人「周祭」制度

根據出土之殷墟甲骨文，關於占卜方面的卜辭佔了大多數，其中又以祭祀祖先者居多，雖然大部分的內容至今尚未能確定其性質與具體制度爲何，但是，已經發現有一種施行於祖甲以後的大型祭祀，學者將此宗廟祭祖禮制稱爲「周祭」制度。〔註61〕

〔註59〕對陳夢家、董作賓所提出觀點持反對意見者，可以參考秦照芬〈論殷商祭祖禮制之異同〉注釋（十二）、（十三）的說明。參見秦照芬：〈論殷商祭祖禮制之異同〉，《臺北師範學院學報》三十一期（2000年），頁279280。由於本節僅就殷人祭祖禮制作概論性的敘述，非本論文研究重點所在，故對於較深入議題僅提供參考資料，於本文中不再贅述。

〔註60〕最早發現殷人周祭制度者爲董作賓，當時他將殷人周祭制度稱爲「五祀統」。後來學者們針對其研究提出異議，1956年陳夢家於《殷墟卜辭綜述》對這五種祭祀作了詳細的討論，並將者五種祭名稱爲「周祭」制度，後來學術界多採用其定名。1958年島邦男有《殷墟卜辭研究》出版，其對於五種祭祀上諸多問題與董作賓有原則上的分歧，尤其所擬定的祀譜更是與董作賓的祀譜大相逕庭。而後許進雄於1968年出版了《殷卜辭中五種祭祀研究》，糾正了前人先妣受祭數目和祭祀順序上的錯誤，提出了「翌」祀應爲五祀之首的說法，五種祭祀應是「翌」——「祭」——「甾」——「彡」——「翌」週而復始的舉行。1987年常玉芝出版了《商代周祭制度》對上述各加說法作了修正，爲目前研究「周祭」制度成果最豐碩者。關於「周祭」制度的發展，詳參常玉芝：《商代周祭制度》（北京：中國社會科學出版社，1987年9月第一版第一刷），頁37。

〔註61〕董作賓最早將其稱爲「五祀統」（《殷譜曆》），陳夢家則將其稱「周祭」制度，「周祭」定名較爲學界所接受，因此，多以「周制」稱這五種祭祀。

1. 周祭之名稱

根據《周禮‧春官‧大祝》：「辨九祭……四曰『周祭』。」鄭《注》引杜子春云：「周祭，四面為坐也……周，猶遍也。遍祭者，《曲禮》曰：『殽之序，遍祭之』是也。」賈《疏》：「周祭，四面為坐也。謂若祭百神，四面各自為坐。」由上可知，「周」為週遍的意思；「祀」〔註62〕者，年也。在卜辭中「周祀」又稱為「衣祭」，根據《禮記‧中庸》「壹戎衣」鄭《注》：「衣讀如殷」，「衣」、「殷」古音相同，且皆有盛大之意，相當於周代之「殷祭」〔註63〕。

2. 周祭之原則〔註64〕

完整的「周祀」包括五種祀典——分別為「翌、祭、壹、劦、彡」五種祀典，有規律的輪番祭祀先王及直系先王之配偶。

（1）祭祀對象

從先公近祖上甲開至康丁三十一王，一世一人為大宗，大宗的配偶，自示壬配妣庚始，凡有子繼承王位之先妣，皆入祀典，小宗則依據繼位先後或曾立太子者（祖己），均入祀典。

（2）祭祀順序

被祭祀的先王及其法定配偶祀典的排列，以神主之日干為序，都在與其廟號日干相呼應的日子進行祭祀（如上甲、小甲、陽甲妣甲必祭祀於甲日），此外，按照先王室系和即位先後，先繼承者先祭祀，配偶則依照先王的祭祀次序。

（3）祭祀時間

根據學者研究指出完成整組「周祭」約需一個太陽年的時間，殷人亦藉此紀年。

（4）祭祀特性〔註65〕

每個祀典開始前旬，需先舉行「工典祭」〔註66〕。此外，祭祀先妣時稱其為「祖某奭妣某」或「妣某祖某奭」。

〔註62〕《爾雅‧釋天》：「夏曰歲，商曰祀，周曰年，唐虞曰載。」（〔西晉〕郭璞注、〔北宋〕邢昺疏：《爾雅注疏》《十三經注疏》本，卷6，頁95。）

〔註63〕「殷祭」簡言之即謂盛大的祭典。指三年一次的祖廟大祭（祫）及五年一次合祭諸祖神主的大祭（禘）。

〔註64〕關於「周祭」的原則，詳參常玉芝：《商代周祭制度》，頁37。

〔註65〕參見許進雄：《殷卜辭中的五種祭祀》，頁14～15。

〔註66〕根據許進雄的解釋，所謂「工典祭」應是「上祭譜及日期等文冊於先祖妣靈前的儀式」，許進雄：《殷卜辭中的五種祭祀》，頁1011。詹鄞鑫則補充說明：「從字面看，『工』同功，義為從事，『典』是奉獻簡冊，『工典』與《小雅‧楚茨》：『工祝致告』大義相同。」參見詹鄞鑫：《神靈與祭祀》，頁336。

3. 周祭之儀節推論

「彡、翌、祭、壹、劦」五種周期規律的祀典之先後順序，前人多有討論。筆者採用許進雄之說法，將這五種祭典之祭祀順序排列如下〔註67〕：

翌日→劦日（祭→壹→劦）→彡日

（1）祭「⿰⿱𠂉又」，甲骨字形若手持帶血的肉，根據《說文解字》的解釋：「祭祀也。从示，以手持肉。」本義爲殺牲以腥肉獻神。

（2）壹，根據《說文解字》的解釋：「認爲設飪也。」，又「飪」爲熟食。

（3）劦，同「協」，古音「協」同「合」。

根據以上對祭、壹、劦的討論，歸納得到以下結果：

「祭」相當於周代祭祖儀節「朝踐禮」的獻血腥儀式。

「壹」相當於周代祭祖儀節「饋獻禮」中的饋食禮。

「劦」相當於周代祭祖儀節的大合祭。

若根據上的討論模式，則「祭」爲正祭；「翌」爲祭祀剛開始時之預祭；「彡」則爲繹祭。綜合以上說法，推論其祭祀儀節分別爲：彡用鼓樂，翌用羽舞，祭用酒肉，壹用黍稷，劦是最後的大合祭。〔註68〕

二、殷人「周祀制度」與周人「時享制度」之異同比較

透過上文對殷人周祀之說明，對照周人之時享制度，兩者之間存在著何種關連？以下就兩者之異同作一簡單之表列陳述：

〈殷、周祭祖禮制相較表〉

	殷之「周祭」	周之「時享」
典制名稱	彡、翌、祭、壹→劦	祠、礿（禘）、嘗、烝
祭祀時間	大致固定，但非定時而祭	春秀秋冬，定時而祭
祭祀對象	遠自上甲	七廟
祭祀儀式	翌用羽舞	預祭

〔註67〕詳參許進雄：《殷卜辭中的五種祭祀》，頁55～72

〔註68〕關於「周祭之儀節」相關推論，參考詹鄞鑫：《神靈與祭祀》，頁335～337。

	殷之「周祭」	周之「時享」
祭祀儀式	祭用酒肉 壹用黍稷 召爲大合祭	正祭 朝踐禮 饋獻禮
	彡用鼓樂	繹祭

根據上表，作一簡單敘述：

首先，殷人周祭制度有五，雖其舉行時間於殷末已經大致固定；周人時享禮制依照春夏秋冬每時一祭，仍然有所不同。

第二，殷人周祭對象，最遠可以推至上甲；周人卻僅祭至七廟，此不同點二。

第三，殷人周祭制度僅可謂爲周人時享禮制的濫觴，因周人時享制度乃逐漸發展而成，又其階段性，至今尚未找到直接承繼於殷人周祭制度的證據。

因此，殷人之周祭制度僅可視爲周人時享制度之前身，單憑祭祀儀式之雷同，便論定其周人時享制度源於殷人之周祭制度，則更於武斷。對此，周何認爲：

> 禮教刑政，代有因革，其因革亦多有原委可尋，往往必待行之有漸，
> 而後始得約定成俗，故一禮一典之制定，絕非一時一地一人所能
> 爲。……至周而以爲時祭之名，是蓋因仍殷制有所改定者。〔註69〕

基本上，商周文化上繼承關係是可以肯定的〔註70〕，但值得注意的是，周人絕非全部承襲乃有所改制。

〔註69〕 參見周何：《春秋吉禮考辨》，頁195～196。

〔註70〕 這是站在理學角度論述殷商文化而得到的結論。最先提出這說法者是孔子。對於商周文化的研究，學界目前有兩派看法：一種認爲商周文化迥然不同，代表人物有王國維、郭沫若、許倬雲等人；一種認爲商周文化大同小異，乃前後相因，差異性不大，代表人物有徐中舒、嚴一萍、張光直等人。前者將商周文化至入整個中國歷史的大文化背景去分析；後者則單獨比較商周間的差異。基本上兩派說法之所以不同，乃是由於參照系和著眼點不同。王暉認爲分析商周文化的差異，應該折衷兩者，透過整個中國文化背景去比較後，再將兩者至入小文化背景去剖析其差異。參見王暉：《商周文化比較研究》（北京：人民出版社，2001年5月第二次印刷），頁15。

第三節 《詩經》有關時享禮制之篇章

本節主要就《詩經》有關時享禮制之篇章作一探討。

一、春祠

（一）《周頌・潛》

> 猗與漆沮，潛有多魚。有鱣有鮪，鰷鱨鰋鯉。以享以祀，以介景福。

〔註71〕

《古序》云：「〈潛〉，季冬薦魚，春獻鮪。」《鄭箋》云：「冬，魚之性定；春，鮪新來。薦獻之者，謂於宗廟也。」鄭玄說法乃本於〈月令〉之文。孔穎達進一步解釋：

> 〈潛〉詩者，季冬薦魚，春獻鮪之樂歌也。謂周公成王太平時，季冬薦魚於宗廟，至春又獻鮪，澤及潛逃，魚皆肥美，獻之先祖，神明降福，作者述其事而為此歌焉。經總言冬、春雜陳，魚、鮪皆是薦獻之事也。先言季冬，而後言春者，冬即次春故，依先後為文，且冬薦魚多，故先言之冬，言季冬春亦季春也。〈月令〉：「季春薦鮪於寢廟。」〈天官漁人〉：「春獻王鮪。」《注》引〈月令〉季春之事，是薦鮪在季春也。不言季者，以季春鮪魚，新來正月未有鮪，言春則季可知，且文承季冬之下，從而略之也。冬言薦，春云獻者，皆謂子孫獻進於先祖，其義一也。經言「以享」，是冬亦為獻，〈月令〉季春言薦鮪，是冬亦有薦，因時異而變文耳。冬則眾魚皆可薦，故總稱魚，春唯獻鮪而已，故特言鮪。

孔穎達闡述鄭玄之意，認為《古序》所言「季冬薦魚，春獻鮪。」乃本於〈月令〉之文。季節不同，可以獻祭物種自然不同，收穫量亦不同，〈潛〉為祭祀獻祭魚類之詩作。就此詩而言，冬季天氣嚴寒，萬物潛伏，鮮少活動，根據生物本性，需囤備脂肪以度過寒冬，故諸多物種有冬眠之習性。根據《毛傳》解釋，「漆沮」乃「岐周二水」，位於中國北方，每至冬季，其嚴寒更是可知。因此，魚類於冬季特別肥美，可想而知。再加上根據物種習性，冬季可獻薦魚類多，故《古序》乃以「魚」為總稱，故謂「季冬薦魚」；而孟春時節，由

〔註71〕 〔西漢〕毛亨傳、〔東漢〕鄭玄箋、〔唐〕孔穎達疏：《毛詩正義》，《十三經注疏》本，卷19，頁731。

於東風乍臨，萬物剛脫離寒竣的冬季，逐漸甦醒，此時「東風解凍，蟄蟲始振」〔註72〕，自然界才剛從嚴寒中脫離，而後仲春降臨「天子乃鮮羔開冰，先薦寢廟。」（《禮記‧月令‧仲春》）〔註73〕，直至季春，本於鮪「春夏間為繁殖而迴游，從海溯河而上產卵」之習性，認為其乃季春新來之物，故特以獻祭於宗廟，故謂「春獻鮪」〔註74〕。陳奐《詩毛氏傳疏》更於〈月令〉外，更提出《夏小正》及《魯語》以證明《古序》說法無誤，陳奐云：

> 《禮記‧月令‧季冬》：「命漁師始漁，天子親往乃嘗魚，先薦寢廟。」此冬薦魚也。《月令‧季春》：「薦鮪魚寢廟。」又《周禮‧漁人》：「春獻王鮪。」《夏小正》：「二月獻鮪也。」《魯語》云：「古者大寒降，土蟄發，水虞于是乎講眾罶，取名魚，登川禽，而嘗之寢廟，行諸國」案冬、春之季皆取魚嘗廟，正與《序》意合。〔註75〕

又根據王先謙《詩三家義集疏》云：「《魯》說曰：『〈潛〉一章六句，季冬薦魚春獻鮪之所歌也（蔡邕《獨斷》。《齊》、《韓》蓋同。）』」〔註76〕此詩今、古文家說法亦同。對於《古序》說法，大部分皆表示認同。

然部分學者抱持不同的意見，認為《古序》說法宜再斟酌。持反對看法者，以姚際恆為代表基本上，姚氏乃站在反對〈月令〉的角度闡述其說法，其於《詩經通論》提出四謬誤處駁斥《古序》說法，引錄於下：

〔註72〕〔東漢〕鄭玄注、〔唐〕孔穎達疏：《禮記注疏》，《十三經注疏》本，卷6，頁284。

〔註73〕對於《月令‧仲春》所載獻薦「鮮羔開冰」乃「薦新」制度，薦新制度亦屬「常祀」，故筆者於此處併入一起討論。根據鄭注〈王制〉：「大夫、士祭以首時，薦以仲月。」又高堂隆云：「天子諸侯月有祭事，其孟月則四時之祭也，其仲月、季月皆薦新之祭。」《禮書》族則云：「祭有常月，薦無常時，〈月令〉王者薦新雜用孟、仲、季。」對此，包世榮《毛詩禮徵》針對《禮書》說法，提出以下說明：「《禮書》不達先儒之意，以為薦無常月，不知孟月非不薦新以備物，故以時祭言之，仲月、季月薦新不備牲，故以薦新言之耳。」參見〔清〕包世榮：《毛詩禮徵》，頁108。

〔註74〕對於「春，鮪新來」一說，過去學者說法有誤，陸璣云：「河南鞏縣東北崖上山腹有穴。舊說云此穴與江湖通。鮪從此穴而來，北入河，西上龍門入漆沮。故張衡云：『王鮪岫居。』山穴為岫，謂此穴也。然則其來有時，以春取而獻之，明新來也。」陸璣根據舊說以為鮪乃自山穴而出，實際上其為鮪魚產卵習性，在此作一說明。

〔註75〕〔清〕陳奐：《詩毛氏傳疏》，卷27，頁850。

〔註76〕〔清〕王先謙：《詩三家義集疏》（北京：新華書局，1987年2月北京第一次印刷），卷25，頁340。

按〈月令〉，冬季曰：「乃命於師始魚，天子親往，乃嘗魚，先薦
寢廟」，又〈季春〉曰：「薦鮪於寢廟」。《序》全襲之爲說，則知
《小序》（《古序》）作者漢人也。以秦〈月令〉釋周詩，謬一。一
詩當冬、春兩用，謬二。上云「多魚」，下二句以六魚實之，『鮪』
在六魚之內，而云『春薦鮪』，謬三。〈月令〉季冬，夏正建丑之
月也。孔氏曰：「冬月魚不行，乃性定而肥，故特薦之」，此釋「潛」
之義。今又引〈月令〉春季薦鮪之說，則魚是時以不潛矣，與詩
意違，謬四。〔註77〕

首先，姚際恆認爲以秦之〈月令〉解釋周詩，謬誤一也。再則，一詩之中祭
祀兩個對象（春、冬），此非《詩》定制，此謬誤二。又詩中所引之魚類，計
有六種，然《古序》於春僅言及「薦鮪」，此乃謬誤之三。最後，姚氏認爲孔
穎達《疏》釋「潛」與所引〈月令〉之文，兩者內容相互矛盾，又一謬誤。
此外，提出《古序》之作者應爲漢人外，並直指《詩集傳》直探〈月令〉之
文釋詩，〔註78〕「若示與《序》別者，尤陋。」實則竊取《序》意，更不可
取。〔註79〕姚際恆認爲此詩視爲周王薦魚於宗廟之樂歌即可，〔註80〕《古序》
所言過當，不宜探之。以下就姚氏說法，提出說明：

首先，就姚際恆所提出的第一點質疑——「以秦〈月令〉釋周詩，謬一」。
姚氏認爲〈月令〉應作於秦時，此說法首先提出者乃爲鄭玄。漢初，對於〈月
令〉成書時間較盛行之說法，乃出於周公所作，東漢，馬融、蔡邕等人亦持
此說。然鄭玄卻提出〈月令〉乃「秦世之書」非出自周公之手，並進一步推
論其來源於《呂氏春秋‧十二紀首》〔註81〕。姚氏亦認爲〈月令〉乃秦時之

〔註77〕〔清〕姚際恆：《詩經通論》，頁340。

〔註78〕〔南宋〕朱熹：《詩集傳》，卷8。「賦也。……〈月令〉季冬命漁師始漁，天
子親往乃嘗魚，先薦寢廟；季春薦鮪于寢廟，此其樂歌也。」朱熹直引〈月
令〉之文，以證其說。

〔註79〕〔清〕姚際恆：《詩經通論》，頁340。

〔註80〕除〔清〕姚際恆（《詩經通論》），參見余培林：（《詩經正詁》，頁658。

〔註81〕鄭玄於《禮記目錄》一書中，陳述出他判斷〈月令〉晚出的理由：「名曰『月
令』者，以其記十二月政令之所行也。本《呂氏春秋‧十二月紀》之首章也。
以禮家好事抄合之，後人因題之名曰《禮記》，言周公所作。其中官名、時、
事多不合周法。」（參見《禮記正義‧卷14‧月令疏》）鄭玄列出「官名不合周
法」、「時不合周法」、「事不合周法」等三例證，說明〈月令〉非周時所作。關
於鄭玄之例證說明，散見於其對禮書之注解中。參見高行健：〈論鄭玄對《禮
記‧月令》的考辨〉，《東華人文學報》第一期（1999年7月），頁183～189。

書，其說或許本於鄭玄。然根據今人之考證，〈月令〉之成書時代，仍有值得商榷之處。〔註82〕故〈月令〉雖非出於周公之手，然將其訂於秦時所作，非絕對定論，僅可備一說。〔註83〕

第二點質疑——「一詩當冬、春兩用，謬二。」姚氏認為據《詩》凡例，一首詩僅祭祀一個對象，《古序》兼論二者，非《詩》通例。

第三點質疑——「『鮪』在六魚之內，而云『春薦鮪』，謬三。」詩中提及鱣、鮪、鰷、鱨、鰋、鯉等六種魚類，然於春祭時僅提及「鮪」，與「季冬薦魚」以「魚」代稱所薦眾魚。可見春時可薦之物較其他季節來得稀少。〔註84〕詩中所引，雖僅止於魚類，非所有薦物之全貌，然由「季冬薦魚」對照「春獻鮪」則知，「春祠」之祭，其品物確實不豐。

最後，姚氏提出孔《疏》之誤，認為孔穎達解「潛」自相矛盾。此說法亦為季本質疑《古序》原因〔註85〕，引錄於下：

> 漆、沮，馮翊之水與吉日之漆、沮同，潛者，積柴養魚使得隱藏避寒，則夏正冬月之事也，故《月令‧季冬》：「命漁師始漁，天子親往乃嘗魚，先薦寢廟。」季冬者，夏正建丑之月大寒之候，孔氏謂

〔註82〕 楊寬於〈月令考〉歸納歷代以來對《月令》著作年代之推斷，共有以下六說：一、作於周代說；二、出於《呂氏春秋》說；三、作於夏代說；四、雜有虞、夏、殷、周法說；五、《月令》因於《夏小正》，《呂氏春秋》又因於《月令》說；六、周、秦書經漢人修改說。此外，王夢鷗考證此議題時亦云：「大抵時代愈近，斷定周公作者較居劣勢，學者所爭者唯周秦漢人之異而已。」王夢鷗考證此議題時亦云：「大抵時代愈近，斷定周公作者較居劣勢，學者所爭者唯周秦漢人之異而已。」（參見王夢鷗：《禮記校證‧月令探源》，頁527）。

〔註83〕 對於鄭玄的推論，高行健作了以下的結論：「鄭玄的結論確實是比較接近歷史真實，尤其是在認定《月令》非周公所作這點上，幾乎可說已成定論。不過結果的正確並不意味著論證過程正確。鄭玄對《月令》的考辨，就論證過程來看，的確存有不少瑕疵。首先是在考辨過程中未能將來源問題和成書時代問題清楚的區別開來，因而只就成書時代論證的結果就直接引申推演出《月令》來源於《十二紀首》的結論，這種論證當然無效。其次，由於他在證明《月令》為秦時書這個判斷所舉證的證據並不完全符合歷史事實，因而也難以證實他這個判斷正確。最後，在證明《月令》非周公所作（或非周初書）這個判斷時，鄭玄僅用成書時代同樣也有問題的《周禮》來做論證根據。因此儘管當代學者已證實了這個論斷，但也不能因此就承認鄭玄的論證成功。」參見高行健：〈論鄭玄對《禮記‧月令》的考辨〉，《東華人文學報》第一期（1999年7月），頁194。

〔註84〕 孔《疏》：「冬則眾魚皆可薦，故總稱魚。春唯獻鮪而已。故特言鮪」。

〔註85〕 〔元〕季本《詩說解頤》經旨曰：此周王薦魚於寢廟之樂歌也。

> 冬月既寒，魚不行，乃性定而肥充，故特薦之。又黃河魚美，自渭
> 而上，漆沮依山穴而藏，故漆沮多魚而生，致之鎬京也。序併春獻
> 鮪言之，蓋附於《月令‧季春》「薦鮪於寢廟」之說，則季春者，建
> 辰之月也，魚於時已不潛，與詩意不合矣。然薦，以「薦新」爲義，
> 非正祭之禮，而享祀則正祭之名也，蓋追敘平時嘗取魚於此，供俎
> 實以祭，而既獲福，見漆、沮之魚爲先祖之所嗜也。〔註86〕

基本上，故若以〈潛〉之用，此詩視爲「周王薦魚於寢廟之樂歌也」無不可，
《古序》說法乃針對「目的」而言，兩者出發點不同，所以本無所謂對錯可
言。〈潛〉一詩可視爲時享禮制「春祠」之作。

（二）《豳風‧七月》

此外，《豳風‧七月》所謂「四之日其蚤，獻羔祭韭。」一方面祭司寒之
神；另一方面，藉由獻祭羔羊及韭菜以聊表孝子誠敬之心。其中所薦「韭」，
亦有取其音同「久」之意，以示孝子思親之情濃密長久。故知春季之物產雖
非豐隆可言，然其心意卻依然虔誠。

春季本身產物雖然不豐碩，然孝子不可因此就有所懈怠，爲了表達己身
思親之情切，即使不能進獻眾多品物，亦需以文辭祝禱，以示其誠敬之心。
故漢後儒者多將「祠」釋「詞」或「食」，多將兩者作一關係上之聯繫。由經
籍記載，春祠之祭乃因可薦者較爲寡少，爲不失孝子誠敬之心。故將其重心
轉上「禱詞」上，以表其禮意豐隆。

二、夏禴

（一）《周頌‧思文》

> 思文后稷，克配彼天。立我蒸民，莫匪爾極。貽我來牟，帝命率育。
> 無此疆爾界，陳常于時夏。〔註87〕

《詩》未直接提及關於夏禴之祭。然根據《禮記‧月令‧孟夏》：「農乃登麥，
天子乃以彘嘗麥，先薦寢廟。」〔註88〕又《禮記‧月令‧仲夏》：「農乃登黍。

〔註86〕 〔清〕姚際恆：《詩經通論》。
〔註87〕 〔西漢〕毛亨傳、〔東漢〕鄭玄箋、〔唐〕孔穎達疏：《毛詩正義》，《十三經注
疏》本，卷19，頁720。
〔註88〕 〔東漢〕鄭玄箋、〔唐〕孔穎達疏：《禮記正義》，《十三經注疏》本，卷6，頁
307。

天子乃以雛嘗黍，羞以含桃，先薦寢廟。」〔註89〕當知夏季時，農作物中爲以「麥」、「黍」爲主要獻祭之物，每當舉行夏禴之祭，將此農作物獻祭於先祖，以示孝敬。中國古代，關於「麥」、「黍」之種植，歷史悠久。根據《公羊傳・桓公八年》何休注云：「薦尚麥、魚。麥熟始可礿，故曰礿。」又《白虎通義疏證》：「夏曰禴者，麥熟進之。」故知須待麥熟方可舉行夏禴之祭。《周頌・思文》：「思文后稷，克配彼天。立我蒸民，莫匪爾極。貽我來牟，帝命率育。無此疆爾界，陳常于時夏。」〔註90〕詩中所謂「來牟」及所謂「大麥」。又「貽我來牟，帝命率育。」故知「麥」就當時而言，非純粹爲農作物供糊飽罷了，其於祭祀禮制中，有其絕對的重要性，因此，將其來源賦予神性，乃「帝命率育」爲帝所賜，每逢其熟可收之時，「陳常于時夏」以獻祭先祖。除「麥」之外，「黍」亦爲不可忽略之重要作物。《詩》中屢屢提及「黍」〔註91〕。夏季產物雖較春季來之優渥，然其品類亦未豐碩，故僅依當時可收之物，獻祭於祖上，以表示其敬。

三、秋嘗

（一）《魯頌・閟宮》

> 秋而載嘗，夏而楅衡。白牡騂剛，犧尊將將。毛炰胾羹，籩豆大房；
> 萬舞洋洋，孝孫有慶。

秋季乃農作收成之季節，故農作物紛紛收成，故可獻祭之品物多，《禮記・月令》言：「農乃登穀。天子嘗新，先薦寢廟」〔註92〕、「以犬嘗麻，先薦寢

〔註89〕 〔東漢〕鄭玄箋、〔唐〕孔穎達疏：《禮記正義》，《十三經注疏》本，卷6，頁307。

〔註90〕 〔西漢〕毛亨傳、〔東漢〕鄭玄箋、〔唐〕孔穎達疏：《毛詩正義》，《十三經注疏》本，卷19，頁720。

〔註91〕 《詩》中提及「黍」者，列舉於下：〈良耜〉：「其鎛伊黍，其笠伊糾，其鎛斯趙，以薅荼蓼。荼蓼朽止，黍稷茂止。」〈信南山〉：「疆埸翼翼，黍稷彧彧。」〈大田〉：「來方禋祀，以其騂黑，與其黍稷，以享以祀，以介景福。」〈甫田〉：「今適南畝，或耘或耔，黍稷薿薿。」、「琴瑟擊鼓，以御田祖，以祈甘雨，以介我稷黍，以穀我士女」、「黍稷稻粱，農夫之慶。報以介福，萬壽無疆」〈楚茨〉：「我黍與與，我稷翼翼。我倉既盈，我庾維億」、「自昔何爲？我蓺黍稷」。

〔註92〕 〔東漢〕鄭玄注、〔唐〕孔穎達正義：《禮記正義》，《十三經注疏》本，卷6，頁323。

廟」〔註93〕、「天子乃以犬嘗稻，先薦寢廟」〔註94〕、季秋之時「農事備收」
〔註95〕，有「稷」（即俗言高粱）、「麻」、「稻」等作物，凡新收之農作需「以
給郊廟之事，無有所私」〔註96〕其中，值得注意的一點，「稻」之出現，中國
栽種「稻」由來已久。

　　關於秋嘗之祭，《魯頌・閟宮》有所紀錄，並將舉行祭典時，一派熱鬧，
慶祝穀類豐收的情況，作了描寫。〈閟宮〉：「秋而載嘗，夏而楅衡。白牡騂剛，
犧尊將將。毛炰胾羹，籩豆大房；萬舞洋洋，孝孫有慶」〔註97〕從夏季之時，
便開始展開準備，牲畜之飼養、保護，牲色之挑選更是有其一定規定，此外，
獻祭豐隆，與春、夏兩季相較之下，呈現出一幅豐收的情景，此外，更搭配
舞、樂，採用合祭之方式，以祈求秋祀之順利。

四、冬烝

（一）《周頌・豐年》

　　豐年多黍多稌，亦有高廩，萬億及秭。爲酒爲醴，烝畀祖妣，以洽
　　百禮。降福孔皆。〔註98〕

待春、夏辛勤之耕作，秋季收割亦告尾聲，季冬之藏乃示一年辛勤之終，一
方面百物盡收，可此機會祭謝先祖；另一方面，經過一年的辛勞，藉此農暇，
百姓得以稍作休息以慰勞己身一年來忙碌。因此，冬烝之祭，乃爲一盛大祭
典。《周頌・豐年》提及豐收之情狀：「豐年多黍多稌，亦有高廩，萬億及秭。
爲酒爲醴，烝畀祖妣，以洽百禮。降福孔皆。」農作物於此時多已收成，獻
祭祖上，款備酒食以供享祖上，希望藉此以示孝子之心，不忘先人之勞苦，

〔註93〕　〔東漢〕鄭玄注、〔唐〕孔穎達正義：《禮記正義》，《十三經注疏》本，卷6，
　　　　　頁325。

〔註94〕　〔東漢〕鄭玄注、〔唐〕孔穎達正義：《禮記正義》，《十三經注疏》本，卷6，
　　　　　頁338。

〔註95〕　〔東漢〕鄭玄注、〔唐〕孔穎達正義：《禮記正義》，《十三經注疏》本，卷6，
　　　　　頁337。

〔註96〕　〔東漢〕鄭玄注、〔唐〕孔穎達正義：《禮記正義》，《十三經注疏》本，卷6，
　　　　　頁337。

〔註97〕　〔西漢〕毛亨傳、〔東漢〕鄭玄箋、〔唐〕孔穎達疏：《毛詩正義》，《十三經注
　　　　　疏》本，卷20，頁767。

〔註98〕　〔西漢〕毛亨傳、〔東漢〕鄭玄箋、〔唐〕孔穎達疏：《毛詩正義》，《十三經注
　　　　　疏》本，卷19，頁730。

亦希望祖上能降福於子孫。

（二）《小雅・楚茨》

楚楚者茨，言抽其棘。自昔何爲？我蓺黍稷。

我黍與與，我稷翼翼。我倉既盈，我庾維億。

以爲酒食，以享以祀，以妥以侑，以介景福。

濟濟蹌蹌，絜爾牛羊，以往烝嘗。或剝或亨，或肆或將。

祝祭于祊，祀事孔明。先祖是皇，神保是饗。孝孫有慶，報以介福，
萬壽無疆。

執爨踖踖，爲俎孔碩。或燔或炙，君婦莫莫。

爲豆孔庶，爲賓爲客。獻酬交錯，禮儀卒度，笑語卒獲。

神保是格，報以介福，萬壽攸酢。我孔熯矣，式禮莫愆。工祝致告，
「徂賚孝孫。苾芬孝祀，神嗜飲食。卜爾百福，如幾如式。既齊既
稷，既匡既敕。永錫爾極，時萬時億。」

禮儀既備，鐘鼓既戒。孝孫徂位，工祝致告。

「神具醉止」，皇尸載起。鼓鐘送尸，神保聿歸。

諸宰君婦，廢徹不遲。諸父兄弟，備言燕私。

樂具入奏，以綏後祿。爾殽既將，莫怨具慶。

既醉既飽，小大稽首：「神嗜飲食，使君壽考。

孔惠孔時，維其盡之。子子孫孫，勿替引之。」〔註99〕

〈楚茨〉與秋冬祭祀先祖有關。〔註100〕全篇詩文幾乎囊括整個祭祀過程，故
知實屬祭祖儀節無誤。詩中言及「黍」、「稷」等作物豐收故知，亦如〈豐年〉
一詩，藉著作物豐收之祭，獻祭於祖上，以表孝敬之心。季冬之時，除獻祭
農作物之外，亦獻祭「魚」，天子下令命漁師，展開魚捕，並親自前往觀看捕

〔註99〕〔西漢〕毛亨傳、〔東漢〕鄭玄箋、〔唐〕孔穎達疏：《毛詩正義》，《十三經注
　　　　疏》本，卷9～15，頁452。

〔註100〕《古序》：「〈楚茨〉，刺幽王也。」陳奐《詩毛氏傳疏》謂：「詩先言民事而及
　　　　神饗獲福。陳古以刺今。」根據詩作內容，《古序》說法稍嫌牽強。詳參陳奐：
　　　　《詩毛氏傳疏》，頁568～569。

魚狀況，而後「乃嘗魚，先薦寢廟。」〔註101〕，由親往之舉動可示其尊，由於冬魚肥美，於此時補抓獻祭於祖上最為合適。

〔註101〕〔東漢〕鄭玄注、〔唐〕孔穎達正義：《禮記正義》，《十三經注疏》本，卷6，頁346。

第五章 《詩經》祖先崇拜之外在呈現(三)
──宗廟祭祀儀節

　　宗教禮儀是宗教信仰的行爲表現，內在的宗教信仰透過禮儀的表現而具體化，不再只是抽象的概念。宗教禮儀（實踐）與宗教信仰（理論）關係密切，爲一不可分割之存在。〔註1〕因此，由祭祖儀式探討中國祖先崇拜，以期能對祖先崇拜有更深入的瞭解。

　　周人克商而立後，祖先崇拜不再純粹爲人類心靈上的信仰，在執政者有意的規劃下，逐漸脫離原始宗教精神，蛻變成執政者掌握政權的絕佳武器之一。潛移默化中，周代執政者藉由祭祖儀式，鞏固了自身的統治權，使得原先單純的祖先崇拜形成一套帶有倫理性質的禮制規範。〔註2〕在此原則下，依

〔註1〕「宗教信仰觀念與宗教禮儀的關係實質上就是理論與實踐、思想與行動的關係，……宗教信仰觀念和宗教禮儀作爲宗教兩個並行的輪子，在宗教發展的任何階段上，都是緊密聯繫，不分割的。」參見陳榮富：《文化的演進──宗教禮儀研究》（黑龍江人民出版社，2004年12月初版），頁7。

〔註2〕《禮記‧王制》云：「天子七廟，三昭三穆，與太祖之廟而七。諸侯五廟，二昭二穆，與太祖之廟而五。大夫三廟，一昭一穆，與太祖之廟而三。士一廟。庶人祭於寢。」（〔東漢〕鄭玄注、〔唐〕孔穎達正義：《禮記正義》，《十三經注疏》本，頁239）根據《禮記‧王制》的這一段文字，知周人之宗廟祭祀有著嚴格的規定，單就廟制，同爲貴族階級，便有諸多限定。關於周人廟制問題，歷來學者多有討論，眾說紛紜，相關資料可以參考王國維：《定本觀堂集林》，頁467～472、章景明：《周代祖先祭祀制度》（臺大博士論文，1973年），稿紙書寫未標明頁碼、江美華：《甲骨金文中祭祀研究》（政大碩士論文，1983年），頁105～109、梁煌儀：《周代宗廟祭祀之研究》（政大博士論文，1986年）。

照不同的政治階級，各有其所應遵從的不同禮制、儀節。以下便就周代天子、大夫及士所應遵循之祭祖儀節及過程作一討論，探討《詩經》與祖先崇拜有關之祭祀儀節。

第一節　周代祭祖過程

　　《禮記・禮運》疏文中對周天子祭祖禮有著詳細的記載。自鄭玄作《注》以來，學者便藉由《禮記・禮運》中片段紀錄，結合《儀禮・少牢饋食禮》、《儀禮・特牲饋食禮》、《儀禮・有司徹》等篇目，試圖勾勒出周代天子祭祖過程，爾後孔穎達爲之作《疏》，使得整個周天子祭祖過程有了較前人更爲完善的呈現。因此，本文參考清代學者結合《詩經》、《周禮》、《儀禮》、《禮記》等篇章所作出的結果〔註3〕，與近代學者的考證爲基礎，〔註4〕藉此一探周代天子、諸侯祭祖過程。

　　孔穎達《禮記・禮運》疏文中有關祭祖過程的部分，摘錄於下並加以簡要說明，以便於下一章節討論《詩經》中的祭祖儀節，能夠有所參照：

> 祭日之旦，王服袞冕而入，尸亦袞冕入，祝在後侑之。王不出迎尸，尸入室，故《祭統》曰：「君不迎尸，所以別嫌也。」尸入室，乃作樂降神，故《大司樂》云「凡樂，圜鐘爲宮，九變而降人鬼。」是也。乃灌。故《書》云：「王入大室祼。」當灌之時，眾尸皆在太廟中，依次而灌，所灌鬱鬯，《小宰》注云：「尸祭之啐之奠之，是爲一獻也。」
>
> 王乃出迎牲，後從灌，二獻也。迎牲而入，至於庭，故《禮器》云：「納牲詔於庭。」王親執鸞刀，啟其毛，而祝以血毛告於室，故《禮器》云：「血毛詔於室。」凡牲則廟各別牢，故《公羊傳》云：「周公白牡，魯公騂犅。」案《逸禮》云：「毀廟之主，昭共一牢」，於是行朝踐之事，尸出於室。太祖之尸坐於戶西南面，其主在右，昭

〔註3〕　相關學者如〔清〕秦蕙田：《五禮通考》、〔清〕任啓運：《天子肆獻祼饋食禮纂》、〔清〕包世榮：《毛詩禮徵》、〔清〕顧棟高：《毛詩類釋》。

〔註4〕　近代學者如季師旭昇：《詩經古禮研究》（頁106～136）、詹鄞鑫：《神靈與祭祀——中國傳統宗教綜論》（頁301～306）、劉源：《商周祭祖禮研究》（頁173～187）。

在東，穆在西，相對坐，主各在其右。」故鄭注《祭統》云：「天子諸侯之祭，朝事延尸於戶外，是以有北面朝尸之禮。」祝乃取牲膟膋，燎於爐炭，入以詔神於室，又以出墮于祖前。《郊特牲》云：「詔祝於室，坐尸於堂。」是也。王乃洗肝於鬱鬯而燔之，以制於主前，所謂制祭。次乃升牲首於室中，置於北墉下，後薦朝事之豆籩，乃薦腥於尸主之前，謂之朝踐。即此《禮運》：「薦其血毛，腥其俎」是也。於是行朝踐之事。王乃以玉爵酌著尊泛齊以獻尸，三獻也。後又以玉爵酌著尊醴齊以亞獻，四獻也。知退而合亨，至薦孰之時，陳於堂，故《禮器》云：「設饌於堂。」

乃後延尸入室，大祖東面，昭在南面，穆在北面，徙堂上之饌於室內坐前，祝以斝爵酌奠于饌南。故《郊特牲》注云：「天子奠斝，諸侯奠角」，即此之謂也。既奠之後，又取腸間脂，焫蕭合馨薌。《郊特牲》注云：「奠謂薦孰時，當此大合樂也。」自此以前謂之接祭。乃迎尸入室，舉此奠斝，主人拜以妥尸，故《郊特牲》云：「舉斝角拜妥尸」是也。後薦饋獻之豆籩，王乃以玉爵酌壺尊盎齊以獻尸，爲五獻也。後又以玉爵酌壺尊醴齊以獻尸，是六獻也。

於是尸食十五飯訖，王以玉爵因朝踐之尊，泛齊以酳尸，爲七獻也，故鄭云：「變朝踐云朝獻，尊相因也」。朝獻，謂此王酳尸因朝踐之尊也。後乃薦加豆籩，尸酳酢主人，主人受嘏，王所以獻諸侯。於是後以瑤爵，因酳饋食壺尊醍齊以酳尸，爲八獻也。鄭注《司尊彝》云：「變再獻爲饋獻者，亦尊相因也。」再獻謂後酳尸饋獻，謂饋食時後之獻也，於是王可以瑤爵獻卿也。諸侯爲賓者，以瑤爵酌壺尊醍齊以獻尸，爲九獻。九獻之後，謂之加爵。〔註5〕

〔註5〕劉源於孫希旦《禮記集解》及孫詒讓《周禮正義》的基礎上，對《禮記·禮運》疏文進行了詳細的討論，對孔穎達「九獻之禮」作出了反駁，認爲：「諸侯祭祖儀式中依爵位高低而行七獻、五獻。實際上這種說法是不足信的，金文、《尚書》、《詩經》等可靠的西周史料中沒有五等爵位的證據，和五等爵制相對應的禮制自然也沒有堅實的證據了。」然關於「九獻之禮」，除了《周禮·司尊彝》注疏、《周禮》中提及外，〔唐〕杜佑《通典》卷49《禘祫上》、〔清〕劉寶楠《論語正義·八佾》皆有說明，今人詹鄞鑫更在前人基礎上，對「九獻之禮」進行了還原的工夫。參見詹鄞鑫：《神靈與祭祀》），頁301～307。

《禮記·禮運》疏文對於天子諸侯宗廟祭祀過程，主要以「九獻之禮」〔註6〕為討論範圍。天子祭祖過程圖如下〔註7〕：

〈天子祭祖過程圖〉〔註8〕

祭前準備

預備禮
備酒
養牲
田禽
擇士
齋時敬賓尸
宿縣
供菜
視濯、饎爨
祭日備物陳設

入場禮
入祭奏樂
（演奏樂曲）

降神禮
祼祭
（演奏樂曲）

正祭開始

朝踐禮
迎牲、詔牲
殺牲、薦血毛
燔燎
割牲
獻酒：朝踐之獻
（演奏樂曲）

饋獻禮
合烹
詔羹定
饋食禮
獻酒：饋食之獻
妥尸
侑尸

加事禮
酳尸
獻酒：卒食三獻

加爵禮
舞干戚
獻酒：卒食三獻
旅酬

祭祀尾聲

祭祀結束

繹祭
餕餘
歸作
繹祭

〔註6〕參見劉源：《商周祭祖禮研究》，頁192。

〔註7〕天子、諸侯祭祖禮制不同，其祭祖過程、儀節亦應有所差異，對此，本文以天子祭祖禮制為主。參考資料來源如《周禮·司尊彝》注疏、《周禮》相關論述、《通典》卷49《禘祫上》、〔清〕劉寶楠《論語正義·八佾》與詹鄞鑫還原「九獻之禮」的基礎上。參見詹鄞鑫：《神靈與祭祀》，頁301～307。

〔註8〕全圖主要就天子祭祖過程為基礎，並以「九獻之禮」作為架構，將其區分為祭前準備、正式祭祀、祭祀尾聲與祭祀結束四大部分，再將其中主要儀節：預備禮、入場禮、降神禮、朝踐禮、饋獻禮、加事禮、加爵禮及繹祭八個階段加以細分。

第二節　《詩經》之祭祖儀節

　　根據周制，從祭祀前夕、祭祀當日直至祭祀結束，整個祭祀過程皆有嚴格的儀節規定。根據《禮記‧禮運》所記載之祭祀過程為基礎，將其分別以：一、祭祀前的準備工作，二、正式祭祀，三、祭祀尾聲，四、祭祀結束後四部分，參照經傳典籍的記載，將《詩經》中可見之宗廟祭祖儀節作一說明。

一、祭祀前的準備

　　宗廟祭祀正式展開之前，必須要有完善的事前準備工作，以確保祭祀活動能順利的進行。周代的祭祀種類雖不若商代繁多，然其對祭祀儀式的準備工作卻更為謹慎。周人宗廟祭祀非就表面所呈現僅為純粹的祭祖儀式，其中摻雜了諸多政治因素於其中，較殷商而言有更多的理由必須使整個祭祖過程順利進行。《穀梁傳‧成公十七年》記載：

> 宮室不設，不可以祭；衣服不修，不可以祭；車馬器械不備，不可以祭；有司一人不備其職，不可以祭。祭者，薦其時也，薦其敬也，薦其美也，非享味也。〔註9〕

祭祀前夕，舉凡地點、衣著、器物、官員等，都必須做好妥善的安排，相關人員必須為祭祀展開諸多準備工作，只要有任何官員未盡職責達成份內工作，便會影響整個祭祀活動。因此，每個官職皆須恪守其崗位，盡力達成自身所負責的任務。〔註10〕

〔註9〕　〔晉〕范甯注、〔唐〕楊士勛疏：《春秋穀梁傳注疏》，《十三經注疏》本，卷13～14，頁142。

〔註10〕　祭祀活動前，大宗伯、小宗伯、肆師皆各司其職。根據《周禮》記載，其職務如下：
大宗伯部分：「凡祀大神、享大鬼、祭大示，帥執事而卜日，宿，視滌濯，蒞玉鬯，省牲、鑊，奉玉齍，詔大號，治其大禮，詔相王之大禮。若王不與祭祀，則攝位。凡大祭祀，王后不與，則攝而薦豆籩，徹。」小宗伯部分：「掌四時祭祀之序事與其禮。若國大貞，則奉玉帛以詔號。大祭祀，省牲，視滌濯。祭之日，逆齍，省鑊，告時于王，告備于王。」肆師部分：「肆師之職，掌立國祀之禮，以佐大宗伯。立大祀，用玉帛、牲牷。立次祀，用牲幣。立小祀，用牲。以歲時序其祭祀及其祈珥。大祭祀，展犧牲，繫於牢，頒於職人。凡祭祀之卜日，宿為期，詔相其禮，視滌濯亦如之。祭之日，表齍盛，告絜；展器陳，告備；及果，築煑。相治小禮，誅其慢怠者。掌兆中、廟中之禁令。凡祭祀禮成，則告事畢。」見〔東漢〕鄭玄注、〔唐〕賈公彥疏：《周禮注疏》，《十三經注疏》本，卷17～27，〈春官宗伯第三〉，頁293。

（一）備酒

「酒」〔註11〕在周人祭祀中佔有十分重要的地位。祭祀禮儀中，「酒」之獻祭次數，象徵祭祀之大小。獻祭次數愈多，代表此次祭祀活動愈為重要。〔註12〕此外，「酒」更為人、祖之間之媒介，周人在祭祀開始前，有所謂的「降神禮」，在降神之前必須灌「鬯」，「鬯」便是指「香酒」〔註13〕；此外，在祭祀過程中，除需備酒獻祭之外，亦需不斷向尸獻酒。因此，「備酒」此一事前準備，為宗廟祭祀中不容忽視的準備工作。〔註14〕

《左傳·僖公四年》：「爾貢包茅不入，王祭不供，無以縮酒。」杜預《注》：「包，裹束也；茅，菁茅也；束茅而灌之酒，為縮酒。」〔註15〕《周禮·天官·甸師》：「祭祀，共蕭茅」鄭《注》引鄭大夫（司農）曰：「蕭，字或為茜。茜，讀為縮。束茅立之祭前，沃酒其上，酒滲下去，若神飲之，故謂之

〔註11〕 根據《周禮》記載，周人對酒有嚴格的區分，尤其在整個祭祀過程中，不僅酒的種類眾多，隨著用酒的對象不同，皆有其不同的限制。除了降神所用之酒為「鬯酒」；而陳供及獻尸之酒，則稱為「五齊三酒」。所謂「五齊」：一曰泛齊，二曰醴齊，三曰盎齊，四曰緹齊，五曰沈齊。鄭《注》曰：「泛者，成而滓浮泛泛然，如今宜成醪矣。醴猶體也，成而汁滓相將，如今恬酒矣。盎猶翁也，成而翁翁然，蔥白色，如今酇白矣。緹者，成而紅赤，如今下酒矣。沈者，成而滓沈，如今造清矣。自醴以上，尤濁縮酌者，盎以下差清，其象類，則然古之法式未可盡聞。」「五齊」之區分，主要是由酒色之清濁而定名。所謂「三酒」：「三酒之物，一曰事酒，二曰昔酒，三曰清酒，注鄭司農云：『事酒有事而飲也。昔酒無事而飲也。清酒祭祀之酒。謂事酒。酌有事者之酒，其酒則今之醳酒也。昔酒，今之酋久白酒，所謂舊醳者也。清酒，今中山冬釀接夏而成。』」因此，「三酒」主要是根據其釀造時間長短而定其品類之不同。〔東漢〕鄭玄注、〔唐〕賈公彥疏：《周禮注疏》，《十三經注疏》本，頁75。

〔註12〕 宗廟祫祭九獻，郊天七獻，四望山川五獻，社稷三獻，群小祀一獻。參見詹鄞鑫：《神靈與祭祀》，頁301。

〔註13〕 《禮記·曲禮下》：「凡摯：天子，鬯；諸侯，圭。」孔《疏》曰：「天子鬯者，釀黑黍為酒，其氣芬芳調暢，故因謂為『鬯』也。」〔東漢〕鄭玄注、〔唐〕孔穎達正義：《禮記正義》，《十三經注疏》本，卷2，頁100。

〔註14〕 早在殷商時期，酒便已成為祭祀儀式中不可或缺之物，卜辭有「登鬯」及「登新鬯」之紀錄，兩者同為祖先祭祀的活動，前者為獻酒給祖先，後者則是獻上新釀而成的鬯酒，性質跟周人之宗廟時享制度雷同。參見第三節〈詩經祖先崇拜之外在呈現（一）——時享禮制〉部分。

〔註15〕 《春秋傳》曰：「爾貢包茅不入，王祭不供，無以茜酒。」知「縮」即為「茜」。參見〔東漢〕許慎：《說文解字》（上海：商務印書館，1922年，《四部叢刊》上海涵芬樓借日本岩崎氏靜嘉堂藏北宋刊本景印本）卷14下，頁17。

縮。」〔註16〕又《禮記・郊特牲》：「縮酌用茅，明酌也。」鄭《注》：「縮，去滓也。」〔註17〕故「茅」爲祭祀時用以濾酒去渣之菁茅，祭祀中若無此物，則無以濾酒。〔註18〕

《邶風・靜女》：「自牧歸荑，洵美且異。」〔註19〕《毛傳》：「牧，田官也。荑，茅之始生者也。」鄭《箋》：「茅，潔白之物也，可以供祭祀。」「荑」爲初生之茅，由於其潔白可親，故可爲祭祀之物，其爲祭祀前濾酒之物。

《大雅・旱麓》：「清酒既載，騂牡既備。」〔註20〕《古序》：「〈旱麓〉，受祖也。」鄭《箋》：「祭祀之事，先爲清酒，其次擇牲。」在宗廟祭祖過程中，清酒多天釀製，直至夏天才告成功，其釀造時間十分久，而祭祀用之犧牲則由充人於祭前三月再行檢選即可，由於清酒釀造時間早於擇牲，故稱備酒先於擇牲。

《周頌・豐年》：「豐年多黍多稌，亦有高廩，萬億及秭。爲酒爲醴，烝畀祖妣。以洽百禮，降福孔穎達皆。」〔註21〕《古序》言：「〈豐年〉秋冬報也。」鄭《箋》：「報者，謂烝嘗。」此爲豐年祭祖妣之詩作。〔註22〕詩句「爲酒爲醴，烝畀祖妣」明言「酒」爲宗廟祭祀之供物，祭前備酒爲祭祀儀節無疑。

（二）養牲

根據周制，祭祀前三月，需經由君王詔牛，納而視之，以其毛卜之，挑

〔註16〕根據《說文》對「茜」之解釋：「禮祭，束茅，加於祼圭，而灌鬯酒，是爲茜。象神歆之也。一曰茜，楬上塞也。從酉從艸。本爲酒缸上有束草，爲一會意字，本義應爲濾酒。而後爲「縮」假借，引伸以酒灌神。」參見許慎：《欽定四庫全書・說文解字》，卷14下，頁21。

〔註17〕〔東漢〕鄭玄注、〔唐〕孔穎達正義：《禮記正義》，《十三經注疏》本，卷11〈郊特牲〉，頁508。

〔註18〕古代濾酒法有嚴格的區分，《周禮・春官・司尊彝》：「凡六彝、六尊之酌，鬱齊獻酌，醴齊縮酌，盎齊涗酌，凡酒脩酌。」〔東漢〕鄭玄注、〔唐〕賈公彥疏：《周禮注疏》，《十三經注疏》本，卷17～27，頁305。

〔註19〕〔西漢〕毛亨傳、〔東漢〕鄭玄箋、〔唐〕孔穎達疏：《毛詩正義》，《十三經注疏》本，卷2，頁104。

〔註20〕〔西漢〕毛亨傳、〔東漢〕鄭玄箋、〔唐〕孔穎達疏：《毛詩正義》，《十三經注疏》本，卷16～18，頁556。

〔註21〕〔西漢〕毛亨傳、〔東漢〕鄭玄箋、〔唐〕孔穎達疏：《毛詩正義》，《十三經注疏》本，卷19，頁730。

〔註22〕關於《周頌・豐年》之詩旨，已於《詩經》祖先崇拜之外在呈現（二）——時享〉一節中作過探討，此處僅引結論，不再贅述。

選適合的犧牲，〔註23〕若得吉卦，再由充人繫養之，方可供祭祀所用。〔註24〕之所以由天子親自擇選，乃是爲了表達對祭祀之尊敬。在充人繫養期間，每逢朔月、月中，天子必須巡視祭牲，用以表達其對祖先之孝心。〔註25〕由此可知，親自擇牲卜卦又派官繫養，固定時間還巡視犧牲狀況，此一連串的舉動，乃欲表達天子爲對祖上無盡之孝心與敬意。

《小雅・楚茨》：「濟濟蹌蹌，絜爾牛羊，以往烝嘗。」〔註26〕鄭《箋》：「有容，言威儀敬慎也。冬祭曰烝，秋祭曰嘗，祭祀之禮。」此乃時享祭禮，又《呂氏家塾讀詩記》引長樂劉氏解「絜」云：「絜者，在滌而芻之也。」〔註27〕又《大雅・旱麗》：「騂牡既備」《毛傳》言：「年豐畜碩也。」鄭《箋》云：「既載，謂已在尊中也。祭祀之事先爲清酒，其次擇牲，故舉二者。」皆提及此一祭前備牲之過程。

祭牲在獻祭前，需先揀其毛色，卜吉之後，需芻養三月，在此三月間，必須確保祭牲肥碩，以表對此祭祀之尊敬。〈瓠葉〉：

> 幡幡瓠葉，采之亨之。君子有酒，酌言嘗之。
>
> 有兔斯首，炮之燔之。君子有酒，酌言獻之。
>
> 有兔斯首，燔之炙之。君子有酒，酌言酢之。
>
> 有兔斯首，燔之炮之。君子有酒，酌言酬之。〔註28〕

《古序》云：「〈瓠葉〉，大夫刺幽王。」《續序》則謂：「上棄禮而不能行，雖

〔註23〕《左傳・僖公三十一年》：「牛，卜日曰牲。」欲祭之供畜，需經占卜儀式，尚可稱作「牲」，又《禮記・祭義》：「君召牛，納而視之，擇其毛而卜之，吉，然後養之。」〔晉〕杜預注、〔唐〕孔穎達疏：《春秋左傳正義》，《十三經注疏》本，卷12、卷17〈僖公〉，頁286。

〔註24〕《周禮・地官・充人》：「凡祭祀供其犧牲，以授充人繫之。」孔《疏》：「牧人臨祭前三月，授與充人繫養之。」《禮記・祭義》亦言：「古者，天子諸侯必有養獸之官，及歲時，齊戒沐浴而躬朝之。」經由充人繫養者，方可稱作「牢」。

〔註25〕《禮記・祭義》：「君皮弁素積，朔月，月半，君巡牲，所以致力，孝之至也。」（〔東漢〕鄭玄箋、〔唐〕孔穎達疏《禮記正義》，《十三經注疏》本，頁819）。

〔註26〕〔西漢〕毛亨傳、〔東漢〕鄭玄箋、〔唐〕孔穎達疏：《毛詩正義》，《十三經注疏》本，卷9～15，頁452。

〔註27〕〔南宋〕呂祖謙：《呂氏家塾讀詩記》（上海：商務印書館，1932年，《四部叢刊》上海涵芬樓借常熟瞿氏鐵琴銅劍樓藏宋刊本景印本），卷22，頁25。

〔註28〕〔西漢〕毛亨傳、〔東漢〕鄭玄箋、〔唐〕孔穎達疏：《毛詩正義》，《十三經注疏》本，卷9～15，頁521。

有饗牢饋，不肯用也。故思古之人，不以微薄廢禮焉。」鄭玄《箋》：「牛、羊、豕為牲，繫養者曰牢。熟曰饗，腥曰饋，生曰牽，不肯用者，自養厚而薄於賓客。」周制宗廟常祀所用之牲畜，主要以牛、羊、豕為主，〔註29〕經過卜吉決定供以祭祀者，則以「牢」〔註30〕稱之。鄭《箋》所言為周宗廟祭祀禮制，牲畜凡經豢養欲供祭祀者，則稱「牢」。

　　除了需先豢養三月之外，《魯頌・閟宮》詩句亦言關於犧牲毛色之要求，詩言：「白牡騂剛，犧尊將將。」〔註31〕《傳》：「白牡，周公牲。騂剛，魯公牲也。」根據《禮記・檀公上》：「夏后氏尚黑，牲用玄；殷人尚白，牲用白；周人尚赤，牲用騂。」〔註32〕每個時代所祭祀之犧牲毛色皆有所不同，根據卜辭反映，殷人對於祭祀之毛色，確實有嚴格之要求，不同牲色有其不同用途，祭祀先公先妣等祖先時，多以「白牲」為主。《魯頌・閟宮》中，周公祭祀用牲之所以異於魯公，孔穎達《正義》言：

> 公羊傳云：「魯祭周公何以為牲？周公用白牡，魯公用騂犅，羣公不毛」。何休云：「白牡，殷牲也。周公死有王禮，嫌不敢與文武同，不以夏黑牡者嫌，改周當以夏，避嫌也。魯公諸侯不嫌也，故從周制。」〔註33〕

由此可知，「白牡」原為殷人祭祖時之物，周公之所以用「白牡」，為了避嫌。但魯公諸侯不避諱，因此祭祀沿用周制規定。此處亦可發現，供祭祀之犧牲以純毛為主，詩中鮮見雜色之犧牲，《周禮・牧人》中言明，凡毛色純一之犧牲，方可供與常祀；毛色駁雜者，則用於非常祀。〔註34〕故《魯頌・閟宮》：

〔註29〕若非常之祭如除災避邪等，則用犬為主。又因天子、諸侯、大夫階級不同，三種牲畜在常祭使用上，又有不同：郊天之祭，天子用特牛；社稷之祭，天子用太牢；宗廟之祭，大夫以上用羔，士用特豕。參見詹鄞鑫：《神靈與祭祀》，頁229。

〔註30〕「牢」於甲骨文中作「㘡」，亦若羊或牛被圈養之形，外面象養牛的圈。

〔註31〕〔西漢〕毛亨傳、〔東漢〕鄭玄箋、〔唐〕孔穎達疏：《毛詩正義》，《十三經注疏》本，卷20，頁767。

〔註32〕〔東漢〕鄭玄注、〔唐〕孔穎達正義：《禮記正義》，《十三經注疏》本，卷3，頁113。說法亦相仿。

〔註33〕〔西漢〕毛亨傳、〔東漢〕鄭玄箋、〔唐〕孔穎達疏：《毛詩正義》，《十三經注疏》本，卷20，頁767。

〔註34〕〔東漢〕鄭玄注、〔唐〕賈公彥疏《周禮注疏》，《十三經注疏》本，卷9～16，頁190。

「白牡騂剛」亦反映周制無誤。

　　充人圈養犧牲三月中,需確保牲畜能順利長成,防其因外在因素而受傷。基於此,便有所謂「楅衡」以護之,《魯頌‧閟宮》:「秋而載嘗,夏而楅衡。」〔註35〕所謂即此。然而「楅衡」究竟為何物?主要有三種說法:

〈閟宮‧楅衡圖〉〔註36〕

〔註35〕〔西漢〕毛亨傳、〔東漢〕鄭玄箋、〔唐〕孔穎達疏:《毛詩正義》,《十三經注疏》本,卷20,頁767。

〔註36〕附圖掃瞄自《欽定四庫全書‧經部‧詩類‧詩經疏義會通‧圖說下》,〈禮書〉卷75,頁15。

　　說法一：縛綁於牛角上，防牲畜觸撞來人之橫木。

　　毛《傳》：「楅衡，設牛角以楅之也。」，鄭《箋》：「秋將嘗祭，於夏則養牲，楅衡其牛角，爲其觸牴人也。」孔穎達《疏》：「楅衡，謂設橫木於角，以楅迫此牛。故云設牛角以楅之也。」又《說文》曰：「楅，以木有所逼束，防牛觸橫大木，其角則是楅，設其角，未嘗加於鼻也」〔註37〕。毛氏與《說文》同，兩者皆以爲楅衡設牛角以防其撞傷來人。

　　說法二：楅設於角，衡穿於鼻，防牲畜觸撞來人之橫木。

　　《周禮・地官・封人》云：「凡祭祀，飾其牛牲，設其楅衡，《注》云：楅設於角，衡設於鼻，如椵狀、如波，《注》楅衡別兩處設之。」〔註38〕又賈公彥《疏》：「恐抵觸人，故須設楅於角。牽時須易制，故設衡於鼻。」〔註39〕

　　說法一及說法二，兩者主要皆以防牲畜撞傷來人爲出發點立說，惟一不同者，在於「楅」、「衡」兩，究竟應合併一起解釋，或是分別釋之。鄭玄於《詩》合楅、衡以爲一；於《禮》離楅、衡爲二，可見鄭玄對「楅衡」亦有疑惑，故產生兩種說法。〔註40〕

　　說法三：謂「楅衡」爲欄杆，主要功用防止牛角受傷。

　　此說馬瑞辰《毛詩傳箋通釋》中有詳細之引論說明：「《說文》以社於牛角者謂之告，此云牛觸橫大木，是闌閑謂之衡，大木斷不可施於角，此易明白者。」杜子春云：「楅衡所以持牛，令不得抵觸人。」又《周禮・牛人》：「凡祭祀供其牛牲之互」鄭眾云：「互，謂楅橫之屬。」《易・大畜》六五：「『豶豕之牙吉』，鄭注讀『牙』爲『互』，互以禁豕放逸，與六四『童牛之牿』，牿以防牛抵觸正相類。」

　　馬瑞辰綜列以上言論曰：「以《說文》訓『楑柆』爲『行馬』證之，行馬即今鹿角木，取其可闌人也，則鄭司農亦以楅衡爲闌閑之類。」〔註41〕馬瑞辰集結段玉裁、杜子春及鄭眾之說法，又與《易》相互參照，認爲所謂「楅

〔註37〕〔東漢〕許慎：《說文解字》（上海：商務印書館，1922年，《四部叢刊》上海涵芬樓借日本岩崎氏靜嘉堂藏北宋刊本景印本）卷6上，頁15。

〔註38〕「楅衡其牛角爲其觝觸人，以衡、楅爲一者無文，故兩解也。」〔東漢〕鄭玄注、〔唐〕賈公彥疏：《周禮注疏》，卷9～16，頁187。

〔註39〕〔東漢〕鄭玄注、〔唐〕賈公彥疏：《周禮注疏》，《十三經注疏》本，卷9～16，頁187。

〔註40〕〔北宋〕陳祥道《禮書》卷75：「康成於《詩》合楅衡以爲一，於《禮》離楅衡以爲二，是自惑也。」頁6。

〔註41〕以上所舉，僅舉其概要而論。參見馬瑞辰：《毛詩傳箋通釋》，頁180～181。

橫」應爲欄杆，其設置目的是爲了防止牛角損傷。

對於「楅衡」之三種說法，就用途而言，有防牛角觸撞傷人及防止牛角受傷。就「楅衡」本身而言，一說爲置於牛角或牛鼻之物，一說爲欄杆。「楅衡」之制眾說紛紜，究竟爲何？討論如下：

首先，就「楅衡」本身而言，應繫之於牛角無誤，至於「楅衡」應該分開解釋或合併解釋，於其他經典未見紀錄，故不言之；再則，就其用途而言，應爲防止牛角受傷之舉，非畏其觸碰傷人。關於「楅衡」究竟是爲了防牛牲受傷或防人被牛撞傷，引論於下。季本《詩說解頤》：

> 周正之秋，始於午中，盡於酉中，則在酉中之前，即夏正秋嘗之日也。此亦主祭於周公之廟而言，楅衡止觸，恐壞其角也。《周禮‧封人》：「惟牛牲言設楅衡；於羊牲不言也」，竊意牛羊皆有角，則宜並設楅衡矣。〔註42〕

季本認爲，之所以置「楅衡」以止觸，是因懼怕牛角受到損傷。季師旭昇亦同意此說法，引證經書爲其立說。《成公七年‧春秋經》：「春王正月，鼷鼠食郊牛角，改卜牛，鼷鼠又食其角，乃免牛。」〔註43〕若供以祭祀之牛角受到損傷，則爲不及之兆，需另擇一牛以卜之供祭方可。又牛牲本好以角觸物，其角亦傷，故需設楅衡於牛角，以防止牛角損傷。又《禮記‧王制》：「祭天地之牛，角繭栗；宗廟之牛，角握。」不論是祭天地、宗廟甚至賓客之牛，皆以小牛爲貴，其角至大僅可握於手，至小乃至繭、栗，何需畏其觸撞傷人〔註44〕。至於段注《說文》，認爲「衡」爲大木，非也。〔註45〕因此，所謂「楅衡」應指設衡木於角，防其角傷。

據《周禮》所載，對於犧牲之供給、掌管、巡視、繫養等，皆有不同之職官負責〔註46〕。《小雅‧無羊》中則提及牧人養牲。引詩如下：

〔註42〕〔明〕季本：《欽定四庫全書‧詩說解頤‧正釋》，卷29，頁15。
〔註43〕〔晉〕杜預注、〔唐〕孔穎達疏：《春秋左傳正義》，《十三經注疏》本，卷25～28，頁442。
〔註44〕參見季師旭昇：《詩經古禮研究》，頁113。
〔註45〕〔東漢〕許慎：《說文解字》（上海：商務印書館，1922年，《四部叢刊》上海涵芬樓借日本岩崎氏靜嘉堂藏北宋刊本景印本），卷4下，頁16。
〔註46〕〈遂人〉：「凡國祭祀供甸牲。」〈牧人〉：「凡祭祀供其犧牲，以授充人繫之。」〈充人〉：「掌祭祀之牲牷，祀五帝則於牢芻之三月，月享先王亦如此。」〈肆師〉：「大祭祀，展犧牲，繫于牢，頒于職人。」參見〔東漢〕鄭玄注、〔唐〕賈公彥疏：《周禮注疏》，《十三經注疏》本，卷17～27，頁293。

誰謂爾無羊？三百維群。誰謂爾無牛？九十其犉。爾羊來思，其角
濈濈；爾牛來思，其耳濕濕。

或降于阿，或飲于池，或寢或訛。爾牧來思，何蓑何笠，或負其餱。
三十維物，爾牲則具。

爾牧來思，以薪以蒸，以雌以雄。爾羊來思，矜矜兢兢，不騫不崩。
麾之以肱，畢來既升。

牧人乃夢，眾維魚矣，旐維旟矣。大人占之：眾維魚矣，實維豐年；
旐維旟矣，室家溱溱。〔註47〕

《古序》：「〈無羊〉宣王考牧也。」鄭《箋》：「厲王之時，牧人之職廢，宣王
始興而復之至此，而成謂復先王牛羊之數。」關於詩旨，三家皆無異議〔註48〕。
漢代以前皆以《古序》說法釋之，藉由牧人牧養牛羊之繁多，以讚美宣王之
中興。此一說法直至朱熹時被提出質疑，朱熹《詩集傳》：「此詩言牧事有成，
而牛羊眾多。」〔註49〕詩旨由讚美宣王轉而讚美牧人，朱說一出，從之者眾。
直至清朝，兩說各有其擁護者，贊成鄭說者，姚際恆〔註50〕、胡承珙〔註51〕；
贊成朱說者，則有方玉潤〔註52〕，關於兩者之說，余培林《詩經正詁》中所
提對朱說之四點質疑，為解詩之關鍵。引文如下：

> 然詩如美司牧，何以列於《雅》？此疑者一也；牧人之夢，何以須
> 大人占之？此疑者二；其用何以與豐年、王室有關？此疑者三；牛
> 羊供食用也，何以詩僅言牲用？此疑者四。〔註53〕

對朱說提出四點質疑，一一擊破朱氏讚美牧人之說法。文中又提到：

> 觀之詩文屢言「爾」，如？「爾羊」、「爾牛」、「爾牧」、「爾牲」，則
> 知詩人所美者為爾，非司牧也。其畜牛羊，主在祭祀，非為食用，
> 則「爾」之身份如何，亦可知矣。又詩之字句，頗多與上篇（斯干）
> 相類，其說夢猶似，又皆與「室家」結尾，故其所寫者，不僅為一

〔註47〕〔西漢〕毛亨傳、〔東漢〕鄭玄箋、〔唐〕孔穎達疏：《毛詩正義》，《十三經注
疏》本，卷9～15，頁384。
〔註48〕〔清〕王先謙：《詩三家義集疏》，頁654。
〔註49〕〔南宋〕朱熹：《詩集傳》，卷11，頁20。
〔註50〕〔清〕姚際恆：《詩經通論》，頁202～203。
〔註51〕〔清〕胡承珙：《毛詩後箋》，頁2001～2004。
〔註52〕〔清〕方玉潤：《詩經原始》，頁385～386。
〔註53〕余培林：《詩經正詁》，頁383。

人，其文恐亦出一手。〔註54〕

故〈無羊〉一詩爲「宣王考牧」無誤。全詩藉由牧人的牛羊繁盛，以襯托出宣王之功。《古序》中所言之牧人當同於《周禮》之牧人一職，非指一般牧者，其養牧皆以供祀之牲牷，〔註55〕故「爾牲則具」當指祭祀所用之犧牲。〔註56〕

（三）田禽

周制大司馬於中夏時需苗田，中冬時需狩田，其目的獻禽以供宗廟祭祀〔註57〕，然所獻之田禽，非直接獻上祭典，需製成乾豆方可獻祭。《禮記·王制》：「天子諸侯無事，則歲三田，一爲乾豆。」孔穎達《疏》云：「一爲乾豆者，謂乾之以爲豆實豆實非脯，而云乾者，謂作醢及臡，先乾其肉，故云乾豆，是上殺者也。」〔註58〕由此可知，乾豆即爲醢及臡。《小雅·車攻》：「大庖不盈。」《毛傳》云：

> 一曰乾豆，二曰賓客，三曰充君之庖，故自左膘而射之，達於右腢，爲上殺。射右耳本次之射，左髀達於右，爲下殺。面傷不獻，踐毛不獻，不成禽不獻，禽雖多，擇取三十焉，其餘以與大夫士以習射於澤宮。田雖得禽，射不中不得取禽；田雖不得禽，射中則得取禽。古者以辭讓取，不以勇力取。〔註59〕

根據《毛傳》，取得之田禽有以下三種用途，一爲供宗廟祭祀所用，二爲供賓客所用，三則豐飽君庖。詩中所謂「大庖不盈」乃謂王者以田獵所得之禽物，先分供與宗廟祭祀，而後分與賓客，最後才盈飽自身之庖。《白虎通義》中對「田禽」之功能，有如下之解釋：「王者諸侯所以田獵何也？爲田除害。上以供宗廟，下以簡集士眾。」〔註60〕除了爲田除害之外，一方面藉所獵之牲畜獻

〔註54〕余培林：《詩經正詁》，頁383。
〔註55〕「此詩之牧人即周禮之牧人，非尋常牧豎，其養牧皆以供祀之牲牷。」參見季師旭昇：《詩經吉禮研究》（臺灣師範大學碩士論文），頁112。
〔註56〕「雲漢『靡愛斯牲』亦祭牲也，凡經傳所言牲皆此意。」參見季旭昇老師：《詩經吉禮研究》，頁113。
〔註57〕〔東漢〕鄭玄注、〔唐〕賈公彥疏：《周禮注疏》，《十三經注疏》本，卷28～33，頁444。
〔註58〕〔東漢〕鄭玄注、〔唐〕孔穎達正義：《禮記正義》，《十三經注疏》本，卷5，頁236。
〔註59〕〔西漢〕毛亨傳、〔東漢〕鄭玄箋、〔唐〕孔穎達疏：《毛詩正義》，《十三經注疏》本，卷9～15，頁360。
〔註60〕〔清〕秦蕙田：《五禮通考》卷86，頁8。

與祭祀；另一方面，藉此來集結士眾，可謂一舉兩得。又非所有獵取之禽皆可供祭祀，有以下之規定，《穀梁傳・桓公四年》：「四時之田，皆為宗廟之事也。春曰田，夏曰苗，秋曰蒐，冬曰狩。四時之田用三焉。」〔註61〕范甯《注》：「上殺中心死，速乾之以為豆實，可以祭祀。」凡射中心臟者，方可以供祭祀所用。

（四）擇士

天子於舉行正式祭祀前，必需擇選適當的諸侯參與助祭，利用舉行射箭之禮射中與否作決定。〔註62〕《小雅・賓之初筵》：「大侯既抗，弓矢斯張。射夫既同，獻爾發功。發彼有的，以祈爾爵。」〔註63〕詩中所言即在描寫射禮之情形。又《周頌・振鷺》：「振鷺于飛，於彼西雝。我客戾止，亦有斯容。」《毛傳》釋「雝」為澤，然《呂氏家塾讀詩記》則引長樂王氏之說法認為「雝」為辟雝，並引朱熹之說：「先儒多謂雝在西郊，故曰西雝。」〔註64〕又《大雅・靈臺》：「虡業維樅，賁鼓維鏞。於論鼓鐘，於樂辟雝。於論鼓鐘，於樂辟雝。鼉鼓逢逢，矇瞍奏公。」〔註65〕朱熹《詩集傳》：「辟、璧通。雝，澤也。辟雝，天子之學，大射、行禮之處。」〔註66〕由此可知，辟雝不僅可供樂、舞亦可作為天子行射之處，《周頌・振鷺》之「振鷺於飛」應指舞者持鷺羽舞之，故「辟雝」即為「雝」無誤，呂氏之說法可採。然「辟雝」本因其圓若璧，又四周環水而得其名，《毛傳》之說亦可採用，兩者並不衝突。周代祭前擇士之制於《詩》中可得到證明。

（五）齋時敬尸賓

卜日為吉兆後，周制天子正祭前需行齊戒，以齊一身心，〈祭義〉云：「及

〔註61〕〔晉〕范甯注、〔唐〕楊士勛疏：《春秋穀梁傳注疏》，《十三經注疏》本，卷3～4頁31。

〔註62〕《禮記・射義》：「天子將祭，必先習射於澤。澤者，所以擇士也。已射於澤，而後射於射宮，射中者得與於祭，不中者不得與於祭。不得與於祭者有讓，削以地；得與於祭者有慶，益以地。」（〔東漢〕鄭玄箋、〔唐〕孔穎達疏：《禮記正義》，《十三經注疏》本，卷46，頁1017）。

〔註63〕〔西漢〕毛亨傳、〔東漢〕鄭玄箋、〔唐〕孔穎達疏：《毛詩正義》，《十三經注疏》本，卷9～15，頁489。

〔註64〕王氏曰：「西雝蓋辟雝也。辟雝有水鷺所依也」。朱氏曰：「先儒多謂辟雝在西郊，故曰西雝。（〔南宋〕呂祖謙：《呂氏家塾讀詩記》，卷29，頁5）。

〔註65〕〔西漢〕毛亨傳、〔東漢〕鄭玄箋、〔唐〕孔穎達疏：《毛詩正義》，《十三經注疏》本，卷16～18，頁567。

〔註66〕〔南宋〕朱熹：《詩集傳》卷16，頁55。

時將祭，君子乃齊。」又「散其七日以定之，致齊三日以齊之。」〔註67〕目的是爲了讓祭者在祭祀前心境保持虔誠肅敬，方可舉行祭典。「齋戒」共十日，前七日爲「散齋」，又稱「戒」；後三日爲「至齋」，又稱「宿」〔註68〕。《小雅・信南山》云：「曾孫之穡，以爲酒食。畀我尸賓，壽考萬年。」〔註69〕《箋》云：「成王以黍稷之稅爲酒食，至祭祀齊戒，則以賜尸與賓尊，尸與賓所以敬神也，敬神則得壽考萬年。」鄭玄認爲此爲祭前天子將酒食獻與賓、尸。然鄭玄如何得知此在祭前獻予酒食，而非正祭時所獻？對於此，孔穎達穎達作了如下之解釋，孔穎達《疏》云：

> 《箋》以爲齊戒則以賜尸賓者，以此詩陳事而有次序，五章、卒章始言祭時之事，清酒、騂牡享于祖考，則此未祭而言畀我尸賓，明祭前矣。又不言享祀，而云畀我，是賜下之辭，故爲祭祀齊戒以賜尸賓也。又〈祭義〉云：「祭前十日，散齊七日，致齊三日，《周禮》所謂前期十日是也，於齊之時，官當與之酒食。」而《箋》云賜者，以其未祭，則賓尸猶臣道，故言賜也。經言敬事尸賓，而令神降福者，以其尊尸與賓，即所敬神也。

鄭玄之所以認定其爲祭前齋戒時獻酒於賓尸，關鍵有三：

首先，於《小雅・信南山》於詩句中所提爲「畀」而非「享」，若以享字獻賓尸，則必於正祭之時，此例於《詩》中常見。〔註70〕

再則，以〈信南山〉整首詩章之安排順序，此詩內容所呈現應爲一祭祖過程〔註71〕，其詩章之安排應有其固定順序，而非隨性所爲，「曾孫之穡，以

〔註67〕〔東漢〕鄭玄注、〔唐〕孔穎達正義：《禮記正義》，《十三經注疏》本，卷25，頁830。

〔註68〕《周禮・大史》：「戒及宿之日」賈公彥《疏》：「戒爲散齋七日，宿爲致齋三日。」，卷17～27，頁400。

〔註69〕〔西漢〕毛亨傳、〔東漢〕鄭玄箋、〔唐〕孔穎達疏：《毛詩正義》，《十三經注疏》本，卷9～15，頁454。

〔註70〕《書・盤庚上》：「茲予大享於先王。」孔穎達《疏》：「《周禮・大宗伯》祭祀之名：天神曰祀，地祇曰祭，人鬼曰享。此大享於先王，謂天子祭宗廟也。」可知「享」於古時爲供祭品奉祀祖先。此處用「畀」不用「享」，表示其非祭祀時，僅純粹獻酒於賓尸。〔西漢〕孔安國傳、〔唐〕孔穎達疏：《尚書正義》，《十三經注疏》本（臺北：藝文印書館，2001年12月初版14刷），頁128。

〔註71〕此詩《古序》：「《信南山》刺幽王也。」《續序》：「不能脩成王業，疆理天下，以奉禹功，故君子思古。」《信南山》一詩究竟有否此幽王，歷來眾說紛紜。然全詩內容爲一祭祖過程，於詩句中顯然易見，故不論若《序》所云，君子

爲酒食。畀我尸賓，壽考萬年。」置於第三章，全詩之正祭始於四、五、六章，故其應爲正祭前之齋戒。

最後，以《周禮》齋戒十日間，應與眾官酒食一致。推此爲詩句應爲齋時敬尸賓無疑。

（六）宿縣

樂、舞爲祭祀過程，不可或缺者，祭祀過程中，需確保音樂能順利被演奏，除了官人需熟悉樂曲之外，樂器之準備工作，亦是正祭之前所應注意的地方。《周頌・有瞽》：「設業設虡，崇牙樹羽，應田縣鼓，鞉磬柷圉。」《傳》：「植者曰『虡』，橫者曰『栒』。」《正義》：「懸鼓，磬者，兩端有植木，其上有橫木。爲直立者爲虡，謂橫牽者爲栒。」故知「虡」應爲懸鼓上之直立木架。《傳》解「業」曰：「大版也。」其附於栒（橫木）上，刻畫以爲飾，故「業」、「虡」並爲懸鼓此一樂器之裝置。又《傳》解「應田」：「應，小鞉也」、「田，大鼓也」兩者皆爲鼓類樂器。又「鞉磬柷圉」《正義》解「鞉」：「如鼓而小。」「鞉」爲樂器，小鼓；《詩集傳》解「磬」：「樂器，以時爲之。」「磬」爲樂器；又解「柷」：「柷，狀如漆箭，以木爲之，中有椎連底，挏之令左右擊，以起樂者也。」「柷」爲助樂之器；又解「圉」：「圉，亦作敔。狀如伏虎，背上有二十七鉏鋙刻，以木長尺，擽之，以止樂者。」「圉」爲止樂之器。因此，〈有瞽〉：「設業設虡，崇牙樹羽，應田縣鼓，鞉磬柷圉。」中所言「業」、「虡」、「應」、「田」、「縣鼓」、「鞉」、「磬」、「柷」、「圉」或爲祭祀樂器，或與樂器相關之物。又《禮記・禮器》云：「廟堂之上，罍尊在阼，犧尊在西。

藉思古作是詩以刺幽王。或如《李黃毛詩集解》中解〈楚茨〉時言，「如〈信南山〉、〈甫田〉、〈大田〉全篇盡是思古人之詩，全無一句及於刺幽王。」認爲〈信南山〉亦如〈楚茨〉與刺幽王無關，純粹爲思古之作，皆不影響詩中所呈現之祭祀景象。因此，對於兩者之說法皆可採信。引錄《李黃毛詩集解》之說法於下：「此〈信南山〉先既言：『疆場翼翼黍稷彧彧』於是言祭祀之事，其終亦言：『先祖是皇，報以介福，萬壽無疆』以至〈甫田〉、〈大田〉其始皆言曾孫勸農之道甚篤，其後則言祭祀之事，其終日報以景福萬壽無疆，是數詩辭雖不同，其意一也。是皆言福祿之報本於祭祀，而祭祀又本於黍稷也，張文潛曰：『』受莫大之福，而其君有安寧，壽考之樂，此天下之至美極治之際也。而其本出於食廩之盈，原隰之治，田廬之修，雨雪之時，而後乃及於祭祀禮樂之事也。蓋衣食不足於下，則禮樂不備於上，禮樂廢則亂隨之而起，惟田事備，則衣食豐，衣食豐而禮樂備，禮樂備而和平，與和平興而人君有福祿壽考之盛，此詩人深探其本，要其終而言之，序如此也此言盡矣。」參見〔宋〕李樗黃櫄撰：《欽定四庫全書・毛詩李黃集解》，卷27，頁13。

廟堂之下，縣鼓在西，應鼓在東。」〔註72〕故知「宿縣」之禮，即是指祭祀前一天，樂人在東階東側把樂器懸掛好，以備正祭所需。

（七）供菜

每逢宗廟祭祀，天子、王后皆需相偕參加，並於祭前親耕、親蠶，一方面表示己身之敬意；另一方面，據此教導諸侯如何致力於祭祀〔註73〕，以收風行草偃之效。

《禮記·祭統》云：

> 天子親耕於南郊，以共齊盛〔註74〕；王后蠶於北郊，以共純服。諸侯耕於東郊，亦以共齊盛；夫人蠶於北郊，以共冕服。天子諸侯非莫耕也，王后夫人非莫蠶也，身致其誠信，誠信之謂盡，盡之謂敬，敬盡然後可以事神明，此祭之道也。〔註75〕

天子王后需要以身作則以示其誠敬，唯有心懷誠敬，方可祭祀神明。《禮記·祭統》提及祭祀所供之物：

> 水草之菹，陸產之醢，小物備矣；三牲之俎，八簋之實，美物備矣；昆蟲之異，草木之實，陰陽之物備矣。凡天之所生，地之所長，苟可薦者，莫不咸在，示盡物也。外則盡物，內則盡志，此祭之心也。〔註76〕

供祭的各類物品眾多，不僅有醃製之蔬菜，亦有田禽時走獸所製成之肉醬，這些為供祭之「小食品」；亦有牛、羊、豕等犧牲，以及使用八簋盛滿黍稷，這些「美味的食品」；另外，還有一些奇異的昆蟲。草木的果實等，凡天地自然生長之物，皆可供以祭祀，其中，荇菜便是屬於「水草之菹」為祭必備之庶物。〈關雎〉詩中提及祭前後妃親自採荇以供宗廟祭祀之情節。《周南·關

〔註72〕〔東漢〕鄭玄注、〔唐〕孔穎達正義：《禮記正義》，《十三經注疏》本，卷10，頁469。

〔註73〕《禮記·祭義》：「耕藉，所以教諸侯之養也。」〔東漢〕鄭玄注、〔唐〕孔穎達正義：《禮記正義》，《十三經注疏》本，卷24，頁823。

〔註74〕何謂「齊」？鄭玄注：「齊，或為粢。」故「齊盛」為「祭器內呈放供祭祀之穀物。」即《大戴禮記·誥志》云：「齋戒必敬，會時必節，犧牲必全，齊盛必潔。」

〔註75〕〔東漢〕鄭玄注、〔唐〕孔穎達正義：《禮記正義》，《十三經注疏》本，卷25，頁830。

〔註76〕〔東漢〕鄭玄注、〔唐〕孔穎達正義：《禮記正義》，《十三經注疏》本，卷25〈祭統〉，卷25，頁830。

睢》：

> 關關雎鳩，在河之洲。窈窕淑女，君子好逑。
>
> 參差荇菜，左右流之。窈窕淑女，寤寐求之。
>
> 求之不得，寤寐思服。悠哉悠哉！輾轉反側。
>
> 參差荇菜，左右采之。窈窕淑女，琴瑟友之。
>
> 參差荇菜，左右芼之。窈窕淑女，鍾鼓樂之。〔註77〕

《毛傳》：「荇，接餘也。流，求也。後妃有關雎之德，乃能供荇菜、備庶物以事宗廟宗廟。」《箋》云：「左右，助也，言後妃將共荇菜之葅，必有助而求之者。」《正義》曰：「毛以為後妃性既和諧，堪居後職，當共荇菜以事宗廟。」后妃之所以採荇，為供祭於宗廟之中。《召南・采蘩》亦為採荇供祭祀之詩作：

> 于以采蘩？于沼於沚。于以用之？公侯之事。
>
> 于以采蘩？於澗之中。于以用之？公侯之宮。
>
> 被之僮僮，夙夜在公。被之祁祁，薄言還歸。〔註78〕

《古序》曰：「采蘩，夫人不失職也。」《續序》曰：「夫人可以奉祭祀，則不失職矣。」鄭《箋》云：「奉祭祀者，采蘩之事也，不失職者，夙夜在公也。」明言采蘩以供祭祀。又《毛傳》：「蘩皤，蒿也。于於沼池，沚，渚也。公侯夫人執蘩菜以助祭，神饗德與信，不求備焉。沼沚谿澗之草，猶可以薦，王后則荇菜也。」鄭《箋》云：「言夫人於君祭祀而薦此豆也。」而此采蘩之主角與〈關雎〉之王后有別，為公侯之夫人。〔註79〕《毛傳》謂此詩採荇菜者為后妃，非不可能，〈采蘩〉之詩述公侯之事，篇中迭有明文，則《毛傳》謂〈采蘩〉為公侯夫人執蘩以助祭，亦當屬實。〔註80〕

〔註77〕〔西漢〕毛亨傳、〔東漢〕鄭玄箋、〔唐〕孔穎達疏：《毛詩正義》，《十三經注疏》本，卷1，頁22。

〔註78〕〔西漢〕毛亨傳、〔東漢〕鄭玄箋、〔唐〕孔穎達疏：《毛詩正義》，《十三經注疏》本，卷1，頁46。

〔註79〕〈關雎〉之《古序》曰：「關雎，后妃之德也。」；〈采蘩〉之《古序》曰：「采蘩，夫人不失職也。」孔疏：「此經序無言祭事，知事宗廟者，以言左右流之，助后妃求荇菜，若非祭菜後不親采。采蘩言夫人奉祭明此亦祭也。」然根據王國維〈釋樂次〉：「凡金奏之樂用鍾鼓，天子、諸侯全用之，大夫、士鼓而已。」由此可知，〈關雎〉採荇者為王后；〈采蘩〉採菜者為公侯，《毛傳》之說應無誤。可採信之。參見王國維：《定本觀堂集林・釋樂次》，頁101。

〔註80〕詳參季師旭昇：《詩經吉禮考》，頁111。

　　然根據《周禮》所載醢人執掌四豆之實，並無「荇」、「蘩」二菜，孔穎達解釋「天官醢人陳四豆之實，無荇菜者，以殷禮，詩詠時事，故有之。」〔註81〕就孔穎達之言，〈關雎〉一詩爲文王時所作，當時周尙未代殷而立，以荇菜供祭，其禮制仍爲殷人祭祀制度，〔註82〕故天官醢人所備祭祀之物中無荇菜者。根據《周禮》所載掌四豆之實，四豆爲何？引文如下：

> 醢人掌四豆之實。朝事之豆，其實韭菹、醓醢，昌本、麋臡，菁菹、鹿臡，茆菹、麋臡。饋食之豆，其實葵菹、蠃醢，脾析、蠯醢，蜃、蚳醢，豚拍、魚醢。加豆之實，芹菹、兔醢，深蒲、醓醢，箈菹、雁醢，筍菹、魚醢。羞豆之食，酏食、糝食。〔註83〕

四豆之實爲「朝事之豆」、「饋食之豆」、「加豆之實」、「羞豆之食」，四者所列之物中，無「荇菜」一類。《毛詩草木鳥獸蟲魚疏》云：

> 荇，一名接余，白莖葉紫赤色，正圓徑寸，餘浮在水上，根在水底，與水深淺等大，如釵股上青下白，鬻其白莖，以苦酒浸之，脆美可案酒。〔註84〕……茆草與荇菜相似，葉大如手赤圓有肥者，著手中滑，不得停莖大如匕柄葉，可以生食，又可鬻滑美，江南人謂之蓴菜，或謂之水葵諸陂澤水中皆有。〔註85〕

季本《詩說解頤》云：「茆，鳬葵也，與荇菜相似，葉大如手，赤圓而滑，江南人謂之蓴菜者也。」故荇菜一名「接餘」，與「茆草」（蓴菜、鳬葵）〔註86〕相類，既相類，並非同物，故「茆」與「荇」應爲兩不同之草名。〔註87〕然

〔註81〕〔西漢〕毛亨傳、〔東漢〕鄭玄箋、〔唐〕孔穎達疏：《毛詩正義》，《十三經注疏》本，卷1，頁21。

〔註82〕關於孔疏此段，季師旭昇認爲：「孔疏恐有奪文，其義當爲周禮四豆無荇菜，而殷禮有之，關雎吟詠文王世子時事，猶在殷代，故祭有荇菜。否則今本正義爲天官海人掌四豆爲殷禮，古今注疏」。參見季旭昇老師：《詩經吉禮考》，頁110。

〔註83〕〔東漢〕鄭玄注、〔唐〕賈公彥疏：《周禮注疏》，《十三經注疏》本，卷1～8，頁82。

〔註84〕〔吳〕陸璣：《欽定四庫全書‧毛詩草木鳥獸蟲魚疏》，卷上，頁3。

〔註85〕〔吳〕陸璣：《欽定四庫全書‧毛詩草木鳥獸蟲魚疏》，卷上，頁4。

〔註86〕《說文》云：「茆，鳬葵也，詩曰言采其茆。」許慎亦認爲「茆」即「鳬葵」。又《六家詩名物疏》引《蜀本圖經》云：「蓴生水中，葉似鳬葵，浮水上採莖堪噉，花黃白子紫色三月至八月，莖細如釵股黃，赤色短長，隨水深淺名爲絲蓴，九十月漸粗硬，十一月萌在泥中，名塊蓴，體苦澀惟取汁味。」認爲「蓴」即「鳬葵」。故「茆草」別名「蓴菜」、「鳬葵」無誤。

〔註87〕〔明〕馮復京《六家詩名物疏》曰：「茆與荇本相似，故古人即謂之鳬葵。」

《毛詩名物解》云：「荇菜，謂之茆芥，順陽而長，本係陰而固有清潔不可陷溺之德，故以況淑女以薦神明。」〔註88〕顯然，蔡卞秉持不同看法，認爲荇菜亦名「茆芥」。究竟「荇菜」是否爲「茆草」？朱濂《毛詩補禮・卷一》所云，證得荇菜當即《周禮・醢人》所掌朝事之豆中茆菹，擇其概要，說明於下：

> 蘇恭曰：「鳧葵，及荇菜也。生水中」陸佃曰：「荇，一名接餘，亦或爲之鳧葵，〈泮水〉傳訓茆爲鳧葵，醢人注亦訓茆爲鳧葵，尊名水葵，不名鳧葵，《爾雅》有荇無茆，則鳧葵之名有專屬，鳧葵屬荇，荇之即茆審矣。」〔註89〕

舉上所引，朱氏認爲荇菜，即醢人之茆菹。故〈關雎〉詩中王后採荇供祭之說，確可成立。又〈采蘩〉中之「蘩菜」亦不見於醢人所備之豆實。然詩中「於以采蘩？于沼於沚。于以用之？公侯之事。」又「於以采蘩？於澗之中。于以用之？公侯之宮。」明點出此采蘩菜，是爲了供宗廟祭祀所用。又《詩傳大全》對於「蘩」之屬性，作了如下的說明：

> 蘩，白蒿也。《本草》曰：「蓬，蒿也，似青蒿而葉麤，上有白毛，從初生至枯白於眾，蒿頗似細艾，三月採。」《爾雅》所謂：「繁，蒿也。秋香美可生食，又可蒸爲菹。」〔註90〕

「蘩」確爲可食之物，可製成醃菜。然其是否若「荇菜」可供祭祀，陳啓源《毛詩稽古編》云：

> 古以祀與戎爲大事，春秋書有事，書有大事，皆言祭也。詩公侯之事，傳以爲祭祀而以下章之宮爲廟，意亦同。左傳云：「蘋、蘩、蘊、藻可薦鬼神」〔註91〕。正指采蘩、采蘋二詩言，則毛公執蘩助祭之說不可易矣。〔註92〕

亦認爲「茆」與「荇」相似，應爲兩不同之草名。《欽定四庫全書・六家詩名物疏》，卷54，頁6。

〔註88〕〔北宋〕蔡卞：《欽定四庫全書・毛詩名物解》，卷4，頁1。
〔註89〕〔清〕朱濂：《毛詩補禮》卷1。
〔註90〕〔明〕胡廣：《欽定四庫全書・詩傳大全》，卷1，頁36。
〔註91〕《左傳・隱公三年》：「苟有明信，澗、溪、沼、沚之毛，蘋、蘩、蘊、藻之菜，筐、筥、錡、釜之器，潢、汙、行、潦之水，可薦於鬼神，可羞於王公。」〔晉〕杜預注、〔唐〕孔穎達疏：《春秋左傳正義》，《十三經注疏》本，卷2～4，頁50。
〔註92〕〔清〕陳啓源：《毛詩稽古編》《欽定四庫全書・毛詩稽古編》，卷2，頁4。

故「蘩」亦若「荇」，為供祭之菜。由上可知，《周禮·醢人》所備四豆之實，並非一一舉列，僅舉其大概，又祭祀本尚誠敬，《禮記·祭統》嘗言：「凡天之所生，地之所長，苟可薦者，莫不鹹在，示盡物也。」〔註93〕又祭「貴多品」可薦者繁多，若僅如《周禮》所列，未能顯示周人對祭祀之慎重，季師旭昇便言：「是祭享之豆實當以多品為貴，若醢人所掌，惟四豆二十六品，實不以言多，其未能盡眩明矣！」〔註94〕此明「荇」、「蘩」亦為醢人所掌四豆之實無誤。

（八）視濯〔註95〕、省牲、視饎爨

根據《儀禮·特牲饋食禮》的記載，祭前一天，士必須行「視濯、省牲」之儀，祭祀的當日，主婦一早就必須行「視饎爨」之儀；據《儀禮·少牢饋食禮》大夫雖亦行「視濯、省牲、視饎爨」等儀節，但是，不必在祭祀前一天，祭祀當日再行其儀節就可以了。至於天子諸侯，由於禮書中並無明言天子及其后妃需行此儀節，然根據賈公彥《大宰》疏：「士卑，得與人君同。」以此逆推，天子及其后妃亦需行此儀。亦為《春官·小宗伯》所謂：「大祭祀，省牲，視滌濯。祭之日，逆齊，省鑊，告時于王，告備于王。」便是指天子視濯、視饎爨之事。〔註96〕綜上所述，祭祀過程中之，天子、后妃不需親自視濯、省牲、視饎爨，然諸侯、士、大夫則需親力為之。不過，諸侯、大夫、士為親自為之，而天子乃由眾官代為行之。

至於代替天子負責巡察祭牲的官員為何官職？根據《周禮·天官·塚宰》的記載：「祀五帝，則掌百官之誓戒與其具修。前期十日，帥執事而卜日，遂戒。及執事，視滌濯。及納亨，贊王牲事。」〔註97〕祭祀前十日，塚宰需帥執事行視濯、省牲之儀，又《春官·大宗伯》：「凡祀大神、享大鬼、祭大示，帥執事而卜日，宿視滌濯，蒞玉鬯，省牲、鑊，奉玉齊，詔大號，治其大禮，

〔註93〕〔東漢〕鄭玄注、〔唐〕孔穎達正義：《禮記正義》，《十三經注疏》本，卷25，頁480。

〔註94〕參見季師旭昇：《詩經吉禮研究》，頁110～111。

〔註95〕《禮記·喪服小記》：「練筮日筮尸視濯。」鄭玄《注》：「濯，謂溉祭器也。」孔穎達《疏》：「視濯者，謂視小祥之祭器，祭器須潔而視其洗濯也。」故知古代祭祀時照料洗濯祭器，稱為「視濯」。

〔註96〕根據鄭玄〈大宰〉注，認為視濯之禮於祭祀前夕舉行。賈公彥《周禮·大宗伯·疏》，認為鑊就是爨；省鑊便是饎爨。

〔註97〕〔東漢〕鄭玄注、〔唐〕賈公彥疏：《周禮注疏》，《十三經注疏》本，卷1～8，頁33。

詔相王之大禮。」〔註98〕賈公彥《大宗伯》疏：「鑊即爨，省鑊即視饎爨。」祭祀前日，大宗伯需帥執事再行視滌濯、省牲、視饎爨之儀。

「視濯」、「饎爨」等制，散見於《詩經》中。《召南・采蘩》：「被之僮僮，夙夜在公。」《傳》云：「被，首飾也。僮僮，竦敬也。夙，早也。」鄭《箋》云：「公事也，早夜在事，謂視濯溉、饎爨之事。」孔穎達《正義》曰：

> 早，祭之晨；夜，謂祭祀之先夕之期也。先夙後夜，便文耳。夜在事，謂先夕視濯溉；早在事，謂朝視饎爨。在事者，存在於此視濯溉饎爨之事，所謂不失其職也。鄭何知非當祭之日，自早至夜而以為視濯者，「被之祁祁，薄言還歸」，據祭畢即此，被之僮僮為祭前矣，若為自夙至夜，則文兼祭末下，不宜復言祭末之事，故鄭引髲鬄與被為一，非祭時所服，解在公為視濯，非正祭之時也。〔註99〕

故知「夙夜在公」便是指諸侯之夫人祭祀前一晚行對祭牲行「視濯、省牲」之儀，祭祀當日再需行「饎爨」之禮即可，《小雅・泂酌》：

> 泂酌彼行潦，挹彼注茲，可以饎餴。豈弟君子，民之父母。
>
> 泂酌彼行潦，挹彼注茲，可以濯罍。豈弟君子，民之攸歸。
>
> 泂酌彼行潦，挹彼注茲，可以濯溉。豈弟君子，民之攸塈。〔註100〕

根據《傳》的解釋「罍」是祭器的一種，「溉」是清洗的意思，〈泂酌〉紀錄了清洗祭器的儀節。至於「饎爨」《小雅・天保》：「吉蠲為饎，是用孝享。」《傳》：「吉，善。蠲，絜也。饎，酒食也。享，獻也。」便是指準備酒食的過程，主要是為了祭祀而準備。又《小雅・楚茨》：「執爨踖踖」《傳》：「爨，雍爨。廩，爨也。踖踖，言爨竈有容也。」《正義》云：「〈少牢〉云：『雍人概鼎七俎于雍爨，雍爨在門東南北上，廩人概甑甗匕與敦于廩爨，廩爨在雍爨之北，故知有二焉。』」所謂「執爨」便是主持廚事的意思，為了表示對此宗廟祭祀的看重，因此不可掉以輕心。根據〈少牢〉的規定，「爨」有「廩爨」及「雍爨」的區別，兩者於祭祀中，擺設位置亦有所不同。

〔註98〕〔東漢〕鄭玄注、〔唐〕賈公彥疏：《周禮注疏》，《十三經注疏》本，卷17～27，頁281。
〔註99〕〔西漢〕毛亨傳、〔東漢〕鄭玄箋、〔唐〕孔穎達疏：《毛詩正義》，《十三經注疏》本，卷1，頁46。
〔註100〕〔西漢〕毛亨傳、〔東漢〕鄭玄箋、〔唐〕孔穎達疏：《毛詩正義》，《十三經注疏》本，卷16～18，頁617。

－119－

（九）祭日備物陳設

正祭前除需備酒、省牲之外，亦需將祭器、犧牲、供菜等皆擺置於適當的位置。《儀禮・特牲饋食禮》：「厥明夕，陳鼎於門外，北面北上，有鼏。棜在其南。」，《儀禮・少牢饋食禮》：「雍人概鼎、七、俎於雍爨，雍爨在門東南，北上。廩人概甑、甗、七與敦於廩爨，廩爨在雍爨之北。」。祭器之擺放有其固定方位，士與大夫規定又有所不同。《周南・關雎》：「參差荇菜，左右芼之。」對於「芼」之解釋，主要有以下兩種說法：一為《毛傳》所言：「芼，擇也。」；一為《詩集傳》所言：「芼，熟而薦之也。」〔註101〕就全詩詩意而言，本文傾向《毛傳》之說法，然就祭前備物而言，兩義皆可採用，不論是擇選抑或薦熟之物，皆為祭祀前夕所應事先備妥之物，薦熟前亦需先挑選可煮之荇菜，於此，二義可並行不悖。故〈關雎〉之「參差荇菜，左右芼之。」為祭祀前夕，備熟物以供祭之儀。供菜妥置後，祭器亦不容忽略，根據《周禮・司尊彝》：

> 掌六尊、六彝〔註102〕之位，詔其酌，辨其用與其實。春祠、夏禴，祼用雞彝、鳥彝，皆有舟。其朝踐用兩獻尊，其再獻用兩象尊，皆有罍。諸臣之所昨也。秋嘗、冬烝，祼用斝彝、黃彝，皆有舟。其朝獻用兩著尊，其饋獻用兩壺尊，皆有罍。諸臣之所昨也。凡四時之間祀、追享、朝享，祼用虎彝、蜼彝，皆有舟。其朝踐用兩大尊，其再獻用兩山尊，皆有罍。諸臣之所昨也。凡六彝、六尊之酌，鬱齊獻酌，醴齊縮酌，盎齊涗酌，凡酒修酌。大喪，存奠彝，大旅亦如之。〔註103〕

對於宗廟祭器作了詳細的說明。依照不同的祭器各有不同的用途，使用之祭

〔註101〕〔南宋〕朱熹：《詩集傳》，卷1，頁7。又〔南宋〕嚴粲：《欽定四庫全書・詩緝》，卷1：「芼之謂為羹也。」、〔南宋〕呂祖謙：《呂氏家塾讀詩記》，卷2，頁8。引董氏曰：「芼，則以熟而薦也」；凡嚴粲、朱熹、呂祖謙皆認為「芼」有薦熟之義。

〔註102〕根據《說文・糸部》：「彝，宗廟常器也。」《欽定四庫全書・說文解字》，卷13上，頁11。又王國維《定本觀堂集林・說彝》：「尊、彝，皆禮器之總名也」。（參見王國維《定本觀堂集林・說彝》，頁153。）另外，《爾雅・釋器》：「彝、卣、罍，器也。」郭璞注曰：「皆盛酒尊，彝其總名。」故知「彝」指宗廟祭器，可為盛酒禮器。

〔註103〕《周禮・司尊彝》。〔東漢〕鄭玄注、〔唐〕賈公彥疏：《周禮注疏》，《十三經注疏》本，臺北：藝文印書館，卷17～27，頁305。

典亦有所不同。《大雅・旱麓》：「瑟彼玉瓚，黃流在中。」《毛傳》：「玉瓚，圭瓚也。」《正義》：「瓚者，器名。以圭爲柄，圭以玉爲之。指其體膚謂之玉瓚，據成器謂之圭瓚。」《周禮・春官・宗伯》：「祼圭有瓚，以肆先王，以祼賓客。」「瓚」爲祭祀中灌酒時所用，爲祭祀前需先備妥的祭器。《大雅・卷阿》：「有馮有翼。」《毛傳》：「馮，憑依。」又「翼，輔翼。」鄭《箋》：「王之祭祀，擇賢者以爲尸，尊之豫撰幾，擇佐食。」孔穎達《正義》云：

> 〈少牢〉尸未入之前，云：「司宮筵于奧祝，設几於筵上」。〈特牲〉尸未入之前云：「祝筵几於室中，東面是豫撰几也。」〈少牢〉云：「佐食升牢佐食遷胏俎」。〈特牲〉云：「宗人遣佐食盥出皆其下，始言迎尸，是擇佐食亦在尸未至之前，故俱言豫也。」

故知，宗廟祭祀儀節中，尸未進入前，都可視爲祭祀前的準備工作。從備酒、養牲、田禽、宿縣供荣等祭祀品物的準備，到擇士、敬尸賓（齋時）、視濯、省牲、視饎爨等祭前應遵守的準備工作，皆可藉《詩經》與其他經傳典籍的紀錄中，一一得到證實。

二、正式祭祀

（一）入祭

　　祭祀當日，場地、器具、犧牲等一切工作皆備妥後，天子必須親自視察祭事，作最後的確定。《魯頌・閟宮》：「龍旂承祀，六轡耳耳。」〔註104〕鄭《箋》：「承祀，謂視祭祀也。」孔穎達《正義》：「承者，奉持之義，故謂視察祭祀。」此爲正祭當日，眾官祭祀工作備妥後，天子再行最後視察驗收，以象徵對祭祀的尊重，此爲「入祭」之儀。

（二）陰厭

　　根據《特牲饋食禮》〔註105〕、《少牢饋食禮》的記載〔註106〕，在尸未入

〔註104〕〔西漢〕毛亨傳、〔東漢〕鄭玄箋、〔唐〕孔穎達疏：《毛詩正義》，《十三經注疏》本，卷20，頁767。

〔註105〕《特牲饋食禮》：「主人及祝升，祝先入，主人從，西面于戶內，主婦盥于房中，薦兩豆，葵菹蝸醢，醢在北，宗人遣佐食及執事盥出，主人降，及賓盥出，主人在右，及佐食舉牲鼎，賓長在右，及執事舉魚腊鼎，除鼏，宗人執畢先入，當阼階南面，鼎西面錯，右人抽扃，委于鼎北，贊者錯俎加匕，乃朼，佐食升胏俎，鼏之，設于阼階西，卒載，加匕于鼎，主人升入復位，俎入設于豆東，魚次腊特于俎北，主婦設兩敦黍稷于俎南西上，及兩鉶，芼設

室之前，有「陰厭」的儀式，此乃針對士與大夫者，天子、諸侯陰厭之禮有無，於經傳中雖無明言，然仍可就禮書之記載推知一二。《禮記‧曾子問》提及「陰厭」、「陽厭」：

> 孔穎達子曰：「有陰厭，有陽厭」。曾子問曰：「殤不祔祭。何謂陰厭、陽厭？」孔穎達子曰：「宗子爲殤而死，庶子弗爲後也，其吉祭，特牲，祭殤不舉肺，無肵俎，無玄酒，不告利成，是謂『陰厭』。凡殤，與無後者，祭於宗子之家，當室之白，尊于東房，是謂陽厭。」
> 〔註107〕

鄭《注》曰：「祭成人，始設奠於奧，迎尸於前，謂之『陰厭』；尸謖之後，改饌於西北隅，謂之『陽厭』，殤則不備。」由鄭玄的解釋，可以知道「陰厭」、「陽厭」之別，主要在於尸進入於否，「陰厭」於尸者未入之前，若尸進入後，改設饌於西北向，爲「陽厭」。對此，陳澔進一步說明：

> 陰厭者，迎尸之前，祝酌奠訖，爲主人釋辭於神，勉其歆享，此時在室奧陰靜之處，故云陰厭也。陽厭者，尸謖之後，佐食徹尸之薦俎，設於西北隅，得戶明白之處，故曰陽厭。制禮之意，不知神之所在於彼乎，於此乎，皆庶幾其享之而厭飫也。〔註108〕

于豆南南陳，祝洗酌奠，奠于鉶南，遂命佐食啓會佐食啓會，卻于敦南，出立于戶西南面，主人再拜，稽首，祝在左，卒祝，主人再拜稽首。」此即士設饌於奧，行陰厭之儀。〔東漢〕鄭玄注、〔唐〕賈公彥疏：《儀禮注疏》，《十三經注疏》本，頁523。

〔註106〕《少牢饋食禮》：「辛脊，祝盥于洗，升自西階，主人盥，升自阼階，祝先入南面，主人從戶內西面，主婦被錫衣移袂，薦自東房，韭菹醓醢，坐奠于筵前，主婦贊者一人，亦被錫衣移袂，執葵菹蠃醢，以授主婦，主婦不興，遂受，陪設于東，韭菹在南葵菹在北，主婦興，入于房，佐食，上利執羊俎，下利執豕俎，司士三人執魚腊膚俎，序升自西階，相從入設俎，羊在豆東，豕亞其北，魚在羊東，腊在豕東，特膚當俎北端，主婦自東房，執一金敦黍，有蓋，坐設于羊俎之南，婦贊者執敦稷以授主婦，主婦興受，坐設于魚俎南，又興，受贊者敦黍，坐設于稷南，又興，受贊者敦稷，坐設于黍南，敦皆南首，主婦興，入于房，祝酌奠，遂命佐食啓會，佐食啓會蓋二，以重設于敦南，主人西面，祝在左，主人再拜稽首，祝祝曰，孝孫某，敢用柔毛剛鬣，嘉薦普淖，用薦歲事于皇祖伯某，以某妃配某氏，尚饗，主人又再拜稽首。」此及大夫設饌於奧，行陰厭之儀。〔東漢〕鄭玄注、〔唐〕賈公彥疏：《儀禮注疏》，《十三經注疏》本，頁561。

〔註107〕〔東漢〕鄭玄注、〔唐〕孔穎達正義：《禮記正義》，《十三經注疏》本，卷7，頁381。

〔註108〕〔宋〕陳澔：《欽定四庫全書‧陳氏禮記集說》，卷4，頁17。

所謂「陰厭」即是指在饗尸之前，先用祭品饗神，由於祭品設在室內西南隅，其處幽暗，所以稱爲「陰厭」〔註109〕。「陰厭」的儀節較爲簡約，不舉肺脊，沒有胏俎和玄酒，最後也不必報告禮成，僅以食供神而已。「陽厭」則於尸入後，將所供之薦俎，設於室之西北隅，由於此處陽光較充足，故稱作「陽厭」。陳澔進一步由設饌地點之陰暗、光明，闡述「陰厭」、「陽厭」之別。

　　胡培翬《儀禮正義》卷三十五引郝敬云：「尸未入，神先降，故有陰厭；尸既入，神未散，故有陽厭。」〔註110〕胡氏認爲之所以有「陰厭」、「陽厭」，主要以神明之降臨及疑其未散，作爲舉行「陰厭」、「陽厭」的準則。由於祭祀過程中，不知神明何時降臨，降臨於何處，爲了使神明能得到絕對的奉饗，因此，便有「陰厭」、「陽厭」之儀。季師旭昇謂：「蓋神無形象，來去無蹤，尸未入時，疑神已先至；尸已出後，疑神猶在焉，故有陰厭、陽厭以安之。」〔註111〕亦同此說。

　　前面已經提過，除了士、大夫之外，經傳中並無直接提及天子、諸侯之「陰厭」、「陽厭」儀節。然仍可就禮書中尸者未入前之儀節，對天子、諸侯之「陰厭」〔註112〕作一討論。《禮記・郊特牲》：「詔祝於室，坐尸於堂，用牲於庭，升首於室。直祭，祝于主；索祭，祝于祊。不知神之所在，於彼乎？於此乎？或諸遠人乎？」此處所言即爲陳澔所謂：「不知神之所在於彼乎，於此乎」又「詔祝於室，坐尸於堂」此爲尸者未入之前，即爲所謂之「陰厭」也。

　　《小雅・信南山》：「祭以清酒，從以騂牡，享以祖考。」秦蕙田《五禮通考》云：

> 祭以清酒，在從以騂牡之上，正與作其祝號，玄酒以祭，文在薦其
> 血毛之上同，玄酒，清酒，指酌奠之酒，而酒又必加明水，加明水
> 則太祝執以祝號者也。祭以清酒則祝酌奠于銅南者也，合諸經求之，
> 則爲始祭未迎尸之前祝酌奠，而爲陰厭信矣。〔註113〕

〔註109〕「響神在奧，祭宗子之殤亦於奧，以其在幽暗之所。」故名之陰厭。〔清〕孫
　　　　希旦：《禮記集解》（中），卷19，頁540。
〔註110〕〔清〕胡培翬：《儀禮正義》卷40，錄自《續清解三禮類彙編》（二）（臺北：
　　　　藝文印書館，1986年初版），頁46。
〔註111〕季師旭昇：《詩經吉禮研究》，頁115。
〔註112〕此處以「陰厭」爲討論對象，故後不言及「陽厭」。
〔註113〕〔清〕秦蕙田：《五禮通考》，卷86，頁42。

秦氏認為〈信南山〉所言即為「陰厭」之儀節。

總結以上所言,「陰厭」存在乃基於不知神明降臨與否,故為求敬意,故有「陰厭」、「陽厭」之儀,再則,「陰厭」應存於天子、諸侯之宗廟祭祀儀節中,雖禮經未明言,然就其他相關文獻,亦可推知。

(三)裸祭

《禮記・祭統》:「君執圭瓚裸尸,大宗執璋瓚亞裸。」鄭《注》:「圭瓚、璋瓚,裸器也。以圭璋為柄,酌鬱鬯曰裸……天子諸侯之祭禮,先有裸尸之事,乃後迎牲。」〔註114〕迎尸入後,迎牲之前,需有「裸尸」一儀。何謂「裸」?根據王國維之考證,「裸」初言「果」,為「果」之通假字。王氏曰:

> 古「裸」字,即借用果木之果。《周禮》故書之果,乃其最初之假借字,而裸乃其孳乳之形聲字也。故果字最古,裸字次之。惟《論語》、《戴記》始有灌字。〔註115〕

「灌」即「裸」。關於「裸祭」,《周禮・春官・大宗伯》云:「以肆獻裸享先王。」鄭《注》:「裸之言灌,灌以鬱鬯,謂始獻尸求神時也。」賈公彥《疏》:「凡宗廟之祭,迎尸入戶坐於主北。先灌,謂王以圭瓚酌鬱鬯以獻尸,尸得之瀝地。祭訖,啐之奠之,不飲。尸為神象,灌地所以求神。」由此可知,周代天子於宗廟祭祀,尸入後,迎牲前,需裸尸以求神,尸受裸禮,香酒僅可啐之不能飲盡。而後再將此香酒灌於地以求神降臨。《禮記・郊特牲》云:「周人尚臭,灌用鬯臭,鬱合鬯;臭,陰達於淵泉。灌以圭璋,用玉氣也。既灌,然後迎牲,致陰氣也。」孔穎達《疏》:

> 灌用鬯臭者。臭謂鬯氣也,未殺牲先酌鬯酒灌地以求神。鬱,合鬯者。鬱,鬱金也。鬯,謂鬯酒。煮鬱金草和之,其氣芬芳條鬯也。庾氏讀句則云:「臭,鬱合。鬯,臭陰達于淵泉者。用鬱鬯灌地是用臭氣求陰達于淵泉也。灌以圭璋,用玉氣也者。」王肅云:「以圭璋為瓚之柄也。瓚所以臭鬯也。玉氣潔潤灌用玉瓚,亦求神之宜也。玉氣亦是尚臭也。」〔註116〕

〔註114〕〔東漢〕鄭玄注、〔唐〕孔穎達正義:《禮記正義》,《十三經注疏》本,卷25,頁831。

〔註115〕參見王國維:《定本觀堂集林・再與林浩卿博士論〈洛誥〉書》,頁45。

〔註116〕〔東漢〕鄭玄注、〔唐〕孔穎達正義:《禮記正義》,《十三經注疏》本,卷11,頁505。

周人之所以藉此降神，乃因其「尚臭」。周人降神利用香氣，認為利用香氣濃郁之香草與鬯酒相互調和，則香味便可隨著灌地此一動作，到達黃泉，以求祖先神明有所感應。此外，對於祼祭所用禮器，根據《大雅‧棫樸》：「芃芃棫樸，薪之槱之。濟濟辟王，左右趣之。濟濟辟王，左右奉璋。奉璋峨峨，髦士攸宜。」《毛傳》：「半圭曰璋」鄭《箋》云：「璋，璋瓚也。祭祀之禮，王裸以圭瓚，諸臣助之亞裸以璋瓚。」故知天子行祼禮使用「圭瓚」；諸侯等助祭則用「璋瓚」〔註117〕。就此推論鄭玄認為「濟濟辟王，左右奉璋。」應指諸臣們繼天子之後，奉璋瓚進行祼禮助祭之事。此外，《大雅‧旱麗》「瑟彼玉瓚，黃流在中。豈弟君子，福祿攸降。」《毛傳》：「玉瓚，圭瓚也。黃金所以飾流，鬯也。九命然後錫以秬鬯圭瓚。」鄭《箋》云：「瑟，潔鮮貌。黃流，秬鬯也。圭瓚之狀，以圭為柄，黃金為勺，青金為外，朱中央矣。」對於「圭瓚」的外型，鄭玄作了詳細的描述，然其中「以圭為柄」一說，根據現今出土玉器得到了新的發現：

> ……而瓚則是行祼祭時所必備的禮器，以玉圭為柄，以金（銅）勺為斗，稱圭瓚，以玉璋為柄，以金（銅）勺為斗，稱璋瓚。至今所見瓚均為柄、勺同種材質，或銅或陶或漆木，而未見玉質。但據《詩經》記載，西周應有玉瓚。震旦藝術博物館新藏的兩件玉瓚，無論從形制還是紋飾分析都應是戰國時期作品。這一發現澄清了漢代以來學者所秉持的「圭瓚」以玉圭為柄、「璋瓚」以玉璋為柄的錯誤觀念，使得兩千多年聚訟不已的「玉瓚」問題獲得了確解，也還原了周代祼禮的真實面貌，是研究周代祼禮的新證據。〔註118〕

由上學者考證目前出土文物，歸納得到以下成果：

一、「圭瓚」、「璋瓚」均為柄、勺同種材質，或銅或陶或漆木，而未見玉質。

二、根據出土之「玉瓚」，不論從形制、紋飾分析屬於戰國時期作品。

以上兩點證據這皆推翻了吾人以往對「圭瓚」、「璋瓚」的認知，不過仍須更多文物加以佐證。

〔註117〕亦見《禮記‧祭統》：「君執圭瓚祼尸，大宗執璋瓚亞祼。」（〔東漢〕鄭玄箋、〔唐〕孔穎達疏：《禮記正義》，《十三經注疏》本，卷25，頁831）。

〔註118〕參見孫慶偉：〈周代祼禮的新證據——介紹震旦藝術博物館新藏的兩件戰國玉瓚〉，《中原文物》2005年第一期（2006年10月20日），頁69～75。

《禮記‧祭統》:「獻之屬莫重於祼」〔註119〕祼禮為九獻禮中之首獻,最為重要。至於獻祭對象《周禮‧天官‧小宰》記載:「凡祭祀贊王祼將之事」〔註120〕鄭《注》:

> 又從大宰助王也。將,送也;祼送,送祼。謂贊王酌鬱鬯以獻尸,謂之祼,祼之言灌也。明不為飲,主以祭祀唯人道宗廟有祼,天地大神至尊不祼,莫稱焉。凡鬱鬯受祭之,啐之,奠之。

故知祼禮僅用於宗廟祭祀,至於天地大神等祭祀,則不用祼禮。〔註121〕此外,鄭玄謂「凡鬱鬯受祭之,啐之,奠之。」似乎認為「祼禮」僅需「奠之」而不需有灌地的動作,造成後世對祼禮終究竟有無灌地降神的動作,產生疑惑。對於此,王夫之於《詩經稗疏》中駁斥祼禮需灌地之說,歸納其說法如下:〔註122〕

1. 「祼禮」需灌地,其說乃後起:

> 毛傳曰:「祼,灌鬯。」但言灌鬯,初未云灌之於地,自白虎通始有灌地降神之說。唐開元禮遂舉澆酒委地之事,集傳為後世流俗所惑,而慶源輔氏為之說曰:「先以鬱鬯灌地,求神於陰,既奠,然後取血膋實之於蕭以燔之,以求神於陽。」則謬甚矣。郊特牲曰:「既灌然後迎牲,致陰氣也;蕭合黍稷,臭易達於牆屋,故既奠然後焫蕭合羶薌。」曰:「既灌,又曰既奠,奠即灌也。皆用鬱鬯之謂也。」

2. 世人由於不解「奠」義,故不知何「灌」義,誤以繆俗套之「祼禮」:

> 許慎曰:「奠,置祭也。」以酒置於下基。蓋古者不以親授為敬,故臣執贄於君,婿將鴈於舅,皆謂之奠。奠用鬱鬯,則謂之灌。後世不知灌義,因不知奠義。然則新婦之棗栗亦傾之於地乎?岸然植立,取酒澆潑糞壤,等於嘷蹴,既仁人孝子所不忍為,且飲以養陽,澆之於土,則失其類。況云降者,自上而下之詞,若沃灌於地,則求之地中,升而非降矣。原夫傾酒委地,所謂醊也,起於爭戰之世要

〔註119〕〔東漢〕鄭玄注、〔唐〕孔穎達正義:《禮記正義》,《十三經注疏》本,卷25,頁833。

〔註120〕〔清〕秦蕙田:《五禮通考》,卷7〈右晉郊禮〉,頁25。

〔註121〕關於周人「祼禮」用於宗廟祭祀,不祭天地者,根據學者島邦男的考證,認為其乃承繼自殷人祭祀制度。根據殷墟卜辭出土之「祼」字甲骨字形,與殷人周祭制度中之「祭」、「珗」相符,絕無用於祭祀天地者。參見島邦男:《殷墟卜辭研究》(上海:上海古籍出版,2006年第一版)。

〔註122〕〔清〕王夫之:《詩經稗疏》,《續經解毛詩類類彙編》,頁43~44。

鬼設誓，倨侮忿戾者之所為，流俗不察，用以事其祖考神祇，不知何一陋儒循為典禮，而誣引古禮以徇其鄙媟，試思此澆潑之頃，反之於心，於女安乎？

3. 設誓酹酒乃末世陋習，非周人「祼禮」儀節：

故鄭氏又曰：「凡鬱鬯受祭之，啐之，奠之。」始獻啐而不飲，別於後獻之卒爵，皆以明祼之為始獻尸也。……以斝曰奠，以瓚曰祼，用醴齊曰朝踐，用盎齊曰醮，而用鬱齊則曰灌，灌猶酌也。非灌園、灌注之謂也。白虎通誤之於前，杜預左傳解復因鄭司農眾錯訓茜酒為以菁茅藉茜鬱鬯，遂謂束茅而灌以酒，承譌於後，使後世為禮者用末俗設誓酹酒之陋習，行諸淫祀，施及》郊廟，為忍心悖理之大愆，波流而不知革。

王夫之根據以上諸點，認為周人「祼禮」無所謂灌地之儀。針對王夫之的說法，季師旭昇認為：

王氏此說以祼為尸受鬱鬯啐之奠之而已，無祼之於地之事，然〈郊特牲〉明云：「灌用鬯臭，鬱和鬯，臭陰達于淵泉」，設此鬱鬯僅奠而不灌，其臭因如何達於淵泉乎？且尸為神象，始祼之時，尸啐而不飲，必灌之於地者，此時猶未知神已降臨與否，故尸雖已入，然由必灌鬯於陰，焫蕭於陽，其求神之遍如此，是以首、二獻名祼，以示與他七獻不同也。〔註123〕

故知無論《白虎通義》是否提及祼禮灌地之事，〈郊特牲〉本身即以說明，再則，九獻之禮本身而言，之所以初獻與二獻名祼，可推知與其他七獻有所不同，最大差異便在於雖已迎尸進入，然不知神明降臨與否，為求慎重，因此，便有所謂「灌地」的動作。此外，金鶚亦認為鄭玄所謂「凡鬱鬯受祭之，啐之，奠之。」基本上與求神之義不合〔註124〕。綜上所論，筆者認為祼禮應有灌地之儀無誤。

（四）迎牲、詔牲

待降神禮結束後，便進入「朝踐」之禮。「朝踐」之禮包含五個步驟，分別為「迎牲詔牲」、「殺牲薦血毛」、「燔燎」、「割牲」及「朝踐」〔註125〕之獻。

〔註123〕參見季師旭昇：《詩經吉禮研究》，頁118。
〔註124〕〔清〕金鶚：《求古錄‧枋繹辨》，頁212。
〔註125〕「朝踐為薦腥后之獻。」參見〔清〕孫詒讓《周禮正義》，卷38。《周禮‧春

先介紹第一個步驟：「迎牲詔牲」。

裸禮完畢後，天子需迎牲至庭中，即《禮記‧郊特牲》所云：「既灌，然後迎牲。」〔註126〕迎接祭牲時，天子於前，手牽著牛鼻繩，卿大夫跟隨於祭牲之後，士則手裡拿著草料，宗婦端著酒壺跟隨於後，夫人薦上清酒〔註127〕，此為「迎牲」儀節。待「迎牲」禮畢後，天子將所迎之祭牲繫於庭中之石碑，即《禮記‧祭義》云：「祭之日，君遷牲，穆答君，卿大夫序從，既入廟門，麗於碑。」《禮記‧禮器》孔穎達《疏》曰：

> 君親牽牲，大夫贊幣而從者，此謂裸鬯既訖，君出廟門以迎牲，牽牲而入，納於庭之時也。於時須告神以殺牲，大夫則贊佐執幣而從君，君乃用幣以告神。〔註128〕

迎牲後，天子需告神，待神同意後，始可以此祭牲祭之。告神時，大夫執幣跟隨於天子之後，天子乃用其幣告神，此便為「詔牲」。《左傳‧桓公六年》嘗云：

> 故奉牲以告曰：「博碩肥腯」，謂民力之普存也，謂其畜之碩大蕃滋也，謂其不疾瘯蠡也，謂其備腯咸有也。〔註129〕

故知，之所以「詔牲」，一方面為了表示對神明之尊重，另一方面則藉由祭牲之「碩大蕃滋」來表示無疥癬等疾病，祭牲狀況良好。

《小雅‧楚茨》：「絜爾牛羊」。根據顧棟高《毛詩類釋》（卷六）：「左氏傳奉牲告肥腯，按此係告充之事，以上儀節〈楚茨〉詩以『絜爾牛羊』四字該之。」即指迎牲、詔牲之事。〔註130〕

官‧司尊彝》：「其朝踐用兩獻尊。」鄭玄《注》：「朝踐，謂薦血腥，酌醴，始行祭事，后於是薦朝事之豆籩。」《詩經》中未提及朝踐之獻，故筆者於此簡要敘述。
〔註126〕〔東漢〕鄭玄注、〔唐〕孔穎達正義：《禮記正義》，《十三經注疏》本，卷11，頁505。
〔註127〕《禮記‧祭統》：「及迎牲，君執紖，卿大夫從士執芻。宗婦執盎從夫人薦涗水。」（〔東漢〕鄭玄注、〔唐〕孔穎達正義：《禮記正義》，《十三經注疏》本，卷25，頁831）。
〔註128〕〔東漢〕鄭玄注、〔唐〕孔穎達正義：《禮記正義》，《十三經注疏》本，卷10，頁471。
〔註129〕〔西晉〕杜預注、〔唐〕孔穎達疏：《春秋左傳注疏》，《十三經注疏》本，卷5～7，頁109。
〔註130〕〔清〕顧棟高：《欽定四庫全書‧毛詩類釋》（上海：上海人民出版社，1999年），卷6，頁4。

（五）殺牲、薦毛血

「詔牲」獲得神明認可之後，準備「殺牲」。《禮記・祭義》云：「既入廟門，麗於碑，卿大夫袒，而毛牛尚耳，鸞刀以刲，取膟膋，乃退。」〔註131〕進入廟門之後，天子將祭牲繫於中庭的石碑上，卿大夫袒開衣服，取耳旁之毛以薦神，然後用鸞刀剖開牛肚，取出腸間之脂肪獻祭於上，然後退下〔註132〕。此爲「殺牲」之過程。

〈禮器〉：「血毛詔於室。」〔註133〕又〈郊特牲〉云：「毛血，告幽全之物也，告幽全之物者，貴純之道也。」〔註134〕將血毛置於室以告神，薦血以表示此祭牲爲現宰殺；薦毛則藉此表示毛色之純然無雜，故《國語・楚語》云：「觀射夫曰：『毛以示物，血以告殺，接誠拔取以獻，具爲齊敬也。』」〔註135〕。換言之，薦毛、血之儀節乃是表示此祭牲內、外皆完善之故〔註136〕。

〔註131〕　〔東漢〕鄭玄注、〔唐〕孔穎達正義：《禮記正義》，《十三經注疏》本，卷24，頁811。

〔註132〕　《禮記・祭義》孔穎達疏：「……既入廟門，麗于碑者。麗，繫也。君牽牲入廟門，繫著中庭碑也。王肅云：『以紖貫碑中，君從此待之也。』卿大夫袒，而毛牛尚耳者，將殺牲，故袒取牛毛薦之故云。毛牛也，以耳毛爲上，故云尚耳。耳，主聽欲，使神聽之。鸞刀以刲，取膟膋者，謂用鸞刀刲割牲體，又取血及腸間脂血以供薦，而膋以供炙肝及焫蕭也。乃退者，謂殺牲竟，而取卿大夫所刲血毛膟膋薦之，竟而退也。」〔東漢〕鄭玄注、〔唐〕孔穎達正義：《禮記正義》，《十三經注疏》本，卷24，頁811。

〔註133〕　〔東漢〕鄭玄注、〔唐〕孔穎達正義：《禮記正義》，《十三經注疏》本，卷10，〈禮器〉，頁471。

〔註134〕　鄭玄《注》：「幽，謂血也。告幽全之物者，貴純之道也。純，謂中外皆善。」孔穎達進一步解釋：「祝初薦血毛於室時也，血是告幽之物，毛是告全之物，告幽者，言牲體肉、裏美善，告全者，牲體外色完具。所以備此告幽全之物者，貴其牲之純善之道也。」參見〔東漢〕鄭玄注、〔唐〕孔穎達正義：《禮記正義》，《十三經注疏》本，卷11，頁507。

〔註135〕　韋昭注云：「物，色也。告殺，明不因故也。接誠，于人也。援毛取血，獻其備物也。」（〔東吳〕韋昭注：《國語》（上海：商務印書館，1922年，《四部叢刊》上海涵芬樓借杭州葉氏藏明金李刊本）卷18，頁7。

〔註136〕　關於鄭說，季本則提出反駁：「毛鄭氏以爲告純血，鄭氏以爲告殺，蓋本《楚語》觀射父所謂：『毛以示物，血以告殺之言。』而以示物爲告純者，則又本於〈郊特牲〉：『毛血，告幽全之物，貴純之道也。』此皆未爲深明禮意。夫純與殺豈可告於神者哉，禮所謂血毛告於室者，謂薦血也，薦血則必當以毛從血而告之，以見血本於牲之純耳，所重在於薦血也，取膋則以脂染蕭合黍稷，而焫蕭合羶薌也，大意如此。〈祭義〉云：『祭之日，君牽牲既入廟中，

《小雅‧信南山》：「祭以清酒，從以騂牡，享于祖考。執其鸞刀，以啓其毛，取其血膋。」〔註137〕即祭祀儀節中之薦血、毛也。

（六）燔燎

薦血、毛之後，接著需「燔燎」，藉由此一祭儀，報奉鬼、神並教導人們回溯到己身之始祖。《禮記‧祭義》云：「建設朝事，燔燎羶薌，見以蕭光，以報氣也。此教眾反始也。」鄭《注》云：「朝事，謂薦血腥時也。……見及見間皆當爲覸字之誤也，羶當爲馨聲之誤也，燔燎馨香，覸以蕭光，取牲祭脂也。」故知「朝事」主要內容以報氣爲主，日出之時，燒烤羊、牛腹間之脂肪，加上蒿艾一塊燃燒，藉由上升之煙氣，以報答神的之盛氣。至於燔燎之內容，《大雅‧生民》：「取蕭祭脂」《毛傳》：「嘗之日……取蕭合黍稷，臭陽達牆屋。」〔註138〕此即燔燎之禮。然「燔燎」時所用何物？顧棟高《毛詩類釋》云：

> 《毛傳》：「取蕭合黍稷，臭陽達牆屋。」孔《疏》：「取蕭草，與祭牲之脂爇，之於行神之位，合馨香。」何氏楷曰：「蕭者，蒿之香者也，或云牛尾蒿，白葉莖粗科生多者，至數十莖，可作燭有香氣，甸師所供祭祀以脂爇之爲香脂，牛腸脂。」〈信南山〉所謂膋也，疏云一祭之中，再度炳蕭，有朝踐之炳蕭，有饋肉之炳蕭，朝踐即朝事，謂薦血腥時也；饋肉，一則薦黍稷時也，二者俱見〈郊特牲〉及〈祭義〉。〔註139〕

綜上所述，得知所謂舉行「燔燎」時所用之物，乃是取祭牲之脂肪與蕭草、黍稷三者相互燃燒，藉其上升之煙氣，以表示對神明之敬。《禮記‧祭義》云：

麗于碑，卿大夫袒，而毛牛尚耳，鸞刀以刲。』尚耳者，以耳毛爲絜也，或以爲牛耳濕，則無病故尚耳，殊不知大牢中有羊、豕之血，亦取其毛以別之，豈以無病而耳濕邪。季本認爲鄭氏誤解禮書薦血毛之意。季氏認爲『薦耳毛』非若鄭玄所言『血是告幽之物』、『毛是告全之物』，僅爲告神祭牲體態、毛色之健美而爾。其應爲視祭牲體魄是否強健，其主因在於耳濕與否，或其耳毛是否清潔，故需薦耳毛。季說缺乏直接證據，僅爲臆測，故不採用。〔明〕季本：《詩說解頤》，頁14。

〔註137〕〔西漢〕毛亨傳、〔東漢〕鄭玄箋、〔唐〕孔穎達疏：《毛詩正義》，《十三經注疏》本，卷9～15，頁454。

〔註138〕〈生民〉中未言及「黍稷」，或許僅舉其大概。對於此，季旭昇老師認爲乃「文不備也」。（參見《詩經吉禮研究》，頁121。）鄭玄注燔燎時亦不言及黍稷，或許是受到〈生民〉詩句的影響。

〔註139〕〔清〕顧棟高：《欽定四庫全書‧毛詩類釋》，卷6，頁5。

「燔燎羶、薌，見以蕭光。」又《禮書》：「羶，膟膋之氣也；薌，黍稷之氣也；蕭合膟膋、黍稷而燔燎之，在朝事之節。」〔註140〕由上可知，每逢燔燎之時，需備妥「羶」〔註141〕、「薌」及「蕭」〔註142〕與脂肪合焚之祭神。可見「黍稷」、「祭牲之脂」、「艾蒿」（蕭）爲舉行「燔燎」時必備之物。

（七）割牲

燔燎完畢之後，需舉行割牲儀式。《禮記・郊特牲》：「君再拜稽首，肉袒親割，敬之至也。敬之至也，服也。拜，服也；稽首，服之甚也；肉袒，服之盡也。」〔註143〕由天子親自進行割牲儀節，之所以裸上身以行割牲之禮，乃表示最高級之敬意。秦蕙田《五禮通考》引方氏愨曰：

> 袒則肉露，故謂之肉袒。所以致親割之勞，割，謂割牲。以人君之
> 尊，而服勞如此，所以爲敬之至。服，屈服于神，故曰敬之至也。
> 服也，詩言：「勿剪勿拜」而以拜爲屈，故曰：「拜，服也。」拜，
> 下兩手而已。稽首，則首至地焉。故曰：「稽首，服之甚也。」首雖至
> 地，又未若肉袒之勞焉。故曰肉袒，服之盡也。」〔註144〕

方愨進一步說明，天子行割牲之禮時，之所以上衣盡褪，乃基於「敬」之甚也。所謂「服」即爲「拜」之意，雖有「稽首」示「服」之舉，然尚不若「肉袒」之舉，顯得更爲恭敬。又〈郊特牲〉云：「升首於室……，首也者，直也。」鄭《注》曰：「制祭之後，升牲首於北墉下，尊首，尚氣也。」孔穎達《疏》

〔註140〕〔北宋〕陳祥道：《欽定四庫全書・禮書》，卷82，頁5。

〔註141〕〔清〕王引之《經義述聞・禮記中》引〔明〕魚𪓳《焦氏筆乘・古字有通用假借用》云：「羶薌讀爲馨香。羶薌，馨香古通用。」羶，通「馨」；薌，通「香」，即《禮記・祭義》：「建設朝事，燔燎羶薌，見以蕭光，以報氣也。」之「羶薌」。孫希旦《禮記集解》則謂：「羶讀『如』字，羶薌指古代祭祀時燒牛羊脂的氣味。」故知「羶薌」爲祭祀所用的黍稷等穀物。

〔註142〕「蕭」，蒿類植物的一種，即艾蒿。《詩・王風・采葛》：「彼采蕭兮，一日不見，如三秋兮。」陸璣疏：「今人所謂荻蒿者是也。或云牛尾蒿，似白蒿。白葉，莖麤，科生，多者數十莖。」《禮記・曲禮下》：「凡祭宗廟之禮……黍曰薌合。」孔《疏》曰：「黍曰薌合者，夫穀秫者曰黍秫，既軟而相合，氣息又香，故曰薌合也。」孫希旦《禮記集解》亦云：「黍與稷皆全之小米，黍之性黏，故曰薌合。」是知「薌合」即所謂祭祀用之黍類。《禮記・祭義》：「燔燎羶薌，見以蕭光，以報氣也。」鄭注：「光，猶氣也。」蕭光，即爲祭祀時燃艾蒿所生之香氣。〔東漢〕鄭玄注、〔唐〕孔穎達正義：《禮記正義》，《十三經注疏》本，卷24，頁813。

〔註143〕〔東漢〕鄭玄注、〔唐〕孔穎達正義：《禮記正義》，卷11，頁507。

〔註144〕〔清〕秦蕙田：《五禮通考》，卷87，頁43。

曰：「直，正也。言首爲一體之正。」由於「首」爲體之正，故尊首，可「特達以升於室焉」〔註145〕。知待燔燎完畢後，即由天子親自祖衣以行割牲之禮，割牲完畢後，需將「牲首」至於室以祭之。又秦蕙田《五禮通考》謂：

> 殺牲取血膋而詔祝于室，隋于主前，夫人奠盎，則血祭巳畢。至是將舉腥祭，乃割牲而豚解之，正所謂：「或肆、或將者也。」首，牲體之元，爲腥肉之尊者，故先升之祭血，自詔室而及堂，祭腥在堂，而升首于室，于彼于此，皆所以求神也，故合割牲、升首爲一條，以爲薦腥、薦燗之漸。〔註146〕

無論割牲後祭牲體或升首於室，其皆爲未熟腥物，故將兩者合併爲一儀節，介於在薦腥〔註147〕、薦燗〔註148〕兩儀節之間，爲朝踐時事〔註149〕。

《小雅・楚茨》：「或剝、或亨、或肆、或將」《毛傳》曰：「亨，飪之也。肆，陳；將，齊也，或陳于互，或齊其肉。」鄭《箋》：「祭祀之禮，各有其事，有解剝其皮者，有煮熟之者。」若依《毛傳》說法，則詩中所言「或亨」指的是合亨之禮；「或剝」、「或肆」、「或將」則爲割牲之事；若依鄭玄說法，則「或剝」爲割牲，「或亨」爲燗之，「或肆」爲陳屍骨，「或將」爲薦。對於兩者說法歧出，從〈楚茨〉詩文本身可知，全詩主要敘述割牲、薦燗之禮，若就此而言，尚屬未饋熟之時，《毛傳》將「或亨」解釋爲烹煮，則獻祭之肉

〔註145〕 文中引方愨解「升首於室」。〔清〕秦蕙田：《五禮通考》，卷87，頁25。

〔註146〕 〔清〕秦蕙田：《五禮通考》，卷87，頁45。

〔註147〕 《儀禮・聘禮》：「腥一牢，在東，鼎七。」（〔東漢〕鄭玄注、〔唐〕賈公彥疏：《儀禮注疏》，《十三經注疏》本，卷19～24，頁233）《論語・鄉黨》：「君賜腥，必熟而薦之。」（〔魏〕何晏注、〔宋〕邢昺疏：《論語注疏》《十三經注疏》本，卷10，頁90。）故知「腥」爲生肉。

〔註148〕 《禮記・禮器》：「郊血，大饗腥，三獻燗，一獻孰。」鄭《注》：「燗，沉肉於湯也」。故知「燗」爲用熱水燙過半熟之肉。〔東漢〕鄭玄注、〔唐〕孔穎達正義：《禮記正義》，《十三經注疏》本，卷10，頁460。

〔註149〕 「割牲」一儀節爲朝踐時事，然有學者認爲應屬「饋食」之後，陸佃曰：「凡祭稽首，不必肉袒，肉袒不必稽首，兼之者此與，蓋朝踐以前，以素爲貴，父子之事多；饋食以後，以文爲貴，君臣之事多。」秦蕙田對陸說展開說明：「肉袒割牲，亦朝踐之事。說者以爲饋食以後，非也。山陰陸氏於〈祭義〉教民相愛節，訓朝踐；尊而饋食，親于此處，又云朝踐以前，父子之事，饋食以後，君臣之事。義不相顧，緣強說割牲爲饋食事故也。」秦蕙田認爲陸佃之所以認爲「割牲」屬於饋食之事，乃本於〈祭義〉，認爲「饋食以後，以文爲貴，君臣之事多。」強行作分，勤是認爲兩者「義不相顧」，乃強爲之說罷了。

已熟，跟詩文本身不合。〔註150〕因此，筆者認爲鄭玄說法較爲妥當。

（八）祊祭

「祊祭」介於朝踐與饋食之間，最大的差異便在於祭祀以人道或神道。朝踐主要事之以神道，因此，獻祭物品多爲未熟物；饋食則是之以人道，故獻祭物品接經烹煮，可以食用。之所以有祊祭之儀，由於神乃飄忽不定，雖已經獻腥、薦爓，不知神明降臨與否，擔心其神明未降，因此，便設此禮再求神，此爲「祊祭」之意涵。由於鄭玄注《詩經》、《禮記》說法不一，對「祊祭」解釋不一，造成後世對「祊祭」產生誤解。以下就鄭玄二說，加以說明，以求釐清「祊祭」之義：

1.「祊祭」時間

（1）說法一：祭之明日，繹祭之時，行禮於廟門之外。

《禮記‧禮器》：「設祭於堂，爲祊乎外，故曰：『於彼乎？於此乎？』」鄭玄《注》：「祊，祭明日之繹祭也。」

《禮記‧郊特牲》：「孔子曰：『繹之於庫門內，祊之於東方。』」鄭玄《注》：「祊之禮宜於廟門外之西室，亦又於其堂，神爲在西也，此二者同時，而大名曰繹。」

《禮記‧郊特牲》：「直祭祝於主，索祭祝於祊，不知神之所在，於彼乎？於興乎？或諸遠人乎？祭於祊，尚曰：『求諸遠者與？』」鄭玄《注》：「謂之祊者，以於繹祭名也。」

《禮記‧祭統》：「詔祝於室，而出於祊，此交神明之道。」鄭玄《注》：「出於祊，謂索祭也。」

以上《禮記》所記，鄭玄皆認爲祊祭屬於繹祭的一部份，故行「祊祭」時間乃正祭後明日再祭。

（2）說法二：正祭之時，設祭於廟，又求神於門內。

《小雅‧楚茨》：「祝祭于祊，祀事孔明。」《毛傳》：「祊，門內。」鄭玄《箋》：「孝子不知神之所在，故使祝博求之平生門內之旁，待賓客之處。」主祭者不能確定神明的位置，因此遣祝求神於門內。

關於鄭玄注「祊」二說，根據金鶚考證，認爲「祊祭」應爲正祭時事（即

〔註150〕對於兩者歧異，季旭昇老師認爲〈楚茨〉此節所述皆割牲、薦爓時事，歧異似較《毛傳》於割牲中橫差一合烹爲長。」

說法二）。首先，金鶚根據〈楚茨〉詩文「祝祭於祊」乃緊接於「或剝或烹、或肆或將」之後，故推論其應為正祭之時。此外，〈郊特牲〉所言：「直祭祝於主，索祭祝於祊，不知神之所在，於彼乎？於興乎？或諸遠人乎？」可知神未降臨，故亦可推知應為正祭之時。《禮記・禮器》：「設祭於堂，為祊乎外，故曰：『於彼乎？於此乎？』」文句與〈郊特牲〉相似，因此，應為正祭之時故知以上皆與繹祭無關。再則，《詩經》中談及繹祭者，〈絲衣〉亦無談到祊祭者。最後，《爾雅》云：「繹，又祭也。周曰繹，商曰肜，夏曰復胙。」皆無談及祊者，由此可知，祊祭與繹祭兩者間應無關係才是。由金鶚的解釋可以知道，所謂「祊祭」應為正祭之時，設祭於廟，又求神於門內。基本上，與繹祭毫無關係。〔註151〕

2.「祊祭」地點

（1）說法一：門內。根據《小雅・楚茨》：「祝祭于祊，祀事孔明。」《毛傳》：「祊，門內。」

（2）說法二：廟門外。根據《禮記・郊特牲》：「祊之禮宜在廟門外之西室。」

「祊祭」地點主要有門內及廟門外二說。兩種說法，對於此，何楷《詩經世本古義》曰：

> 祊祭，在廟門之內與他祭不同。其字從示，從方。有索求諸四方之義。舊說謂祊有二種一是正祭之時，既設祭于廟，又求神于祊。此詩（〈小雅・楚茨〉）所云是也。一是祭之明日繹祭之時，行禮于祊，若〈禮器〉所云是也。又謂正祭之祊，在廟門內之西；繹祭之祊，在廟門外之西。今案《爾雅》祊作閍。云：「閍，謂之門。」《說文》祊一作𥧒，云：「門內」。祭先祖所以徬徨，是則祊祭自在門內。原無二祊。《禮器》所謂設祭于堂，為祊乎外？蓋對堂而言，則門為外，非謂祊在門外也。《家語》衛莊公改舊制變宗廟，高子羔問于孔子，曰：「周禮繹祭于祊，祊在廟門之西，今衛君更之如之何？孔子曰：繹之于庫門內，祊之于東方失之矣。是可見繹祭當在祊，祊自當在廟門內之西。今衛君既改祊之所于東而行，繹禮又不于祊，乃于庫門之內，皆所謂失禮也。」然繹之所以必于祊者，以繹為明日之又

祭，蓋正祭事畢則神可以歸矣孝孫。孝子猶未忍其遽歸也。故于明

日又設繹祭而于門以求之也。〔註152〕

何楷對於「祊」祭於門內西室之說，提出了《孔子家語》一段話作解釋，雖
然何氏亦認為「祊」祭有正祭之祊與繹祭之祊兩者，根據前面討論，實際上，
祊祭只有一種，即於正祭時舉行的祊祭之禮，繹祭之祊非禮制。然何楷對於
「祊」屬門內之西室說，卻解釋的十分仔細，可從之。清人黃以周《禮書通
故》中，對於「祊祭」位置亦提出詳細的說明：

據「尸在廟門外則疑乎臣、疑乎子」，故主人送尸皆以廟門為斷，則

祭不得出廟門可知，繹祭不宜再廟外，金氏（鶚）已言，祊祭亦宜

在廟門內，〈祭統〉「而出乎祊」對上「詔祝於室」言之，非謂出廟

門；〈禮器〉「為祊乎外」言之，門在堂外，亦未見出廟門，當以古

文家「祊、門內」之說為長。〔註153〕

黃氏以禮義角度作闡述，認為祊祭應在門內較為合理。此外，若根據周代宮
室圖，亦可發現，廟門內有東塾、西塾之分，然不論東塾或西塾皆在門內，
未見有於門外者。直至鄭玄注〈郊特牲〉與〈士冠禮〉注，始出門外亦有堂
室的說法〔註154〕。綜上所述，筆者認為祊祭應於室內西室較為合理〔註155〕。

（九）合烹

祊祭之後，便展開「饋獻禮」。「饋獻禮」主要包含「合烹」、「詔羹定」、
「饋食」等禮節。根據《禮記‧禮運》的記載：

玄酒以祭，薦其血毛，腥其俎，孰其殽，與其越席，疏布以冪，衣

其澣帛，醴醆以獻，薦其燔炙，君與夫人交獻，以嘉魂魄，是謂合

莫。然後退而合亨，體其犬豕牛羊，實其簠簋、籩豆、鉶羹。」「合

烹」便是將未全熟的祭牲之肉合而烹煮之，使之熟而可食。〔註156〕

〔註152〕〔清〕秦蕙田：《五禮通考》，卷87，頁54。

〔註153〕〔清〕黃以周：《禮書通故‧肆獻祼禮饋食通故三》（上海：上海古籍出版社，
1995年）。

〔註154〕參見鄭良樹：《儀禮宮室考》：（臺北：臺灣中華書局，2004年），頁27。

〔註155〕關於周代諸侯大夫宮室圖，可以參考鄭獻仁〈周代諸侯大夫宗廟圖〉，文中整
理前人說法及根據西周建築遺址，對諸侯大夫宮室加以討論，文中雖未直接
提及「室」，然對於整個宗廟圖有詳細的介紹。鄭獻仁：〈《周代諸侯大夫宗廟
圖》研究〉，《漢學研究》第2卷第2期（2006年12月），頁1～40。

〔註156〕〔東漢〕鄭玄注、〔唐〕孔穎達正義：《禮記正義》，《十三經注疏》本，卷9，
頁417。

孔穎達《疏》:「此論祭饋之節。」故知從「合烹」開始,便進入「饋食」之禮。針對「合烹」之禮,《五禮通考》對其過程與其所蘊含意義,作了十分詳細的敘述:

> 然後退而合亨,謂先薦爛未是熟物,今乃退取向爛肉,更合而烹煮之,使熟而可食也。又尸俎惟載右體,其餘不載者及左體等,亦於鑊中烹煮之,故云合亨也。體其犬、豕、牛、羊者,隨其牲之大小烹熟,乃體別骨之貴賤,以爲眾俎用供尸及待賓客兄弟等也。此是祭末饗燕之眾俎,非尸前之,正俎也。簋內圓而外方,盛稻粱之器,簠外圓而內方,盛黍稷之器。籩豆形制同竹,曰籩木,曰豆鉶,如鼎而小,菜和羹之器也。〔註157〕

故知在合烹前,所獻祭之物皆未熟(或未全熟),將祭牲的左、右體同置於鑊中烹煮,即是所謂「合烹」之禮。《小雅·楚茨》:「執爨踖踖,爲俎孔碩。」《毛傳》:「爨,雍爨、廩爨也。」孔《疏》:「雍爨以煮肉;廩爨以炊米」故知有「雍爨」及「廩爨」兩種烹煮器具。〔註158〕對於〈楚茨〉此章,何楷認爲屬於「饋獻」禮的一部分:

> 此章專就薦熟言之,以尸人也。必薦熟而後尸可享,朝踐以前,皆交於神明之道,其意在於求神薦熟,以後始兼用人道,其事在於饗尸。〈信南山〉:「啓毛取血」此記朝踐以前事,二詩實相爲首尾。俎有胏,俎有折,俎有尸,俎有阼,俎有主婦,俎有祝,俎有佐食,俎有賓,俎此言孔碩,則尸俎也。〔註159〕

根據何楷的說法,〈信南山〉詩文主要記載「朝踐」前之事(未熟);〈楚茨〉則記載「饋獻」之事(已熟)。實際上,兩詩可視爲「朝踐」禮之首尾。此外,關於受「俎」,依照不同身份,受「俎」量亦有所區別。根據〈特牲饋食禮〉:

> 尸俎:右肩、臂、臑、肫、胳,正脊二骨,橫脊,長脅二骨,短脅。膚三,離肺一,刌肺三,魚十有五。腊如牲骨。祝俎:髀、脡脊二

〔註157〕〔明〕胡廣:《欽定四庫全書·禮記大全》,卷9,頁15~16。

〔註158〕《儀禮·少牢》云:「雍人概鼎、匕、俎于雍爨,雍爨在門東南,北上。廩人概甑、甗、匕與敦于廩爨,廩爨在雍爨之北。」故知有「雍爨」及「廩爨」兩種烹煮器具。(〔東漢〕鄭玄注、〔唐〕賈公彥疏:《儀禮注疏》,卷47~49,頁559)。

〔註159〕〔清〕顧棟高:《欽定四庫全書·毛詩類釋》,卷6,頁6。

　　骨，脅二骨。膚一，離肺一。阼俎：臂，正脊二骨，橫脊，長脅二
　　骨，短脅。膚一，離肺一。主婦俎：觳折，其餘如阼俎。〔註160〕
故知「尸俎」最為豐盛。因此，〈楚茨〉所言：「為俎孔碩」，應為尸俎無疑。
又《魯頌·閟宮》：「毛炰胾羹，籩豆大房。」《毛傳》：「大房，以房俎。」何
謂「房俎」，根據〈明堂位〉：「俎，有虞氏以梡，夏后氏以嶡，殷以椇，周以
房俎。」〔註161〕故知周人將「俎」稱為「房俎」，故推知「房俎」為「大俎」，
其應與〈楚茨〉所言：「為俎孔碩」同樣為尸俎。

（十）詔羹定

　　根據《禮記·禮器》：「羹定，詔於堂。」孔穎達穎達《疏》：「羹，肉湆
也。定，孰肉也。謂煮肉既孰，將迎尸，主入室，乃先以俎盛之，告神于堂，
是薦孰未食之前也。」元代梁益《詩傳旁通》引鄭玄之話語曰：「羹定，謂
割牲時也。羹以其味之和而羹成，定以其體之熟而無變。」〔註162〕認為「羹」
乃指味和而羹成；「定」乃指體熟而無變。孫希旦《禮記集解》：「煮肉必沸；
既熟，則止火而沸者定，故曰羹定。」〔註163〕祭祀過程中，主祭者於迎尸
進入宗廟展開祭祀之前，需先入室，將煮熟之肉盛裝好，置於堂前以告神明。
其中，若要將生肉煮熟，則必煮至滾沸，待滾沸肉熟時，停止烹煮的動作，
即所謂「羹定」。

　　《商頌·烈祖》：「亦有和羹，既戒且平。」鄭《箋》云：「和羹者，五味
調，腥熟得節。」對此，呂祖謙於《呂氏家塾讀詩記》曰：「《儀禮》載祭祀
燕享每始言羹定，蓋以羹熟為節，然後行禮定，即戒平之謂也。既載清酤，
亦有和羹，言祭之始也。」〔註164〕認為由〈烈祖〉之「既戒且平」，知「合羹」
即是「羹定」之義，此屬「詔羹定」之禮。

（十一）饋食

　　根據《儀禮·特牲饋食禮》鄭《注》云：「祭祀自熟始曰饋食，饋食者，
食道也。」故知在饋食前，祭牲皆屬未熟，不可食用，直至饋食之禮方可飲

〔註160〕〔東漢〕鄭玄注、〔唐〕賈公彥疏：《儀禮注疏》，《十三經注疏》本，卷44～
　　　　46，頁548。
〔註161〕〔東漢〕鄭玄注、〔唐〕孔穎達正義：《禮記正義》，《十三經注疏》本，卷14，
　　　　頁582。
〔註162〕〔元〕梁益：《欽定四庫全書·詩傳旁通》，卷14，頁14。
〔註163〕〔清〕孫希旦：《禮記集解》中冊，卷24，頁665。
〔註164〕〔南宋〕呂祖謙：《呂氏家塾讀詩記》，卷32，頁7。

食。枋祭之前，主要祭祀對象乃是祖先神明，故多藉氣味上獻祖先神明，讓氣味充滿四周，期待祖先神明能夠有所感應受饗。〈郊特牲〉所謂：「致敬不饗味，而貴氣臭也。」故知裸祭時、燔燎皆是表達祭祀者的敬意罷了，事實上神明享及與否，根本無從得知〔註165〕。直到枋祭過後，推測神明應該降臨，因此，便展開「饋食」之禮。

「饋食」便是獻熟食。根據《禮記·郊特牲》：「薦黍稷，羞肝肺首心，見間以俠甒，加以鬱鬯，以報魄也。」〔註166〕鄭玄《注》：「薦黍稷，所謂饋食也。……有虞氏祭首夏后氏祭心，殷祭肝，周祭肺。」故知饋食之禮，不僅祭祀黍稷，根據周俗還需獻上牲肺。對於此，《小雅·信南山》：「是烝是享，苾苾芬芬。」何楷《詩經世本古義》：「以時始薦黍稷，饋食之薦不止於黍稷，而獨言苾芬者，祭以黍稷為主。」故知祭黍稷外，亦獻祭其他物品，結合《禮記》所載，推論饋食先薦黍稷加肺。

此外，其他獻祭物品，亦可由《詩經》得知。《小雅·楚茨》：「執爨踖踖，為俎孔碩。或燔或炙，君婦莫莫。」鄭《箋》云：「燔，燔肉也。炙，肝炙也。皆從獻之俎也。」除了「燔肉」及「肝炙」外，還有許多水陸祭品可供食用。《大雅·既醉》：「其告維何？籩豆靜嘉。」《毛傳》：

> 恆豆之菹，水草之和也。其醢陸產之物也。加豆，陸產也。其醢，水物也。籩豆之薦，水土之品也，不敢用常褻味而貴多品，所以交於神明者，言道之偏至也。

注重的不是他的味道有多麼鮮美可口，主要是種類要多，凡是天地間可供實用的品物，都必須獻祭，藉以表示自身的虔誠與恭敬。

此外，饋食禮所專用的禮器稱為「角」。《三禮圖集注》：

> 其制如散，孔穎達疏云：角觸也，不能自適觸，罪過也。禮器云：卑者舉角。注云：四升曰角，口徑五寸，中深五寸，四分底，徑三寸。又特牲饋食禮曰：主人洗角升酌酳尸。注云：不用爵者，下大夫也。〔註167〕

〔註165〕《禮記·郊特牲》：「腥肆爓腍，豈止神之所饗也，主人自盡其敬而已矣。」（〔東漢〕鄭玄箋、〔唐〕孔穎達疏：《禮記正義》，《十三經注疏》本，卷11，頁507）。

〔註166〕《禮記·郊特牲》：「祭黍稷加肺，報陰。」亦同，報陰即報魄也。〔東漢〕鄭玄注、〔唐〕孔穎達疏：《禮記注疏》，《十三經注疏本》，卷11，頁507。

〔註167〕〔宋〕聶崇義：《欽定四庫全書·三禮圖集注》，卷12，頁24。

（十二）妥尸

尸，代表亡靈受祭的活人。妥尸即是引尸就坐之禮。《儀禮·士虞禮》：「主人及祝拜，妥尸，尸拜遂坐。」疏曰：「尸即至尊之坐，或時不自安，則以拜安之，此亦然。」此禮用於安祖先之魂魄以便就食。《五禮通考》：「此皆變于吉祭也，士之吉祭，尸既坐，主人乃拜妥尸，祝不拜。」〔註168〕說明了行此禮的對象乃只於主人，主持祭典的祝是不需要參與的。《儀禮析疑》：「古人事死如事生，廟中之神祝相主人以追養舊矣。故吉祭惟主人拜，妥尸虞而立尸，則孝子以鬼享其親之始，亦祝接見於新尸之始故與主人同拜，然則不於陰厭時拜，何也？時祝方告饗命祭，且代神祭酒，不得與主人同拜也。〔註169〕」進一步的說明為何祝不與主人同拜。

《禮記·郊特牲》：「舉斝角，詔妥尸。」〔註170〕鄭玄注：「妥，安坐也。」疏曰：「天子奠斝，諸侯奠角，古謂夏時也。」斝角乃為祭器之通稱，在實際使用上，天子與諸侯還是有所區別。但關於此禮的順序清人納蘭性德有不同的說法：

> 孔穎達疏之誤不可不辨，陸氏曰：「凡祭祀灌獻，用斝齊、用醆酒、用爵。」然則舉斝角詔妥尸，當灌獻之節，妥尸蓋在初入即席之時，宜在祼前，先儒謂在饋食時，此讀儀禮之誤也，蓋少牢、特牲無朝踐饋獻，故妥尸在酳尸前，若祭自祼始，尸即席久矣，不應至饋食始詔妥尸。〔註171〕

認為妥尸之禮應在饋食之前。《小雅·楚茨》：「我黍與與，我稷翼翼。我倉既盈，我庾維億。以為酒食，以享以祀，以妥以侑，以介景福。」〔註172〕《毛傳》：「妥，安坐」，故推論詩中所言應指「妥尸」之禮。

（十三）侑尸

待妥尸完畢後，接著需進獻俎豆等食予尸者食用，尸飯時，祝需進行「侑尸」之禮。根據《儀禮·特牲饋食禮》：「尸三飯，告飽。祝侑，主人拜。」

〔註168〕〔清〕秦蕙田：《五禮通考》，卷262，頁8。
〔註169〕〔清〕方苞：《欽定四庫全書·儀禮析疑》，卷14，頁10。
〔註170〕〔東漢〕鄭玄注、〔唐〕孔穎達正義：《禮記正義》，《十三經注疏》本，卷11，頁507。
〔註171〕〔清〕納蘭性德：《欽定四庫全書·陳氏禮記集說補正》，卷15，頁19。
〔註172〕〔西漢〕毛亨傳、〔東漢〕鄭玄箋、〔唐〕孔穎達疏：《毛詩正義》，《十三經注疏》本，卷9～15，頁452。

鄭玄《注》:「侑,勸也。或曰,又勸之使又食。」侑尸,即勸尸再食之意。
對此,《六家詩名物疏》亦有記載:

> 侑,特牲禮云:「尸三飯告飽,祝侑之如初。」少牢禮云:「尸三飯
> 又食」,食胾,又食舉腊肩,又食舉牢骼,又食告飽,祝侑曰:「皇
> 尸未實,侑尸又食,舉牢肩,尸不飯,主人不言。」拜侑尸,又三
> 飯。〔註173〕

故祝需不斷勸尸進食。《小雅・楚茨》:「以爲酒食,以享以祀,以妥以侑,以
介景福。」毛《傳》:「侑,勸也。」又「以侑」即「侑尸」之禮,孔穎達《疏》
曰:「爲其嫌不飽,祝以主人之辭勸之。」可見侑尸之禮,主要之目的在確定
受祭祖先飲食飽足,與表達子孫的濡慕之情,侑食之舉,彷彿重現祖先生前
與子孫杯恍交錯,相互勸食的和樂時光。秦蕙田《五禮通考》云:

> 禮記曾子問尸,入三飯。賈疏:「天子諸侯祭禮,既亡,今儀禮唯有
> 大夫士祭禮」。案:特牲饋食禮。祝延尸於奧,迎尸而入,即延坐,
> 三飯告飽,祝侑尸,尸又飯,至於九飯畢。若大夫,依少牢饋食,
> 尸食十一飯而畢。鄭注,少牢云:士九飯,大夫十一飯也。案,此
> 說則諸侯十三飯,天子十五飯也。〔註174〕

此外,侑尸之禮除了可表示子孫對祖先的孝敬之心外,周代貴族間地位階級
之差異,亦可從尸食飯的次數中可見一斑。

〔註173〕〔明〕馮復京:《欽定四庫全書・六家詩名物疏》,卷41,頁3。
〔註174〕〔清〕秦蕙田:《五禮通考》,卷88,頁20。

〈主人獻尸圖〉〔註 175〕

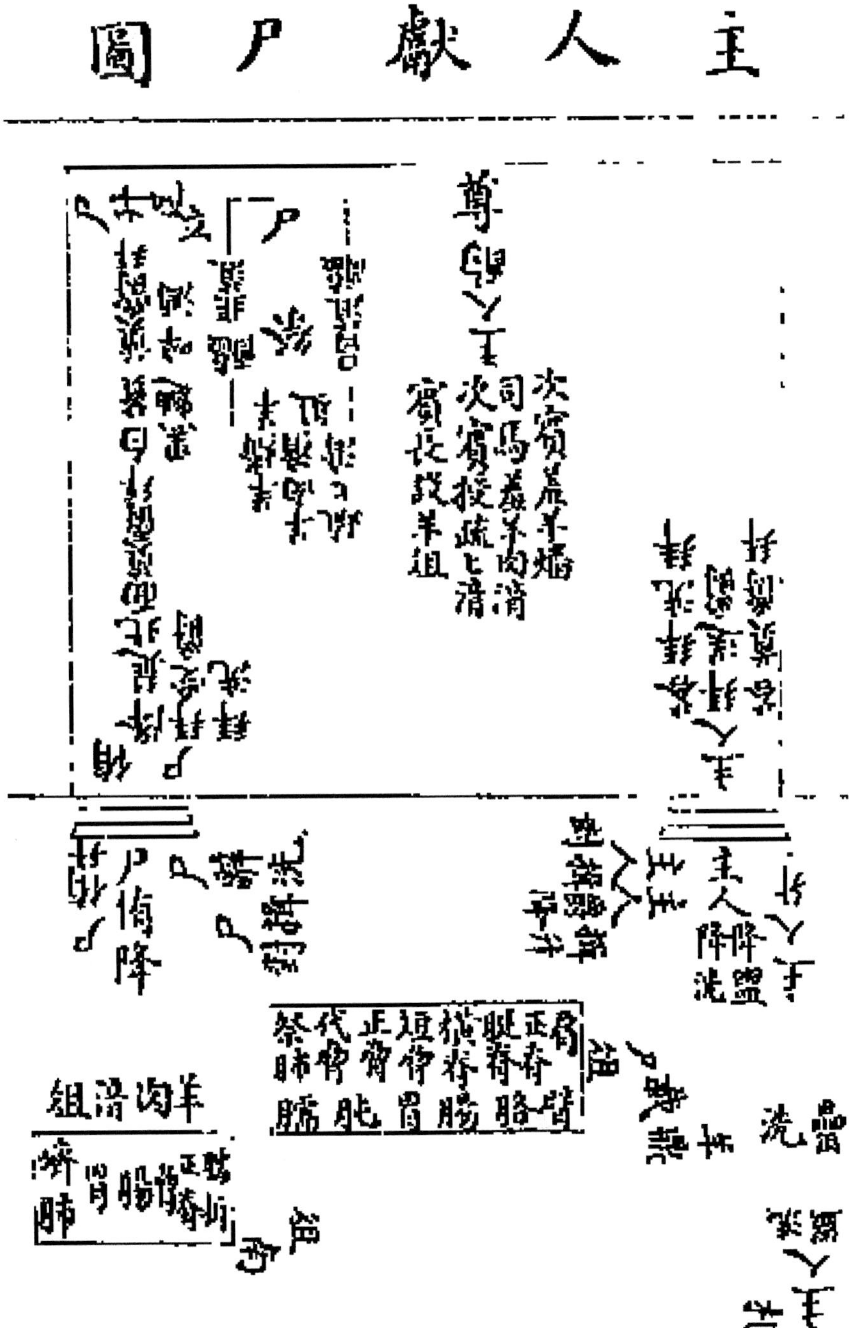

〔註 175〕掃瞄自《欽定四庫全書·儀禮圖》卷 17，頁 11。

（十四）祝嘏

根據〈少牢饋食禮〉的記載，主人於「酳尸」〔註176〕後，尸需酢主人，此時應有尸命祝致嘏的儀節。〔註177〕《禮記・禮運》：「修其祝嘏，以降上神與其先祖。」〔註178〕鄭玄《注》：「祝，祝為主人饗神辭也；嘏，祝為尸致福於主人之辭也。」「祝」為祝者代替主人告神之辭；「嘏」為尸者代表神明或祖先祝福主人的言辭。又《禮記・禮運》：「祝以孝告，嘏以慈告。」孔穎達《疏》：「言祝嘏於時，以神之恩慈而告主人。是謂大祥，此禮之大成也。」之所以於祭祖典禮中，進行祝、嘏之儀，最主要原因乃是為了顯示出子孫與祖先間的親親之情，因此，在祝、嘏中對於「孝敬」及「慈愛」必須加以凸顯，如此一來，整個祭祖典禮才算完整。然於經傳間卻不見「祝嘏」之禮之記載，不過《詩經》諸多詩篇皆有提及祝嘏之言辭，故推斷「祝嘏」之禮應存於天子祭祖過程中。〈天保〉：「君曰：『卜爾，萬壽無疆』。」《傳》：「君。先君也。尸，所以象神卜予也。」鄭《箋》云：「君曰卜爾者，尸嘏主人傳神辭也。」〈楚茨〉：「工祝致告：『徂賚孝孫』，苾芬孝祀，神嗜飲食，卜爾百福，如幾如式，既齊既稷，既匡既勑，永錫爾極，時萬時億。」鄭《箋》云：「祝以此故，致神意告主人使受嘏，既而以嘏之物往予主人。……此皆嘏辭之意。」詩中所記工祝致嘏之辭與〈少牢饋食禮〉中尸命祝嘏相當。又〈賓之初筵〉：「錫爾純嘏，子孫其湛。」鄭《箋》：「純大也。嘏，謂尸與主人以福也。湛，樂也。王受神之福於尸，則王之子孫皆喜樂也。」〈既醉〉：「公尸告嘉」鄭《箋》：「公尸以善言告之，謂嘏詞也。」詩篇嘏辭瀰漫嘉樂之情，不論受祭之祖先神明或子孫皆能感受到喜樂，整個祭祖過程才告圓滿。

〔註176〕何謂「酳尸」？根據《儀禮・特牲饋食禮》：「主人洗角，升，酌酳尸。」鄭玄《注》：「酳，猶衍也，是獻尸也。謂之酳者，尸既卒食又欲頤衍養樂之。」此外，《儀禮・少牢饋食禮》：「主人降洗爵，升，北面酌酒乃酳尸。」鄭玄《注》：「酳，猶羨也。既食之而又飲之，所以樂之。」故知待尸者饋食之禮完畢，由主人獻酒於尸供其漱口之禮（古代貴族皆以酒漱口，漱口不是將酒吐掉，而是將酒飲盡。參見詹鄞鑫：《神靈與祭祀——中國傳統宗教綜論》，頁305），稱為「酳尸」。《詩經》中不見「酳尸」之儀，於註中作一簡要說明。

〔註177〕「上佐食兼受，摶之，以授尸；尸執以命祝。卒命祝，祝受以東，北面于戶西，以嘏于主人。」（〔東漢〕鄭玄注、〔唐〕賈公彥疏：《儀禮注疏》，《十三經注疏》本，卷47～49，頁571）。

〔註178〕〔東漢〕鄭玄箋、〔唐〕孔穎達疏：《禮記正義》，《十三經注疏》本，卷9，頁417。

三、祭祀尾聲

（一）旅酬

正式祭祀時，參加祭禮的親友賓客需要一起宴飲，相互敬酒，爲「旅酬」。《禮記·曾子問》：「祭，如之何則不行旅酬之事矣？」〔註179〕孔穎達《疏》：

> 酬賓訖，主人洗爵于阼階上，獻長兄弟及眾兄弟及內兄弟于房中。
> 獻畢，賓乃坐，取主人所酬之觶於阼階前酬長兄弟，長兄弟受觶於
> 西階前酬眾賓，眾賓酬眾兄弟，所謂旅酬也。

參與祭祀典禮的群臣親友，彼此獻酬，籌爵不計其數，則爲所謂「旅酬」。《小雅·楚茨》：「爲賓爲客。獻酬交錯，禮儀卒度，笑語卒獲。」毛《傳》：「東西爲交；邪行爲錯；度，法度也。獲，得時也」鄭《箋》：「始主人酌賓爲獻賓，既酌主人，主人又自飲，酌賓曰醻，至旅而爵交錯以徧卒，盡也。古者於旅也。」故知詩中所描寫，應爲「旅酬」儀節。未旅酬之前，祭祀場面隆重，至旅酬之時，已至祭禮尾聲，爲燕私揭開序幕，親友賓客間，彼此放鬆心情，因此「笑語卒獲」，談笑聲瀰漫其中。又《小雅·賓之初筵》：「賓載手仇，室人入又，酌彼康爵，以奏爾時。」鄭《箋》：「康，虛也。時，謂心所尊者也。加爵之間，賓與兄弟交錯相醻，卒爵者，酌之以其所尊亦交錯而已，又無次也。」亦爲「旅酬」畫面之描寫。賓客親屬間，相互敬酒，敬酒聲此起彼落。由此，孔穎達《疏》：

> 特牲禮加爵之前，賓酬長兄弟；加爵之後，長兄弟酬賓，是加爵之
> 間，賓與兄弟交錯其酬也，酬賓之下云：「卒爵者，實觶於篚是卒爵
> 也」，於是以後爵，乃虛矣。又曰：「賓弟子及兄弟，弟子各酌於其
> 樽中，庭北面舉觶於其長」，是奏所尊之事也。〔註180〕

首先，賓客需先勸酒、敬酒於長兄弟，待酒畢後，長兄弟方能回敬。（《儀禮·特牲饋食禮》：「長兄弟洗觚，爲加爵，如初儀。」）此外，除了賓客親友間有「旅酬」之禮外，根據《禮記·禮器》：「周旅酬六尸。」故推知對尸亦有「旅酬」之儀。孔穎達《疏》：

> 旅酬六尸，謂祫祭時聚羣廟之主於太祖后稷廟中，后稷在室西壁、

〔註179〕〔東漢〕鄭玄注、〔唐〕孔穎達正義：《禮記正義》，《十三經注疏》本，卷7，頁362。

〔註180〕〔西漢〕毛亨傳、〔東漢〕鄭玄箋、〔唐〕孔穎達疏：《毛詩正義》，《十三經注疏》本，卷9〜15，頁489。

東向，爲發爵之主，尊，不與子孫爲酬酢。餘自文武二尸就親廟尸
凡六，在后稷之東，南北對爲昭穆，更相次序以酬也。〔註181〕

此外，對於「旅酬」之賜爵過程亦有規範。《禮記·祭統》：「凡賜爵：昭爲一，
穆爲一，昭與昭齒，穆與穆齒，凡群有司皆以齒。」〔註182〕祭祀時賜予酒爵，
需按其昭穆排列，所有參加者都必須依照這個規定，按其年齡大小排列。事
實上，是倫理關係的表現。《既醉·古序》：「太平也。」鄭《箋》：「成王祭宗
廟旅酬，下徧群臣無算爵，故云醉焉。乃見時之志義充滿，是謂之飽德。」
此詩則重申倫理之義，詩中「飽德」即是對「旅酬」之禮隱含倫理意義的說
明。

（二）告利成

根據〈少牢饋食禮〉〔註183〕、〈特牲饋食禮〉〔註184〕的記載，在「旅酬」
之禮結束後，待尸者離開後，祝則宣布祭祀典禮完成，即「告利成」。然向何
人告之？對於此，有兩種說法：一爲告利成於尸者；二爲告利成於主人。

支持第一種說法者，以鄭玄爲代表。《小雅·楚茨》：「禮儀既備，鐘鼓既
戒，孝孫徂位，工祝致告。」毛《傳》：「告，告利成。」鄭《箋》：「鍾鼓既
戒，戒諸在廟中者以祭禮畢，孝孫往位堂下，西面位也，祝於是致孝孫之意，
告尸以利成。」就鄭玄說法，認爲祝應向尸宣告利成。

支持第二種說法者，以朱熹爲代表。其於《詩集傳》云：「致告，祝傳尸
意，告利成於主人。」認爲祝向主人宣告利成才是。對於此，季師旭昇認爲：
「以特牲、少牢禮推之，祝當告利成於主人，非告於尸也。蓋神尸已醉欲歸，
故命祝告於主人也。若主人命祝告尸以利成，則失其敬！」主要就祭祖過程
中獻酒多次，推論神尸應已醉欲歸，且由祝告尸利成，不甚合於禮節，故筆
者亦從後者之說，即告利成於主人較爲妥當。

〔註181〕〔東漢〕鄭玄注、〔唐〕賈公彥疏：《儀禮注疏》，《十三經注疏》本，卷44～
46，頁535。

〔註182〕〔東漢〕鄭玄箋、〔唐〕孔穎達疏：《禮記正義》，《十三經注疏》本，卷25，
頁836。

〔註183〕〈少牢饋食禮〉：「主人出，立于阼階上西面。祝出，立于西階上東面。祝告
于主人曰：『利成。』」（〔東漢〕鄭玄注、〔唐〕賈公彥疏：《儀禮注疏》，《十
三經注疏》本，卷47～49，頁574）。

〔註184〕〈特牲饋食禮〉：「利洗散，獻于尸，酢，及祝，如初儀。降實散于篚。主人
出，立于戶外，西南。祝東面告利成。」（〔東漢〕鄭玄注、〔唐〕賈公彥疏：
《儀禮注疏》，《十三經注疏》本，卷44～46，頁543）。

（三）徹

所謂「徹」即是指尸者離開後，所進行徹饌的儀節。根據《儀禮·鄉射禮》：「乃徹豐與觶。」〔註185〕鄭《注》：「徹，猶除也。」《儀禮·有司徹》：「婦人乃徹，徹室中之饌。」又《小雅·楚茨》：「諸宰君婦，廢徹不遲。」〔註186〕鄭《箋》：「尸出可徹，諸宰徹去諸饌。君婦籩豆而已，不遲，以急為敬。」故知徹饌工作乃有固定官職負責外，君婦亦需負責收拾籩豆等禮器。為了表示恭敬，動作需迅速謹慎。何謂「君婦」？根據汪中《詩經朱傳斠補》：

> 君婦，《傳》：「主婦也。」按此不得為主婦，周官九嬪曰：「贊后荐
> 徹豆籩。」君婦者，群婦也，九嬪也。《白虎通》：「君之為言群也。」
> 言后而曰群婦，不斥言，正詩人立言之謹也群婦則無嫌與「諸宰」
> 連文，且宰曰諸宰，婦曰群婦，正相對為文也。〔註187〕

徹饌完畢後，由天子將剩下食物全部吃完，稱為「餕餘」。正祭到此完成結束。最後，由有司將所有祭典中之筵席鼎簋等全部收拾好。祭祀典禮全部結束〔註188〕。

四、祭祀結束後

（一）燕私

「燕私」之禮見於《小雅·楚茨》：「諸父兄弟，備言燕私。樂具入奏，以綏後祿。爾殽既將，莫怨具慶。」毛《傳》：「燕而盡其私恩。」鄭《箋》：「祭祀畢，歸賓客豆俎，同姓則留與之燕，所以尊賓客親骨肉也。」又《尚書大傳》卷四亦提及：「燕私者，何也？祭已，而與族人飲也。」正式祭祀結束後，天子賜予賓客膰肉，對於同姓者（包括諸侯、賓客、尸等），則留下來參加燕饗，此為祭祀後的同族親屬私宴，藉此強調親親之情。

〔註185〕〔東漢〕鄭玄注、〔唐〕賈公彥疏：《儀禮注疏》，《十三經注疏》本，卷11～13，頁131。

〔註186〕〔西漢〕毛亨傳、〔東漢〕鄭玄箋、〔唐〕孔穎達疏：《毛詩正義》，《十三經注疏》本，卷9～15，頁452。

〔註187〕參見汪中：《詩經朱傳斠補》（臺北：學海出版社，2007年10月初版），頁107。

〔註188〕詹鄞鑫於祭祀典禮儀節中，提到「索祭」一儀。所謂「索祭」，即是指在廟門兩旁舉送神的儀式。據說是為了求索走遠的神明，詹鄞鑫認為是一種送神的委婉措辭，相當於今人所說的「再會」、「走好」之類的話語。在祭典中的儀式僅能視為配套，非正式儀節。參見詹鄞鑫：《祭祀與神靈》，頁306。

（二）繹祭

1. 繹祭

《周頌・絲衣》：

> 絲衣其紑，載弁俅俅。自堂徂基，自羊徂牛。鼐鼎及鼒。兕觥其觩，
> 旨酒思柔。不吳不敖，胡考之休？〔註189〕

《古序》：「〈絲衣〉，繹賓尸也。」《續序》：「高子曰：『靈星之尸也。』」鄭《箋》云：「繹，又祭也。天子諸侯曰繹，以祭之明日。卿大夫曰賓尸，與祭同日。周曰繹，商謂之肜。」孔穎達《疏》曰：

> 繹，又祭，〈釋天〉文。李巡曰：「繹，明日復祭，曰又祭。知天子諸侯同名曰繹，以祭之明日者」。《宣八年》：「六月辛巳，有事于太廟，仲遂卒于垂，壬午，猶繹。」有事，謂祭事也。以辛巳日祭，壬午而繹，是皆爲諸侯用，祭之明日。此則天子之禮同名曰繹，故知天子亦以祭之明日也。故公羊傳曰：「繹者何，祭之明日也。」知卿大夫曰賓尸者，今〈少牢饋食禮〉者，卿大夫之祭禮也。其下篇〈有司徹〉云：「若不賓尸。」《注》云：「不賓尸，謂下大夫也。以言若不賓尸，是對有賓尸者〈有司徹〉所行，即賓尸之禮。是即大夫曰賓尸。」案其禮非異日之事，故知與祭同日，然則天子諸侯謂之繹，卿大夫謂之賓尸，是繹與賓尸事不同矣。而此《序》云：「繹，賓尸者。」繹祭之禮，主爲賓事此尸，但天子諸侯禮，大異日爲之，別爲立名，謂之爲繹，言其尋繹，昨日卿大夫禮小，同日爲之，不別立名，直指其事，謂之賓尸耳。此序言繹者，是此祭之名。賓尸是此祭之事，故特詳其文也。周曰繹，商謂之肜者，因繹又祭，遂引〈釋天〉以明異代之禮別也。彼云：「周曰繹，商曰肜。」孫炎曰：「肜者，亦相尋不絕之意，《尚書》有高宗肜日，是其事也。」

〔註190〕

根據孔穎達的解釋，可以得到訊息如下：

1. 「繹祭」指的是祭祀的次日再舉行一次祭祀，因此，「繹，又祭也」祭之明日又祭之禮，稱爲「繹祭」。

〔註189〕〔西漢〕毛亨傳、〔東漢〕鄭玄箋、〔唐〕孔穎達疏：《毛詩正義》，《十三經注疏》本，卷19，頁749。

〔註190〕〔西漢〕毛亨傳、〔東漢〕鄭玄箋、〔唐〕孔穎達疏：《毛詩正義》，《十三經注疏》本，卷19，頁748。

2.「繹祭」為天子、諸侯之禮。大夫、士並沒有行繹祭的儀節，然按照〈少牢饋食禮〉的記載，卿大夫需有「賓尸」之禮。

3.「繹祭」之禮行來已久，商朝曰「肜」；周朝曰「繹」。可見周之繹祭乃承繼商之肜祭而來。

以下筆者便以孔穎達提出的三點加以討論。

根據〈少牢饋食禮〉、〈有司徹〉的記載，正祭結束尸出後，還有「儐尸」之禮。根據鄭玄〈有司徹〉注：「卿大夫既祭而儐尸，禮崇也。」〔註192〕卿大夫行儐尸之禮，相對於下大夫、士等階層而言來得崇高，因此祭儀亦較隆盛，下大夫無儐尸之禮，祭儀亦隨之簡約。對於儐尸的意義，胡培翬援引吳廷華及蔡德晉的說法，對「儐尸」作了詳細說明：

> 吳氏廷華云：「徹而賓尸，蓋以抒其象神之勞。」蔡氏德晉云：「《祭統》云：『天子之祭與天下樂之，諸侯之祭與境內樂之。然則大夫之儐尸亦帥其賓客、宗族、家臣以樂尸。』」〔註193〕

故知「儐尸」最初意義乃是為了慰勞尸者、賓者於祭典之辛勞。因此，在正祭結束後設宴款待。根據孔穎達穎達的解釋，「儐尸」之禮根據階級的不同有行禮與否的規定，天子諸侯地位較大夫階級來得崇高，祭禮亦應更為隆重，因此，天子諸侯亦有儐尸之禮，但名稱及舉行方式也別，天子諸侯於正祭後，亦需於明日再次舉行祭禮，用以表示對此次祭祀的重視，稱為「繹祭」。〈絲衣〉之《古序》所言即是指天子諸侯所行「繹祭」之禮。由於鄭《箋》：「繹，又祭也。天子諸侯曰繹，以祭之明日。卿大夫曰賓尸。」放在一起解釋，因此，造成後人對此詩的誤解〔註194〕。金鶚〈枋繹辨〉對此即謂：「繹與賓尸燕別，蓋繹所以事神、賓尸所以事尸。與正祭日尸以象神者殊也。」〔註195〕然《古序》所言：「〈絲衣〉，繹賓尸也。」則是因為〈絲衣〉詩文提及繹祭與儐

〔註191〕「賓尸」亦作「儐尸」。根據胡培翬《儀禮正義》云：「通篇儐尸之儐或作儐、或作賓，當以儐為正。」（〔清〕胡培翬：《儀禮正義》《欽定四庫全書‧儀禮集編》，卷32，頁2048）。

〔註192〕〔東漢〕鄭玄注、〔唐〕賈公彥疏：《儀禮注疏》，《十三經注疏》本，卷50，頁580。

〔註193〕〔清〕胡培翬：《儀禮正義》《欽定四庫全書‧儀禮集編》，卷39，頁2049。

〔註194〕「繹為又祭，賓尸燕而不祭，二者不同。鄭《箋》以賓尸擬繹，其義不妥。」參見季師旭昇：《詩經吉禮研究》，頁133。

〔註195〕〔清〕金鶚：《求古錄禮說》，錄自《續清解三禮類彙編》（一）（臺北：藝文印書館，1986年初版）。

尸兩者〔註196〕，爲求清楚表達，故於《古序》中標明。藉此亦可推論天子諸侯「繹祭」之禮應該同時包含繹祭與儐尸兩部分。

2. 繹賓尸

根據對〈絲衣〉的討論，已經對天子諸侯繹祭之禮有所瞭解，至於繹祭後賓尸之禮亦可於《詩經》見其蹤跡。《大雅・鳧鷖》：

> 鳧鷖在涇，公尸來燕來寧。爾酒既清，爾殽既馨。
> 公尸燕飲，福祿來成。
>
> 鳧鷖在沙，公尸來燕來宜。爾酒既多，爾殽既嘉。
> 公尸燕飲，福祿來爲。
>
> 鳧鷖在渚，公尸來燕來處。爾酒既湑，爾殽伊脯。
> 公尸燕飲，福祿來下。
>
> 鳧鷖在潨，公尸來燕來宗。既燕于宗，福祿攸降。
> 公尸燕飲，福祿來崇。
>
> 鳧鷖在亹，公尸來止熏熏。旨酒欣欣，燔炙芬芬。
> 公尸燕飲，無有後艱。〔註197〕

《古序》：「〈鳧鷖〉，守成也。」《續序》：「太平之君子能持盈守成，神祇祖考安樂之也。」單就《詩序》說法，僅可推論全詩以鳧鷖「在涇」、「在沙」、「在渚」、「在潨」、「在亹」起興，至於此詩爲屬於何種祭祀則難以查知。鄭玄推考《毛》義，認爲「涇，水名也，水鳥而居中，由人爲公尸而在宗廟也，故以喻焉。祭祀既畢，明日有設禮而與尸燕。」鄭玄認爲此詩乃繹祭後又設宴款待尸者，即賓尸之禮。有一點需要注意的是，鄭玄認爲此詩爲「比」非「興」，故於此詩首章《注》云：「涇，水名也。水鳥而居水中，猶人爲公尸之在宗廟也。故以喻焉祭祀既畢，明日又設禮而與尸燕。」；此詩次章《注》云：「水鳥以居水中爲常，今出在水旁，喻祭四方萬物之尸也。」；此詩三章《注》云：「水中之有渚，猶平地之有丘也。喻祭天地之尸也。」；此詩四章《注》云：「潨水，外之高者也。有癰埋之象，喻祭社稷山川之尸。」；此詩末章《注》

〔註196〕前五句「絲衣其紑，載弁俅俅。自堂徂基，自羊徂牛。鼐鼎及鼒。」言繹祭之事；後四句「兕觥其觩，旨酒思柔。不吳不敖」則言儐尸時飲酒之情狀，故推知天子諸侯繹祭之禮應包含繹祭與儐尸了部分。

〔註197〕〔西漢〕毛亨傳、〔東漢〕鄭玄箋、〔唐〕孔穎達疏：《毛詩正義》，《十三經注疏》本，卷16～18，頁604。

云：「饔之言門也。燕七祀之尸於門戶之外，故以喻其來也。」由鄭玄之注解，可以推論鄭玄認為〈鳧鷖〉為「比」詩，故解五章時，皆提及「喻某祭」；且〈鳧鷖〉所祭對象有五：宗廟、四方萬物、天地、社稷山川、七祀之尸。針對鄭玄說法，提出以下討論：

首先，鄭玄首章所言為「祭祀既畢，明日又設禮而與尸燕。」則此詩為賓尸之作無誤，然而一詩中竟高達五種祭祀對象，若依「繹祭」之制，祭之明日再祭，則次日將再重新舉行五種祭典，實在令人難以信服。對此，孔穎達穎達則與鄭玄說法不同，認為「經五章，毛以為皆祭宗廟。」其說較為何情且合理。然若非一詩五祭，則此詩究竟所祭者何？對於此，馬瑞辰《毛詩傳箋通釋》提出五點證明此詩應為宗廟繹祭之詩：

> 按《正義》述毛以五章皆為宗廟。《箋》於首章云：祭祀既畢，明日又設禮而與尸燕是以為繹賓尸之詩。而分二章為祭四方百物，三章祭天地，四章祭社稷山川，卒章祭七祀。為若從《毛傳》皆為祭宗廟為確。以今考之朱子《集傳》以五章皆為宗廟繹祭而賓尸之詩是也。〈禮器〉：「周旅酬六尸。」鄭《注》：「后稷之尸，發爵不受旅。」《正義》言：「文武二尸及親廟尸凡六。」案「六尸凡后稷尸凡七，蓋兼文、武二祧而言，若成王時，文、武尚在親廟中，連后稷尸凡五。」《春秋・成六年・公羊》何注：「立天子諸侯立五廟是也。」此詩五言公尸，正合五尸之數，其證一也。《爾雅》：「繹，又祭也。周曰繹，商曰肜，夏曰復胙。」《易林》：「鳧鷖游涇，君子以寧，福德不怒，福祿來成。」義本此詩。復德者，蓋取繹曰復祭之義，二證也。《宣八年・公羊》何注：「天子諸侯曰繹，大夫曰賓尸，士曰宴尸。」各與禮雖各異，要其為燕尸。則同詩五章，皆云公尸燕飲，正燕尸之事，三證也。〈禮器〉：「周坐尸，詔侑武方」鄭《注》：「武讀曰無，聲之誤也。方猶常也，告尸行節，勸尸飲食無常，若孝子之為也。」〈有司徹〉：「上大夫賓尸，坐尸侑於堂，酳而獻尸」，《易林》：「公尸侑食，福祿來處。」義本此詩，與〈禮器〉、〈有司徹〉合，四證也。古者祭天地社稷雖皆有尸，如《尚書・大傳》曰：「舜入唐郊，丹朱為尸。」《國語》：「晉祀夏郊，董伯為尸。」蓋配者之尸，然不聞有賓尸之禮。繹而賓尸，惟於宗廟見之。此詩既燕於宗，五證也。得此五證，

可決其爲宗廟繹祭之詩也。〔註198〕

現將五點整理歸納如下：

1. 根據周制，天子宗廟有七，太廟加上三昭三穆，由於文昭武穆二廟亦包含其中。因此，共得五廟。與詩中所謂「五尸」同。爲證據一。

2. 根據《爾雅》說法，比對《易林》，推論「復德者」義與「繹祭」相似。爲證據二。

3. 此詩五章皆言及燕飲情節，與賓尸內容相符合。爲證據三。

4. 不論〈禮器〉、〈有司徹〉或《易林》之文，皆與本詩相仿。爲證據四。

5. 最後周人祭祀中，賓尸之禮僅見於宗廟祭禮中，於其他祭典中未見。爲證據五。

根據以上五點證據，〈鳧鷖〉一詩確爲亦賓尸之作無疑。

其次，對於「涇」，鄭玄將其解爲「水名」。過去多從之，未曾細究其因，何楷《詩經世本古義》認爲首章用「涇」乃蘊含深意：

> ……涇，水名解。見〈棫樸〉篇，今按武王都鎬，則有鎬水，乃何以不言鎬，而言涇。詩人於此亦有深意。《玉海》載：「涇水出原州百泉縣，涇谷東南流至涇州，臨涇保定二縣，又東南流至邠州之宜祿、新平、永壽三縣，又東北流至京兆之醴泉、高陵、雲陽三縣以入渭。」班固《地理志》謂：「涇水行千六百里，周之先祖居邠，其後再遷，至武王而始居鎬，涇水經流亦從邠界來，而逶遷近鎬。」故覩涇水而興祖功宗德之思焉。詩對祖廟而作，所以有取于涇也，若鎬水則其來不遠矣。〔註199〕

何楷認爲鄭玄將「涇」作水名解，其實是因「覩涇水而興祖功宗德之思焉。」之故。並非憑空揣測，實際上蘊含深意於其中。段玉裁則認爲「涇」不宜作水名解，其與「在沙」、「在渚」、「在潀」、「在亹」皆爲水旁或水中之義，段玉裁《詩經小學》云：

> 此篇涇沙渚潀亹一例，不應涇獨爲水名，鄭《箋》：「涇，水中也」（今本誤作水名）。故下云水鳥而居水中，是直接水中二字。改作水名，則不貫矣！下章《傳》：「沙，水旁也。」《箋》云：「水鳥而居水中爲常，今出在水旁。」承上章在經爲言。《爾雅》：「直波爲涇。」

〔註198〕〔清〕馬瑞辰：《毛詩傳箋通釋》，卷25，頁278～279。

〔註199〕〔明〕何楷：《詩經世本古義》，卷8〈殷帝辛之世詩二十篇〉，頁16。

郭《注》：「涇，涏。」《釋名》：「水直波曰涇，涇，徑也。言如道徑
也。」《莊子·秋水篇》：「涇流之大，兩涯渚涘之間不辨牛馬。司馬
彪云：『涇，通也。』義皆與此詩合。涇徑字同謂大水中流徑直孤往
之波〔註200〕

段玉裁乃從詩文本身，及《爾雅》、《釋名》、《莊子·秋水篇》等經典解釋對
「涇」之說法，認爲「涇」應作「水中」解釋，而非「水名」。

　　針對何氏與段氏的說法，筆者認爲兩說最大歧異處在於解「涇」角度不
同。何氏由詩作內涵觀點展開解釋，認爲鄭玄將「涇」作水名解，其實是因
「覩涇水而興祖功宗德之思焉。」段氏則依文體整體，認爲應有一貫性，因
此，提出「涇沙渚渜壇一例，不應涇獨爲水名」。筆者認爲段氏較爲妥當，故
從之。

〔註200〕〔清〕陳奐：《詩毛氏傳疏》，頁719。

第六章 《詩經》祖先崇拜之內在呈現

　　周人祖先崇拜除了表現於外在的祭祖禮制外，其內在的精神意涵亦是值得深究的議題。「若沒有精神背景，主體則是缺乏內涵，沒有根源，目的不清的乾枯主體。」[註1] 精神是文化主體的靈魂，因此在研究祖先崇拜於《詩經》中所呈現的外在禮制、過程、儀節之外；蘊含於個人、社會、國家中的文化精神，亦是研究祖先崇拜不容忽視的環節之一。

　　本文第三、四、五章中，對《詩經》祖先崇拜之外在呈現作了說明。周人對於祖先的崇拜，除了表現在祭祖禮制外，從商、周祭祖禮制的比較，可以發現對於祖先崇拜此一文化現象是有所區別的。除了外在禮制內容不同外，內在心態上亦有所歧異。商人祖先崇拜，經由甲骨卜辭研究得知，其主要目的是為了向祖宗先王祈福、避禍，較屬於「功利」傾向的出發點；周人祖先崇拜，則在商人祈福、避禍的心態上，添加了更多「道德」意涵於其中。

　　本章期能在周人祭祖禮制、儀節等規範外，更進一步探討其中所蘊藏的文化意義。全章共分三節，從《詩經》探討祖先崇拜對「個人」、「社會」、「國家」各層面的文化意義。以下將就「個人」、「社會」、「國家」層層向外拓展，從各個層面、不同角度，一探祖先崇拜於《詩經》之內在呈現。

第一節　就個人層面而言

　　就個人層面而言，祖先崇拜之內在呈現有以下四種意涵：一、「祈福延壽

〔註1〕 參見李山：《詩經的文化精神》（北京：東方出版社，1997 年 6 月第一次印刷），
　　　　頁 247。

之心理」，這是出自人性最初的渴望，對自身利益的要求，希望藉由祭祀獲得祖宗先人的庇佑。二、「慰藉祭者思親之情懷」，就祭祀者本身情感的歸依與寄託而言，藉由祭祀儀式的舉行，將己身對亡者的情感作一宣洩、表達。三、「緬懷先人創業之艱辛」，一方面藉以警惕自身，先人開創功業之艱辛不易，另一方面告誡後世子孫毋忘祖宗先人的功勞。四、「完美人格的追求」，《詩經》中諸多祭祖詩篇皆表現出祖宗先人之高尚品格與精神，為後世子孫學習努力的目標。

一、祈福延壽之心理

「祖先崇拜」就個人而言，最初乃是基於人類對安全感的追求。〔註2〕在最基本的生理要求得到滿足之後，人類便進一步尋求心裡的安全感，此一安全感的來源，除了憑藉自身的力量外，另外一方面，便是藉由外力的保護來達到安全感的滿足。這一保衛己身的外力，最直接便是與自身有密切血緣關係的親屬為第一首選。在人類由原始初民階段邁入氏族社會後，原先崇拜對象由最初的自然物種，轉而崇拜人類鬼魂，尤其是自己的祖先的鬼魂。〔註3〕這種希冀祖先能庇護後代子孫，期待己身能夠從中獲取利益，並祈禱祖先予以降福的心態，便是祖先崇拜產生的主要原因之一。

在討論子孫向祖宗先人祈福之前，必須先討論在商人、周人觀念中，祖先是否具有操縱降災降福的權力。鍾柏生由占卜辭紀錄推論商人之宇宙觀時，對於先王死後的歸屬問題提及：

> 從卜辭看商人的宇宙，大概可分為三層：最上層是天上，裡面上帝（帝）為主宰，他擁有相當大的神能；帝之下有五半臣，商人祭祀

〔註2〕 參見孫大川審譯、馬斯洛（Maslow, A.H.）、弗洛姆（Fromm, E.）著：《人的潛能與價值》（臺北：結構群，1992年），頁181。馬斯洛（Maslow, A.H.）於文中提到：「安全感的需求為人類基本需求之一。」

〔註3〕 關於原始先民的崇拜，柳秀英於《先秦道家老莊生命思想研究》之第二章〈原始思維之生命意識〉提及：「原始人民對自然現象的了解仍處於昏昧不明的狀態，因此，生命信仰主要在於生殖崇拜與十分重視圖騰觀念，另外，相信靈魂是真實存在的，靈魂對原始人民而言是永恆不滅的。」基本上，作者認為原始先民的崇拜包括生殖崇拜、圖騰崇拜及靈魂不滅等觀念，生殖、圖騰等崇拜皆屬於對自然物種的崇拜，而後隨著民智漸開，才將對象轉為對人類自身之祖先的崇拜。參見柳秀英：《先秦道家老莊生命思想研究中》（國立高雄師範大學：國文學系博士論文，1994年）。

　　的日神、風神、雲神、四方神可能還有星宿之神都住在天上。殷王
　　死後亦回到天上，佐事上帝。殷王朝廷中功績彪炳的名臣，死後亦
　　到上天在先王左右共同佐事上帝。被祭的殷王法定配偶，死後與先
　　王共祭的現象看來，似乎也與天上殷先王在一起。其餘親屬如「兄」、
　　「子」等的，死後是否與殷王、後在一起，則不敢肯定。〔註4〕

在商人觀念中，祖宗先王的軀體雖然已經死亡，但是靈魂依舊存在，因此當
他們離開人世後，必須回到上帝身邊伴其左右，宛如君臣一般。事實上，這
是一種人間君臣關係的再反應，在商人想像中，上帝是天上的主宰者，因此，
應當如人間主宰者般，有臣工伴其統治。商人有這種觀念，那麼周人是否亦
延續周人的想法呢？根據《大雅・文王》：「文王在上，於昭於天。……文王
降陟，在帝左右。」可以發現，周人亦認為祖先死後，應輔佐於上帝左右。
此外，銅器銘文中亦有所記載：〔註5〕

　　前文人其嚴在上。(《井人妾鐘》) 〔註6〕

　　皇考其嚴在上。(《士父鐘》) 〔註7〕

　　皇考嚴在上。(《虢叔旅鐘》) 〔註8〕

　　嚴在上。(《癲鐘》) 〔註9〕

　　嚴在上。(《番生簋》) 〔註10〕

　　先王其嚴在上。(《鼓鐘》) 〔註11〕

既然祖宗先王死去後伴隨上帝身旁，那麼是否如上帝般握有降福授禍的神能
呢？對於此，董作賓根據卜辭資料對殷代祖先崇拜作了以下的說明：

　　商人對祖先，真做到了「事死如事生，事亡如事存」的地步，十萬
　　片甲骨文字，大部分是祭祀卜用的。……卜辭中，祀比戎似乎更重
　　要。也可以說，他們的信仰重心在人鬼。……商人對祖先的看法，

〔註 4〕 鍾柏生：〈殷帶卜辭所見殷人宇宙觀初探〉，錄自「第三屆國際漢學會議」(臺
　　　　　北：中央研究院，200 年)，頁63～64。
〔註 5〕 引錄自劉源：《商周祭祖禮研究》，頁270。
〔註 6〕 參見邱德修：《商周金文集成釋文稿》，頁109，屬於西周晚期。
〔註 7〕 參見邱德修：《商周金文集成釋文稿》，頁146，屬於西周晚期。
〔註 8〕 參見邱德修：《商周金文集成釋文稿》，頁238，屬於西周晚期。
〔註 9〕 參見邱德修：《商周金文集成釋文稿》，頁246，屬於西周中期。
〔註 10〕 參見邱德修：《商周金文集成釋文稿》，頁326，屬於西周晚期。
〔註 11〕 參見邱德修：《商周金文集成釋文稿》，頁260，屬於屬王時期。

以為他們雖然死了，但精靈依然存在，與活的時候完全一樣，地位、
權威、享受、情感也是一樣。而且增加了一種神秘力量，可以降禍
授福於子孫。厚葬的原因就在此。〔註12〕

根據董作賓的研究可以發現在商人觀念中，祖先死後靈魂依舊存在，不僅伴
隨上帝左右，更是上帝與人間溝通的媒介者，除此之外，還有代替上帝降災
甚至賜福的能力。既然商人觀念中，祖先握有降福、授禍的大權，子孫們基
於祈福避禍的心理，自然對祖先展開祭祀。劉源針對商人祖先降禍於子孫作
了說明：

在商人觀念中，做為死者的祖先是可怕的，他們經常為禍。但在卜
辭紀錄中，我們屢屢看到商人為了禳祓疾病、災禍而祭祀祖先……
商人認為是祖先或其他死者的作祟導致了疾病、災禍，於是舉行祭
祀來討好他們，使之愉悅，從而抒解病患，免除不祥。〔註13〕

劉源根據卜辭研究，發現商人祖先如同其他死者般，會作祟於子孫，〔註14〕
因此，子孫為了討好祖先們，必須對其展開祭祀。可知在商人觀念中，祖先
們確實具有降福降禍威能。透過以上商人祭祀心態的討論，我們知道最初的
宗教信仰，其出發點往往是為了滿足人類自身的要求，對此，費爾巴哈（Ludwig
Andreas Feuerbach，1804～1872）曾經說過：「人在宗教裡面並不是滿足其他
的本質，而是滿足自己的本質。」〔註15〕換句話說，祭祀的行為乃是人類為
了能夠向祖先身上得到某一程度的回饋，這種有目的性的宗教意義，即是原
始宗教意義，殷商時期的人們就處於這個時期。而後逐漸脫離原始意義的宗
教信仰，開始懂得回報、感恩，宗教開始漆上道德的色彩，這便是富有道德
意義的宗教。〔註16〕周人便是處於這環境中，從商人原始宗教意義層次跨越
到道德意義層次上。

《商頌・那》為祭祀成湯的作品，詩中所謂「湯孫奏假，綏我思成」、「顧

〔註12〕 董作賓：〈中國古代文化的認識〉，大陸雜誌，3卷二十期，頁627。
〔註13〕 參見劉源：《商周祭祖禮研究》，頁244。
〔註14〕 劉源透過卜辭分析得到祖先或其他死者作祟方式大概有以下幾種：作祟於生
者（王、婦、子、貴族）；控制天氣（耂雨、耂雲）；影響收成（耂年）等。參
見劉源：《商周祭祖禮研究》，頁243。
〔註15〕 參見林尹文譯，費爾巴哈（Ludwig Andreas Feuerbach，1804～1872 A.D.）：《宗
教的本質》（臺北：商務印書館，1968年），頁82。
〔註16〕 所謂富道德意義的宗教信仰，指的是回報、感恩的心態大過於向神明祈求的
心態，若僅是一味的祈求而不思索付出，則尚屬於原始意義的宗教信仰。

予烝嘗，湯孫之將」〔註17〕爲子孫祈求祖先賜福於後代的描述。《商頌・烈祖》
亦爲祭祀成湯之樂歌，〔註18〕詩中「嗟嗟烈祖！有秩斯祜。申錫無疆，及爾
斯所。……來假來饗，降福無疆。」〔註19〕載明子孫祈求先王能降福於己，
因此，需要對其展開祭祀。《周頌・豐年》：「爲酒爲醴，烝畀祖妣，以洽百禮，
降福孔皆。」〔註20〕更是藉由獻祭，希望能得得祖先的青睞，普降美好的恩
澤。《詩經》中除了可以看到周人向祖先祈福外，祈求祖先能夠賜予延年益壽
的話語，更是屢見不鮮，如：《小雅・信南山》：「祀事孔明，先祖是皇，報以
介福，萬壽無疆」〔註21〕、《小雅・天保》：「卜爾，萬壽無疆」〔註22〕、《小
雅・南山有臺》：「樂只君子，萬壽無期」〔註23〕、《小雅・楚茨》：「孝孫有慶，
報以介福，萬壽無疆」〔註24〕、《大雅・大明》：「聿懷多福」〔註25〕、《大雅・

〔註17〕　〔西漢〕毛亨傳、〔東漢〕鄭玄箋、〔唐〕孔穎達疏：《毛詩正義》，《十三經注
　　　　　疏》本，卷20，頁789。
〔註18〕　《古序》：「〈烈祖〉，祀中宗。」鄭《箋》：「中宗，殷王大戊，湯之玄孫。有
　　　　　桑穀之異，懼而修德，殷道復興，故表顯之，號爲中宗。」湯之玄孫何人？
　　　　　根據孔穎達《疏》：「案《殷本紀》云：湯生太丁。太丁生太甲。崩，子沃丁
　　　　　立。崩，弟太庚立。崩，子小甲立。崩，弟雍巳立。崩，弟太戊立。是太戊
　　　　　爲湯之玄孫也。《本紀》又云：大戊立，亳有祥桑穀共生於朝，一暮大拱，大
　　　　　戊懼，問伊陟。伊陟曰、帝之政其闕與？帝其修德，大戊從之，而祥桑穀枯
　　　　　死。殷復興，諸侯歸之，故稱中宗。是表顯立號之事也。」若依孔穎達解釋，
　　　　　湯之玄孫爲大戊。然〈那〉乃祀成湯之作，詩中成烈祖稱湯，此篇〈烈祖〉
　　　　　亦爲祭成湯之作才是。何楷《詩經世本古義》：「朱《傳》以爲亦祀成湯之樂，
　　　　　與《子貢傳》、《申培說》俱同。愚所以定爲肜祭者，以〈那〉已爲祀成湯之
　　　　　詩，一祭固不容有二詩耳。肜者，祭明日又祭之名。《爾雅》云：『周曰繹，
　　　　　商曰肜，夏曰復胙。』孫炎謂：繹者，祭之明日尋繹復祭也。肜者，相尋不
　　　　　絕之意。」何楷認爲一祭不容二詩，此詩爲祭之明日再祭，肜祭成湯之樂歌。
　　　　　本文從其說，認爲〈那〉與〈烈祖〉皆爲祭祀成湯之作。參見〔明〕何楷：《欽
　　　　　定四庫全書・經部・詩類・詩經世本古義》，卷3，頁9。
〔註19〕　〔西漢〕毛亨傳、〔東漢〕鄭玄箋、〔唐〕孔穎達疏：《毛詩正義》，《十三經注
　　　　　疏》本，卷20，頁789。
〔註20〕　〔西漢〕毛亨傳、〔東漢〕鄭玄箋、〔唐〕孔穎達疏：《毛詩正義》，《十三經注
　　　　　疏》本，卷19，頁730。
〔註21〕　〔西漢〕毛亨傳、〔東漢〕鄭玄箋、〔唐〕孔穎達疏：《毛詩正義》，《十三經注
　　　　　疏》本，卷9～15，頁454。
〔註22〕　〔西漢〕毛亨傳、〔東漢〕鄭玄箋、〔唐〕孔穎達疏：《毛詩正義》，《十三經注
　　　　　疏》本，卷9～15，頁327。
〔註23〕　〔西漢〕毛亨傳、〔東漢〕鄭玄箋、〔唐〕孔穎達疏：《毛詩正義》，《十三經注
　　　　　疏》本，卷9～15，頁346。
〔註24〕　〔西漢〕毛亨傳、〔東漢〕鄭玄箋、〔唐〕孔穎達疏：《毛詩正義》，《十三經注
　　　　　疏》本，卷9～15，頁452。

假樂》：「干祿百福」〔註26〕、《周頌・雝》：「綏我眉壽，介以繁祉」、《周頌・載見》：「率見昭考，以孝以享，以介眉壽。」〔註27〕、《魯頌・閟宮》「降之百福」〔註28〕等等，可見周人祖先崇拜的內容，不外乎是對祈福延壽的希冀。這不僅是周人祖先崇拜的動力，亦為現今人類祭祀祖先的目的之一。儘管時代再怎麼演變，基本上「有所祈求」的心態是不會改變的。

除了《詩經》的例證外，銅器銘文中亦出現諸多子孫向祖宗先人祈福的紀錄，諸多的願望中，以祈福延壽為主要的內容。筆者將徐中舒的研究結果，略舉於下〔註29〕：

> 不顯皇祖，其作福元孫，其萬福屯魯。(《齊夷鎛》)
>
> 用匄多福，眉壽無疆，永屯需冬。(《不其簋》)
>
> 虔敬朕祀，以受多福。(《秦公鐘簋》)
>
> 用旂眉壽，永命多福。(《姬奠母豆》)
>
> 用祀用享，多福滂滂。(《召仲考父壺》)
>
> 用匄萬年眉壽，永命多福。(《曶壺》)
>
> 其眉壽多福。(《邾太宰鐘》)
>
> 用邵乃穆不顯龍光，乃用旂匄多福。(《遠父鐘》)
>
> 用享於文考庚仲，用匄永福。(《周乎卣》)
>
> 弒仲壽無疆福。(《弨仲簋》)

根據徐中舒的考察銅器銘文的例證，可以確定在西周早期祖先崇拜的內容，主要集中在「福」、「壽」二字，這是在商人甲骨卜辭中從未曾見到的現象，可見福壽同用於祈禱詞句中乃始於周人。因此，可以推論周人觀念中的祖先已經與商人有所不同，商人認為祖先會作祟於子孫的想法，逐漸從周人觀念中淡去，取而代之

〔註25〕 〔西漢〕毛亨傳、〔東漢〕鄭玄箋、〔唐〕孔穎達疏：《毛詩正義》，《十三經注疏》本，卷16～18，頁533。

〔註26〕 〔西漢〕毛亨傳、〔東漢〕鄭玄箋、〔唐〕孔穎達疏：《毛詩正義》，《十三經注疏》本，卷16～18，頁607。

〔註27〕 〔西漢〕毛亨傳、〔東漢〕鄭玄箋、〔唐〕孔穎達疏：《毛詩正義》，《十三經注疏》本，卷19，頁734。

〔註28〕 〔西漢〕毛亨傳、〔東漢〕鄭玄箋、〔唐〕孔穎達疏：《毛詩正義》，《十三經注疏》本，卷20，頁767。

〔註29〕 參見徐中舒：《金文嘏辭釋例》，《中央研究院歷史語言研究集刊》第六本一份，1936年3月，頁28。

的是，祖先具有施福延壽的權能，基本上對子孫後代是善意的回應。〔註30〕

　　人類之所以對祖先產生崇拜，在原始先民階段，主要是基於安全感的追求，邁入殷商時期後，商人則將此安全感轉化為祈福避禍的需求，基本上亦為安全感的延伸。因為有所求而產生祭拜行為，希望藉由獻享的儀式，能夠求得祖上之庇佑，進而使祖上歡欣，於是降福於子孫〔註31〕；另一方面，希望能藉由血脈之相連，祈求祖上保佑平安，能夠遠離災難，甚至將禍事避免，此為祖先崇拜最初原始動機——安全感形式上的轉化。周人基本上延續這個特徵，然於原始意義外，更添加了更多道德意義於其中。

二、祭者情感之慰藉

　　「惟天地，萬物之母；惟人，萬物之靈。」〔註32〕人類身處自然界，之所以貴為萬物之靈，乃因人類於基本生理要求滿足之外，能夠往更高境界邁進——即心靈層面的追求。由生理邁向心理自我要求過程中，無非是希望藉此能使人生境界達到更高一層的精神昇華，所謂「人之所以異於禽獸者，幾希矣。」〔註33〕雖「幾希」亦有其別處，就祭祀行為而言，其區別便是在於人對往生者有緬懷、崇敬的心理。《小戴禮・問喪》：

> 祭之宗廟，以鬼饗之，徼幸復反也。成壙而歸，不敢入處室，居於
> 倚廬，哀親之在外也；寢苫枕塊，哀親之在土也。故哭泣無時，服
> 勤三年，思慕之心，孝子之志也，人情之實也。〔註34〕

由於人有意識的存在，因此，能夠表現出對其他個體的關愛，而非僅將目光鎖定於自身的利益上。〔註35〕因此，對於親人逝去，會感到傷懷進而有祭祀

〔註30〕 對於《詩經》與金文中屢屢出現「福」、「壽」甚至「祿」的詞彙，有學者認為「福」、「壽」、「祿」三位一體，實際上是後世民間所嚮往的人生理想。反映出「導源於原始宗教的祈祭之禮儀逐漸衰微以後的一種由聖到俗的轉化結果。」參見葉舒憲：《詩經的文化闡釋》（陝西：陝西人民出版社，2005 年 5 月第一版印刷），頁 55。

〔註31〕 參見林惠祥：《文化人類學》，頁 281。

〔註32〕 〔西漢〕孔安國傳、〔唐〕孔穎達疏：《尚書正義》，《十三經注疏》本，卷 11，頁 152。

〔註33〕 〔東漢〕趙岐章句：《孟子注疏》，《十三經注疏》本，卷 8，頁 145。

〔註34〕 〔東漢〕鄭玄箋、〔唐〕孔穎達疏：《禮記正義》，《十三經注疏》本，卷 35，頁 947。

〔註35〕 對此「意識」錢志熙於《唐前生命觀和文學生命主題》提出這樣的說明：「整個原始文化都是圍繞著生命問題而產生的。」生命意識主宰著吾人的生命，

行爲的產生。祭祀行爲就原始先民而言，最初目的乃是基於生理上的恐懼而作出的反應，隨著民智漸開，在最原始的生理得到滿足後，開始轉向心靈層次的要求。當「祖先崇拜」由原始宗教意義跨進道德意義的門檻後，象徵人類境界提升的代表之一。

除了滿足己身對於安全感的要求外，就個人情感而言，祖先崇拜亦呈現出人類對情感的渴望，是「原始宗教意義的進階」〔註36〕。逝者雖已矣，然其情狀仍長存後人心中，後人對於祭祖儀式，基本上是以誠敬爲出發點，因此，整個祭祀典禮呈現一派莊嚴肅穆的氣氛，一方面表達對往生者之尊敬；另一方面，則將自身之思念，對愛的追求，鎔鑄於祭典當中，《禮記·祭統》嘗言：「夫祭者，非物自外至者也，自中出生於心也；心怵而奉之以禮。」〔註37〕誠敬出自內心，藉著定期、定制祭祀祖宗先人，以表達自身誠敬不易之態度，使得己身思念之情能得到慰藉。

《詩經》若干詩篇記載子孫對祖先之祭祀描述，詩中不僅表現出子孫對祖先思慕情懷，另一方面，藉由禮儀過程之肅穆，吾人亦可推知其對整個祭祖禮制之看重。《周頌·雝》對祭祀典禮中，瀰漫著莊嚴神聖的氣氛有所描繪：

> 有來雝雝，至止肅肅。相維辟公，天子穆穆。於薦廣牡，相予肆祀。
>
> 假哉皇考，綏予孝子。宣哲維人，文武維后。燕及皇天，克昌厥後。
>
> 綏我眉壽，介以繁祉。既右烈考，亦右文母。〔註38〕

人的生命之所以有意義，是因爲人類懂得利用「意識」表達出自身所希望表達的情感，假使一個人活在世界上，無所謂「意識」的話，那麼將與飛禽走獸一般，純粹順從生物本性，每天只爲三餐溫飽而活，時候到了，便延續種族生命，完全不思考己身存在意義，倘若如此，人是無法以萬物最靈長者的姿態站在世界的舞台上。人類之所以勝於種多生物，乃使由於人類有意識的存活在世上，因爲有此意識致使人類生活較其他萬物來的有意義。參見錢志熙：《唐前生命觀和文學生命主題》（北京：東方出版社，1997年），頁3。

〔註36〕 所謂「原始宗教意義的進階」，指的是最初的祖先崇拜乃是停留在對生理層面的滿足，如安全感的需求、希望降福延壽等，殷商時期幾乎都還停留在原始宗教意義上，而後，隨著諸多因素的影響，人類的崇拜與道德意義產生關連，不僅止於關心自身的利益，亦開始關懷其他個體，這便是富有道德意義的宗教信仰，故稱爲「原始宗教意義的進階」。

〔註37〕 〔東漢〕鄭玄箋、〔唐〕孔穎達疏：《禮記正義》，《十三經注疏》本，卷25，頁830。

〔註38〕 〔西漢〕毛亨傳、〔東漢〕鄭玄箋、〔唐〕孔穎達疏：《毛詩正義》，《十三經注疏》本，卷19，頁733。

首三句主要描寫參祭者的神態，由前往祭祀途中之「雝雝」，到達廟堂之「肅肅」，第四句則描繪主祭者天子之「穆穆」，寥寥三句卻將祭祀者的神情及整個祭祀的氣氛顯露無遺。由詩中呈現出嚴肅莊敬的氣氛，因此，可以推想祭祀者是以何等尊敬的心情面對祖先舉行祭拜。在肅穆之氛圍環繞下，祭祀者可從寧靜氣氛中緬懷先人的貢獻與付出。「假哉皇考」一句則劃破寧靜，使得祭祀者之情感得到抒發，簡短的一語卻滿佈濃烈的情感，彷彿可從詩句中，直接感受到祭祀者的愛，末兩句「既右烈考，亦右文母。」更是將己身滿懷的情思以及尊崇，表達得淋漓盡致。由是可知，祖先崇拜就個人而言，乃子孫對祖先情感之表達，藉由外在之宗廟祭禮得到完全抒發。《周頌·清廟》：

> 於穆清廟，肅雝顯相。濟濟多士，秉文之德。對越在天，駿奔走在廟。不顯不承？無射于人斯。〔註39〕

《古序》：「祀文王。」此詩為祭祀文王之作。首句描述祖廟之清靜及壯美，後五句則描寫祭者之情態及文王之美德，參祭者肅敬和穆，與朝廷官員之威儀整齊之情態，文王之美德與天相互輝映，他們皆秉承了文王的美德，為了宣慰文王之大功大德，無不竭盡心力為此次祭祀恭敬而迅疾奔走於宗廟之中，末兩句則大加讚揚文王的功德，文王之盛德昭明於上天，為人們所需承繼並加以永遠發揚！從〈清廟〉詩中文句，可以感受到祭祀者的用心，唯恐稍有不敬，便褻瀆了文王的德績。整個肅敬的祭祀氣氛中，滿佈了孝子濃濃思親之情感，希望藉由宗廟祭祀，被祭者能得到安頓，這樣一種莊敬的氛圍，正是祖先崇拜過程中所要創造並具備的，祭祀者從心理到外在言行舉止都要表現出對於祖先的崇敬，親近的心態內蘊於心中，藉由儀式作一表達，不至於過度外放，使祭典淪於放縱，卻又能保留己身濃厚的崇敬。《周頌》中〈閔予小子〉一詩，更將孝子欲藉宗廟祭祀表達情意，展露無遺。引詩如下：

> 閔予小子，遭家不造，嬛嬛在疚。於乎皇考！永世克孝。念茲皇祖，陟降庭止。維予小子，夙夜敬止。於乎皇王！繼序思不忘。〔註40〕

〔註39〕〔西漢〕毛亨傳、〔東漢〕鄭玄箋、〔唐〕孔穎達疏：《毛詩正義》，《十三經注疏》本，卷19，頁766。

〔註40〕〔西漢〕毛亨傳、〔東漢〕鄭玄箋、〔唐〕孔穎達疏：《毛詩正義》，《十三經注疏》本，卷19，頁737。

《古序》:「〈閔予小子〉,嗣王朝於廟。」鄭《箋》:「嗣王者,謂成王也。除武王之喪,將始即政,朝於廟也。」此詩乃成王除喪之後〔註41〕。全詩將孝子之情懷,用非常直接的語氣作了表達。首兩句「閔予小子,遭家不造」先表明自身乃處於先人離去之情境之中,而後接作「嬛嬛在疚」,明白點出孝子之哀傷,與〈清廟〉有顯著的差異,〈清廟〉呈現莊嚴的祭祀氣氛,而〈閔予小子〉則著重於心態上的描述,藉由宗廟祭祀作爲情緒上的宣洩,所謂「父母者,人之本也。」〔註42〕既爲人之根本,祭祀過程當然需要隆重莊嚴。詩文中連續兩次深情的吶喊「於乎皇考」、「於乎皇王」表達出孝子對父親無盡的關懷及情思所。「念茲皇祖,陟降庭止。」彷彿先人仍然降臨於身旁一般,所謂「祭如在,祭神如神在」〔註43〕即是如此。

　　先祖之逝去,叫後人感傷,然亡者之形體雖然逝去,然其精神卻常駐子孫心中,爲表達對往者之不忘,於是便有所謂「祭祖」儀式之產生。祭祖儀式的出現,乃出自於祭者對已故者之懷念與景仰,表面上藉由祭祖儀式之舉行表達對祖上親情之不忘,事實上,則是據此滿足祭者對已故者之關懷。

〔註41〕關於此詩爲成王於喪中,或除喪之作,或與除喪與否根本無關,主要有三派意見:(一)一派爲成王除武王之喪,即將朝政,朝於廟也;(二)一派認爲此詩爲成王作品無誤,然乃喪中之作,即位除喪之作;(三)一派爲成王七年,周公致政以後。第一派以鄭玄爲代表,鄭玄申毛,主張此時成王已除喪者;第二派以何楷《詩經世本古義》爲代表;第三派則以王肅爲代表,認爲此詩與〈小毖〉詩篇都是指周公致政,成王嗣位,始朝於廟之樂歌。關於三種說法,筆者較認同鄭玄一派,即《古序》的說法,主要有以下理由:首先,乃針對「嬛嬛在疚」、「皇考」、「皇祖」等字句,全詩語氣淒創哀傷,推論其爲除喪之作,極有有能;第二,鄭玄解此詩作,合於今古家的解釋(〔清〕王先謙:《詩三家義集疏》卷26,頁1037);第三,《古序》云:「嗣王朝於廟」,而不稱成王,原因在於「成王居武王之喪,自遵亮陰不言之制。既除喪,則雖年在幼沖,亦當恭親庶政。」(參見胡承珙《毛詩後箋》第28卷,頁22~52。)對於此,陳奐說法亦同,認爲:「曰嗣王,新辟(君)之詞也。曰朝於廟,免喪之詞也。曰謀,曰進戒,曰求助,遭變之詞也。此及《小毖》四篇接事在周公具攝三年,於後六年作樂,乃追敘而歌之。」(參見清代陳奐:《師毛氏傳疏》(臺北:臺灣學生書局,1986年第七次印刷),頁859~860。)故筆者從《古序》說法,將此詩背景設定爲成王除喪之後。

〔註42〕〔漢〕司馬遷:《史記》(上海:上海人民出版社,1999年,景印文淵閣四庫全書本)卷84,頁2。

〔註43〕〔魏〕何晏等集解、〔宋〕邢昺疏:《論語注疏》《十三經注疏》本,臺北:藝文印書館,卷3〈八佾〉,頁27。

三、祖先功績之緬懷

根據《國語‧周語下》記載：「自后稷之始基靖民，十五王而文（王）始平之，十八王而康（王）克安之。」〔註44〕周人成功克商，乃歸功於文王之奠基及武王之繼承。殷紂時期，周尚為殷之屬國，文王恭敬的侍奉殷王紂，待機而發，在此期間文王不僅用兵西方，更積極向中原進軍，展開征伐，表面上為商朝賣命，事實上乃累積實力為克商作準備。對外用兵累積實力，對內亦展開亦一系列政治措施，為周朝之建立奠定穩定的基礎。而後，武王繼承並發展了文王的基業。對於周人祖宗先王開創之功，《大雅》多有所述及，周之始祖，相傳為后稷，《大雅‧生民》對周人始祖出生及其對農業的偉大貢獻，作了敘述：

> 誕后稷之穡，有相之道。茀厥豐草，種之黃茂。實方實苞，實種實褎，實發實秀，實堅實好，實穎實栗，即有邰家室。誕降嘉種，維秬維秠，維穈維芑。恆之秬秠，是穫是畝；恆之穈芑，是任是負，以歸肇祀。〔註45〕

而後公劉遷豳，遷居豳地時的場景：「篤公劉，既溥既長。既景迺岡，相其陰陽，觀其流泉。其軍三單，度其隰原，徹田為糧。度其夕陽，豳居允荒。」（《大雅‧公劉》）大王遷岐，一步步帶領周民族走向穩定：「周原膴膴，菫荼如飴。爰始爰謀，爰契我龜。曰止曰時，築室于茲。……捄之陾陾，度之薨薨，築之登登，削屢馮馮。百堵皆興，鼛鼓弗勝。」（《大雅‧緜》）太王遷岐時辛勞修建寢宮住所的描述，至文王奠定周之基礎：

> 文王受命，有此武功；既伐于崇，作邑于豐。文王烝哉！築城伊淢，作豐伊匹，匪棘其欲，遹追來孝。王后烝哉！王公伊濯，維豐之垣。四方攸同，王后維翰。王后烝哉！〔註46〕

對文王的功業作了完整的敘述。最後，武王繼承文王志向，終於成功克商而立，成功建立周朝，《大雅‧下武》：「王配于京，世德作求。永言配命，成王之孚。成王之孚，下土之式。永言孝思，孝思維則。媚茲一人，應侯順德。永言孝思，

〔註44〕〔東吳〕韋昭注，《國語》，卷3，頁19。

〔註45〕〔西漢〕毛亨傳、〔東漢〕鄭玄箋、〔唐〕孔穎達疏：《毛詩正義》，《十三經注疏》本，卷16～18，頁583。

〔註46〕〔西漢〕毛亨傳、〔東漢〕鄭玄箋、〔唐〕孔穎達疏：《毛詩正義》，《十三經注疏》本，卷16～18，頁581。

昭哉嗣服。」〔註47〕對於武王能夠成先王遺志，爲後世鋪設好的基礎，作了完整的陳述並大肆加以讚美。由《大雅》詩篇可以發現，雖然亦爲祭祖詩篇，但實際上，多針對周人先祖功業陳述並讚揚，對此現象李山認爲：「祖先之所以可敬，不僅僅由於他們是祖先，同時也由於他們是創造歷史的英雄。」〔註48〕《大雅》詩篇幾乎可以視爲英雄崇拜下的成品〔註49〕。對於此《周頌·武》有所記載：「於皇武王，無競維烈。允文文王，克開厥後。嗣武受之，勝殷遏劉，耆定爾功。」〔註50〕文王爲後世子孫奠定基礎後，武王以寡軍之態擊潰商人所建立之國家，武王有所繼承並發揚，一舉滅商，建立了周朝。文、武二王之功績如此偉大，後世子孫感念其辛勞，爲示對其景仰，事由於宗廟祭祀中，特立二廟加以緬懷，對於文武二王的功業，《尚書·君牙》云：「丕顯哉，文王謨；丕承哉，武王烈。啓佑我後人，咸以正罔缺。爾惟敬明乃訓，用奉若于先王。對揚文、武之光命，追配于前人。」〔註51〕不僅大大的讚揚了文武二王的開創之績，亦表露出希望後能人能承前啓後，於文武的基礎上，不僅能守成更能有所發展。因此，《詩經》宗廟祭祖樂歌中包含諸多讚頌文王、武王功績的作品，實際上皆是對先人創業的緬懷。《周頌·維天之命》一詩即爲祭祀文王詩作：

> 維天之命，於穆不已。於乎不顯！文王之德之純。假以溢我，我其
>
> 收之。駿惠我文王，曾孫篤之。〔註52〕

《古序》：「〈維天之命〉，太平告文王。」《箋》云：「告大平者，居攝五年之末也。文王受命不卒而崩，今天下大平，故承其意而告之，明六年制禮作樂。」《詩集傳》則謂：「此亦祭文王之詩。」與《古序》說法大體相類〔註53〕，祭

〔註47〕〔西漢〕毛亨傳、〔東漢〕鄭玄箋、〔唐〕孔穎達疏：《毛詩正義》，《十三經注疏》本，卷16～18，頁579。

〔註48〕參見李山：《詩經文化的精神》，頁246。

〔註49〕在中國「英雄」通常是指才能勇武過人的人，周人祖先崇拜與英雄崇拜似乎是相互融合的，祖先崇拜染有英雄崇拜的影子。對於具有開創功業者，往往於人性外賦予其神性，使其成爲完美的化身。

〔註50〕〔西漢〕毛亨傳、〔東漢〕鄭玄箋、〔唐〕孔穎達疏：《毛詩正義》，《十三經注疏》本，卷19，頁736。

〔註51〕〔西漢〕孔安國傳、〔唐〕孔穎達疏：《尚書正義》，《十三經注疏》本，卷19，頁128。

〔註52〕〔西漢〕毛亨傳、〔東漢〕鄭玄箋、〔唐〕孔穎達疏：《毛詩正義》，《十三經注疏》本，卷19，頁707。

〔註53〕朱熹於《詩序辨說》謂：「詩中未見告太平之意。」認爲此亦祭祀文王之詩，「太平」二字乃屬多餘。余培林認爲：「蓋告文王之詩，孰非告太平乎？」兩者並無抵觸，可通用。參見余培林：《詩經正詁》，頁634。

祀對象為文王，文王奠基之功，在周人心中是何等神聖，因此，詩中處處流露子孫對文王之緬懷、敬仰之情。后稷、文王、武王乃為開國之王，子孫一方面為表達自身對先祖之感念外，對其開創之功，亦不可忘懷，藉此更可以其功業，警惕後世子孫，以其為榜樣，使其成為子孫學習模仿的對象。

除了對外宣示主權外，對內亦希望藉由祭祖儀式之舉行，提醒在位者不可忘前人之功績，收成不易，希望能以戒慎恐懼之心理，完成整個祭祖儀式。功業除需守成之外，亦希望能有所開創，此為祖先崇拜之再延伸，事實上，為另一英雄崇拜之轉化，對周人而言「祖先之所以可敬，不僅僅由於他們是祖先，同時也由於他們是創造歷史的英雄。」〔註 54〕周朝中期的祖先崇拜多與英雄崇拜相互參雜，這一點多顯現在《大雅》祭祖詩作中。

四、完美人格的追求

以上祖先功業的緬懷，基本上就其開創功績而言，實際上，在這些詩作中，反映出周人祖先崇拜的另一個特色——完美人格的追求。周人對后稷、公劉、太王等等的祖先崇拜，多停留在周族祖先創業維艱的描寫，基本提上到的是整個周人的民族發展史，但後來，可以發現周人對文王的祭祀樂歌中，增添了更多內在意涵，即為對文王完美人格的推崇，根據《大雅·綿》、《大雅·思齊》及《大雅·皇矣》之《古序》的說法〔註 55〕，可以發現，文王的人格幾乎到達完美的境界，暫且不論文王是否若周人詩作中所描述中，真實的具備幾乎完善的人格特質，事實上，周人對文王的人格描述是一種經理想化後的呈現，對於這部分，李山作了詳細的說明：

> 在周人觀念中，文王並非以自己個人的德行膺承了天意的眷顧，文王的德行中集著一切周族符合上帝至善法則的價值創創造物。如此，天命才降及在文王身上。這位廟號為「文」的先王祖靈，已經不是他自己了。作為一個被崇拜的精神偶像，他總和著列位祖宗的完美德行。〔註56〕

基本上，文王的形像是被創造出來的，創造出來作為所有周人的榜樣，這具

〔註54〕 參見李山：《詩經的文化精神》，頁 246。
〔註55〕 《大雅·綿》之《古序》：「文王之興，本由太王」；《大雅·思齊》之《古序》：「文王所以聖也」；《大雅·皇矣》之《古序》：「天監代殷莫若周，周世世修德莫若文王。」
〔註56〕 參見李山：《詩經的文化精神》，頁 251。

備新的時代象徵，代表周人開始思索人類本身的價值，並藉由祖先崇拜的詩歌作品加以凸顯。除了《詩經》的詩作表現出這時代新意義外，亦可從銅器銘文記載中，發現周人對完美人格追求的企望。根據劉源的研究，西周銅器銘文對祖先之稱謂多用「文」、「皇」〔註57〕、「剌」〔註58〕或「文人」、「文神」、「大神」等字體加以修飾，基本上這些字都是用來讚美祖先文德純美、功績顯大等，反映出周人對祖先的崇敬與頌揚。藉由完美人格的追求，可以知道周人祖先崇拜已經增添道德意義於其中，脫離商人對祖先的恐懼，祭祀祖先純粹出自於最原始的反應；周人反而呈現對人類自身品德的要求，開始將焦點放在人類身上，表現出一種人文精神的脈動。基本上，藉由祭祖詩篇，我們看到了祖先崇拜對於「個人」最高境界而言是一種完美人格的追求。

第二節　就社會層面而言

祖先崇拜對商、周社會文化而言，佔有十分重要的地位，然兩者在內涵上卻蘊含著截然不同的性質。「商人尊神，率民以事神，先鬼而後禮。」（《禮記・表記》）〔註59〕商人對祖先崇拜的態度仍停留在原始宗教意義上；「周人尊禮尚施，事鬼神而遠之，近人而忠焉。」〔註60〕周人則藉由「禮制」的施行，逐漸脫離原始宗教層面，使得祖先崇拜具有更深的文化意涵，轉化為更具道德意義的宗教信仰。對此，王國維〈殷周制度論〉提出商周祭祀制度的異同：

> 商人祭法見於卜辭所祭者至為繁複，自帝嚳以下，至於先公先王先妣，皆有專祭，祭各以其名之日，無親疏遠邇之殊也。先公先王之昆弟，在位者與不在位者祀典略同，無尊卑之差也。……古人言周制尚文者，蓋兼眾數義而不專主一義之謂，商人繼統之法，不合尊

〔註57〕周人以「文」稱頌祖先，可見〈綿〉、〈思齊〉、〈皇矣〉等；周人以「皇」稱頌祖先，亦可見於《詩經》，如〈信南山〉、〈閔予小子〉、〈離〉等。

〔註58〕「剌」同假借字「烈」，通常冠於祖先稱謂前，以光顯其功績（筆者從馬瑞辰解「烈」之說法，參見馬瑞辰：《毛詩傳箋通釋》，頁1158）。見於《詩經》，如〈烈文〉、〈雍〉、〈載見〉等。

〔註59〕根據研究《禮記・表記》一文乃出自戰國秦漢時人的手筆，可見早在當時對於商周祖先崇拜之不同，早就有所察覺。

〔註60〕〔東漢〕鄭玄注、〔唐〕孔穎達疏：《禮記正義》，《十三經注疏》本，卷32，頁914。

> 尊之義，其祭法又無遠邇尊卑之分，則于親親尊尊二義，皆無當也。
> 周人以尊尊之義經親親之義而立嫡庶之制，又以親親之義經尊尊之
> 義而立廟制，此其所以爲文也。〔註61〕

周人祭祀制度乃本於「親親」、「尊尊」的原則上展開，與商人祭祀制度有著截然不同的特徵，因此，徐復觀對於商周祖先崇拜本質的轉變作了如下的註腳：「周初對祖宗的祭祀，已由宗教之意義，轉化爲道德的意義。」〔註62〕認爲周初已經逐漸脫離商人原始宗教意義，蛻變爲具有道德意義的文化〔註63〕。周人以宗法制度爲中心展開爲其治國方略，宗法制度與血緣關係爲一體不可區分之兩面，利用血緣（私）及制度（公）兩相牽制下，使得周人統治網能更加牢固。藉由祖先崇拜之心理，周人制訂諸多禮制以控制被統治者的行爲，在合於情理的範圍間，使被統治者於潛移默化中受到牽制而又不自覺，此爲西周將政治觸角深入祖先崇拜的一大利器。除了宗法制度之限定外，禮樂文化亦爲伴隨祖先崇拜而得到完美的鞏固而告形成，周朝統治者藉由禮樂添加入祭祖典禮，「禮樂」柔性的表達，亦使被統治者受到思想上的匡治而不易察覺。

以下將就祖先崇拜對周人社會文化層面所產生之影響及表現，藉由《詩經》作一說明。

一、宗法制度再鞏固

梁啓超嘗謂：「中國古代的政治是家族本位的政治。」〔註64〕認爲中國政治乃本於家族，家族乃政治統治之基本。中國向來爲重視家族觀念的民族，甚至以家族爲主展開統治。然而，「家」、「族」兩字最初乃獨立存在的兩各字體，直到先秦後期兩字才合併成爲一特定用語，基本上宗法制度乃是以「家」爲單位作展開。

周人立國根本乃奠基於宗法制度，周人得到統治權後，便開始大封諸侯，欲藉此穩固自身之統治權力實際上，便是以家族爲基礎，展開分封。周人之宗法制度乃是血緣關係之延伸，與宗族有著極爲密切的關係，不僅尊崇相同

〔註61〕 參見王國維：《定本觀堂集林》，頁468。
〔註62〕 參見徐復觀：《中國人性論史》，頁28。
〔註63〕 值得注意的一點，周初乃爲萌芽而已，眞正將祖先崇拜轉化成全然具備道德意義文化層面，還需而後儒者的推行與理論的提出。
〔註64〕 參見梁啓超：《先秦政治思想史》（中華書局、上海書店，1986年版），頁40。

的祖先,亦有嚴格的尊卑、長幼、親疏之規範,在諸多場合中,不同的身份皆有其所應遵守的禮制,不同的權力與義務,使得整個西周能趨於穩定,事實上,宗法制度是另一種政治控制的反應,即便宗廟祭祖過程的施行過程,表面上,崇拜祖先舉行祭祀,亦可謂為憑藉宗族力量再次穩固政治的手段。祖先崇拜本源於血緣關係,藉由宗廟祭祖禮制使得祖先崇拜能夠呈現於外在儀式中,換言之,祭祖禮制更加強化了兩者的關係,一系列的祭祖儀式規範著每一位參祭者的行為,包括所應遵守的禮儀,所應祭祀的對象,在潛移默化中,強化了宗族關係,更加鞏固了宗法制度。宗法制度的內涵乃包括「親親」及「尊尊」兩內容。所謂「親親」乃謂兩者間血緣之密切聯繫,屬於親情的發展,有嚴格的血緣制約性;「尊尊」則是在一定的規範下,凡事需按禮而行,不可逾矩,有嚴格的政治限定。〔註65〕此為周人宗法制度之兩大原則,看似親近確有其限制,在整個宗廟祭祖禮制中亦可見其蹤跡。

　　祖先崇拜表現在社會文化層面,是宗法制度的確定。藉由祭祖禮制的規定,除了主祭者與參祭者間有著不同禮儀限定外,天子、諸侯、大夫隨其身份不同亦有著不同規定。在《詩經》中,宗法制度呈現於整個祭祀禮儀中,《周頌‧載見》云:

　　　　載見辟王,曰求厥章。龍旂陽陽,和鈴央央。鞗革有鶬,休有烈光。
　　　　率見昭考,以孝以享,以介眉壽。永言保之,思皇多祜。烈文辟公,
　　　　綏以多福,俾緝熙于純嘏。〔註66〕

《古序》:「〈載見〉,諸侯始見乎武王廟也。」此詩主要為祭祀武王之樂歌。前六句描述了諸侯助祭時,進入武王宗廟前,車、馬、服飾皆需依循典章,以示尊重。七、八句則由成王率領進入宗廟以進行獻祭,末六句則為祝禱求福之語。全詩祭祀程序井然,且天子、諸侯,祭祀著同樣的對象,彷彿一家人,但彼此之間又有長幼、尊卑的順序,成王帶領於前,諸侯公卿們跟隨於後,武王則若大家長般,接受眾人誠敬的獻享,並賜福於大家。宗法制度於宗廟祭祀中完全呈現。《周頌‧載芟》云:

　　　　載芟載柞,其耕澤澤。千耦其耘,徂隰徂畛。侯主侯伯,侯亞侯旅,

〔註65〕關於宗廟設置上政治規定和血緣制約的嚴格性,張鶴泉認為宗廟的設置,在周代社會中,有與嚴格的等級制度相互呼應。參考張鶴泉:《周代祭祀研究》（臺北:文津出版社,1993年五月初版),頁132～141。

〔註66〕〔西漢〕毛亨傳、〔東漢〕鄭玄箋、〔唐〕孔穎達疏:《毛詩正義》,《十三經注疏》本,卷19,頁734。

侯彊侯以。有嗿其饁，思媚其婦，有依其士。有略其耜，俶載南畝，
播厥百穀，實函斯活。驛驛其達，有厭其傑，厭厭其苗，緜緜其麃。
載穫濟濟，有實其積，萬億及秭。爲酒爲醴，烝畀祖妣，以洽百禮。
有飶其香，邦家之光。有椒其馨，胡考之寧。匪且有且，匪今斯今，
振古如茲。〔註67〕

《古序》：「〈載芟〉，春籍田而祗社稷也。」《鄭箋》：「籍田，甸師氏所掌，王
載耒耜所耕之田，天子千畝，諸侯百畝。籍之言借也，借民力治之，故謂之
籍田。」此詩主要爲藉田祈社稷所用之樂歌。王先謙《詩三家義集疏》：

〈載芟〉一章三十一句，春籍田祈社稷之所歌也。（蔡邕《獨斷》）
《南齊書・樂志》、漢章帝時，玄武司馬班固奏用《周頌・載芟》以
祈先農。是《齊說》亦以此詩爲籍田祈社稷所用樂歌。《韓詩》當同。
〔註68〕

此詩主旨今古文家說法皆同。詩句「千耦其耘，徂隰徂畛。侯主侯伯，侯亞
侯旅，侯彊侯以。」根據《毛傳》：「主，家長也。伯，是長子也。亞，仲叔
也，旅，子弟也。」「主」、「伯」、「亞」、「旅」、「彊」層層劃分，階級劃分嚴
明。爲祭祀詩作中，宗法制度之呈現。詩句中敘述祭祀過程中，層級雖分明，
卻又宛如一家族共同生活的畫面。再度表現周人宗法制度於祖先崇拜之呈
現。宗族乃以血緣爲基礎，爲確保血統純正，因此必須追本溯源，唯有確定
本族血統，是否源于同一祖先，才能衡量能否成爲本族成員，這是宗法制度
中「親親」的根本尺度，由此，祖先的崇高地位才能加以凸顯。而且宗族的
團結需要一種向心力，在宗族中，祖先便是這種權威最佳代表。藉由祭祀禮
制的制訂，通過各種祭祀儀式加強族人對自身宗族、血緣的認同感，促進宗
族內部團結，產生強大的凝聚力，這是祖先崇拜於周人社會制度的助益之一。

　　在周人宗法制度的基礎上，間接影響了爾後祖先崇拜在中國的發展，使
得中國祖先崇拜能夠源遠流長的延續於下一朝代：「正式這種以血緣爲紐帶的
社會結構幾千年不變，使得中國祖先崇拜根深蒂固。」〔註69〕的確，周人爲
了穩固自身之統治權，剛柔並濟，一方面利用血緣之連結爲基礎；一方面卻

〔註67〕〔西漢〕毛亨傳、〔東漢〕鄭玄箋、〔唐〕孔穎達疏：《毛詩正義》，《十三經注
　　　疏》本，卷19，頁745。
〔註68〕參見王先謙：《詩三家義集疏》，卷26，頁1045。
〔註69〕參見陳榮復：《文化的演進——宗教禮儀研究》（黑龍江：黑龍江人民出版社，
　　　2004年12月第一版印刷），頁174。

又制訂嚴格的宗法規範作限制，在不知不覺中，達到起統治者的目的，藉由宗廟祭祀不僅確立了宗族成員的尊卑倫理，更進一步凝聚宗族間的團結力，並藉此穩固了社會秩序，因此，祖先崇拜看似本於親情之感性立場出發，就社會層面而言，卻又肩載著政治的目的於其後，呈現出祭祖禮制與政治相互完美的結合。

二、禮樂文化之確立

中國祖先崇拜主要表現在《詩經》祭祖詩作中，這些祭祖詩主要在禮樂文化的浸濡中產生，並且成為表現禮樂文化最佳載體，因此許多層面都呈現了禮樂文化的基本精神。藉由禮樂制度的制定，中國祖先崇拜在硬性宗法制度的規範中，增添柔性的潤滑劑，禮樂的特質使得祖先崇拜與人們間的關係更為和諧。然就禮樂本身而言，禮樂本為兩獨立個體，因此具有差異性；就共同性言，禮樂彼此間卻又有著密不可分的關係，擁有相同的共性──「敬」與「和」。這是祖先崇拜表現在禮樂文化的精神內涵。〔註70〕

中國祖先崇拜有隸屬於自身的特殊性，迥異於西方之祖先崇拜，其中，根本的差異在於中國祖先崇拜與「禮」相互結合，因此方能歷久不衰。《荀子‧論禮》對禮的根本作了以下的詮釋：

> 禮有三本：天地者，生之本也；先祖者，類之本也；君師者，治之本也。無天地，惡生？無先祖，惡出？無君師，惡治？三者偏亡，焉無安人。故禮，上事天，下事地，尊先祖，而隆君師。是禮之三本也。〔註71〕

荀子這段話，透露了兩個訊息：中國祖先崇拜的特色──與「禮」相互結合，使得中國祖先崇拜的境界提升至道德境界，脫離純粹的宗教信仰，轉變成更富深刻內涵的文化傳統〔註72〕；此外，祖先崇拜與天地、君師同屬於「禮」的根本之一，可見其地位之重要。

〔註70〕關於以上說法，整理自郭杰、李炳海、張慶利：《先秦詩歌史論》（吉林：吉林教育出版社，2006年5月第二次印刷），頁103～104。

〔註71〕〔戰國〕荀況：《荀子》（上海：商務印書館，1922年，《四部叢刊》上海涵芬樓景印古逸叢書本）〈論禮篇第十九〉卷13，頁6。

〔註72〕西方人類學家、宗教學家的說法，往往將祖先崇拜定位在較原始的宗教信仰，斯賓賽（Herbert Spencer）甚至提出「祖先崇拜是一切宗教的起源。」這是屬於西方的祖先崇拜，中國祖先崇拜有其「特殊性」，故筆者認為不可全然以西方人類學理論詮釋其存在。

根據許慎對「禮」的解釋：「禮，履也，所以事神致福也。從示從豊。」所謂「豊」乃「行禮之器，從豆，象形。」〔註73〕故知「豊」為行禮實用的器具。後來經王國維考證「豊」，發現「豊」雖為禮器，但是非「從豆」而是「像二玉在器之形。」古者行禮以玉，《尚書・盤庚》中所謂：「具乃貝玉」即是以玉禮神。又從甲骨卜辭中「圛」（即「豊」）字的結構上看，是在一個器皿裡盛二玉以奉事於神。〔註74〕故知「禮」之本義乃指祭神之器，而後引用為祭神的宗教儀式，最後才泛指人類社會日常生活中的各種行為儀式，其淵源於上古祭祀文化。那麼「禮」的內涵為何？「禮」是「敬」、「仁」精神的具體呈現。所謂：「克己復禮為仁」（《論語・顏淵》）又「勤禮莫如致敬」（《左傳・昭公十二年》）便是對「禮」中心精神的闡述。

「樂」之本義，根據許慎《說文解字》：「五聲八音總名。象鼓鞞。木，虡也。」〔註75〕甲骨文「樂」的字形，乃為從懸鼓類樂器來的象形文字，直到金文的發現，「樂」的意義才被具體化。根據學者研究，金文中的「樂」大部分是以「用（以）樂（喜）某某」出現，意義大概就是讓「某某」（祭祀對象）感到開心。基本上與祭祀亦有密切的關連。那麼「樂」的本質為何？根據《禮記・樂記》的說明：

> 樂在宗廟之中，君臣上下同聽之則莫不和敬；在族長鄉里之中，長幼同聽之則莫不和順；在閨門之內，父子兄弟同聽之則莫不和親。故樂者審一以定和，比物以飾節；節奏合以成文。所以合和父子君臣，附親萬民也，是先王立樂之方也。故聽其雅、頌之聲，志意得廣焉；執其干戚，習其俯仰詘伸，容貌得莊焉；行其綴兆，要其節奏，行列得正焉，進退得齊焉。故樂者天地之命，中和之紀，人情之所不能免也。〔註76〕

經由《禮記・樂記》的闡述，基本上其本質依照不同對象有「和敬」、「和順」、「和親」的區別。基本上，亦為「敬」、「和」精神的反應。

綜上所述，藉由甲骨金文對「禮」、「樂」的記載，得知其最初乃源於祭祀。由典籍紀錄則可推知禮、樂基本精神乃為「敬」與「和」，「禮樂」兩者

〔註73〕〔東漢〕許慎：《說文解字》，卷5上，頁14。
〔註74〕參見王國維：《定本觀堂集林》〈釋禮〉，頁291。
〔註75〕〔東漢〕許慎：《說文解字》，卷6上，頁13。
〔註76〕〔東漢〕鄭玄注、〔唐〕孔穎達疏：《禮記正義》，《十三經注疏》本，卷19，頁699。

實爲一體兩面的共同體，相互爲用〔註77〕，因此，兩者有著相同的目標，終極的境界——「敬」與「和」：

> 樂也者，動於內者也；禮也者，動於外者也。故禮主其減，樂主其盈。禮減而進，以進爲文；樂盈而反，以反爲文。禮減而不進則銷，樂盈而不反則放；故禮有報而樂有反。禮得其報則樂，樂得其反則安；禮之報，樂之反，其義一也。〔註78〕

周公制禮作樂，將其禮樂從宗教原始意義上，推到另外一個更高的境界，即文化的境界。不僅將依照不同祭祀對象，訂立不同的祭祀禮制；更依祭祀者階級的不同，制訂不同的禮制規範，一來凸顯祭祀儀式的教化意義，加強了宗法制度的力量；另外一方面，更使「禮樂」融入祭祀文化中，建立屬於周人特有的禮樂文化。王國維所謂：「盛玉以奉神人謂之圉若豊，推之而奉神人之酒醴亦謂之醴，又推之而奉神人之事通謂之禮。」〔註79〕可以說爲周人將「禮樂文化」融入祭祀文化之內涵，下了最佳的註腳說明。《易經·豫卦》：「先王以作樂崇德，殷薦上帝，以配祖考。」《禮記·樂記》：「禮樂順天地之誠，達神明之德，降興上下之神。」又「樂者敦和，率神而從天；禮者辨宜，居鬼而從地。故聖人作和應天，作禮以配地。」都是在闡述禮樂文化交融於祭典當中。

「禮」、「樂」本屬於祭祀活動的一部份，禮樂文化是由從祭祀文化發展而來的。《詩經》三《頌》幾乎皆爲祭祀樂曲，其目地主要於舉行宗廟祭典時所演奏之樂歌，詩篇保留最初祖先崇拜之痕跡。〔註80〕藉由祭祖禮制的舉行，與樂曲相互結合，使得禮樂於祭祖典禮中相互輝映，對於祭祖儀式中，祭祀

〔註77〕《禮記·樂記》：「……是故先王之制禮樂，人爲之節：衰麻哭泣，所以節喪紀也；鐘鼓干戚，所以和安樂也；昏姻冠笄，所以別男女也；射鄉食饗，所以正交接也。禮節民心，樂和民聲，政以行之，刑以防之，禮樂刑政，四達而不悖，則王道備矣。」人之所以爲亂，乃是由於外界的刺激，人如果沒友節制自身物欲，而放任它自由澎湃生長的話，理性就會被泯滅，社會便會大亂，失去固有的秩序，因而需有禮、外加以規範，禮儀用來節制人民的性情；音樂用來調和人民的呼聲，唯有將兩者相互爲用，才能夠確實將社會民心導入正途。因此，筆者認爲禮樂乃屬於一體兩面的共同體。

〔註78〕〔漢〕鄭玄注、〔唐〕孔穎達疏：《禮記正義》，《十三經注疏》本，卷19，頁698。

〔註79〕參見王國維：《定本觀堂集林》〈釋禮〉，頁291。

〔註80〕三《頌》皆爲宗廟祭祀樂曲，如今已爲學術界所公認。宗廟祭祀主要對象之一——祖先。「祖先崇拜」藉由具體禮制所呈現之表現爲「宗廟祭祀」。

樂曲之安排，周人有詳細之規定，根據《周禮・春官・大司樂》的記載：

> 乃分樂而序之，以祭，以享，以祀。乃奏黃鐘，歌大呂，舞〈雲門〉，以祀天神。乃奏大蔟，歌應鐘，舞〈咸池〉，以祭地示。乃奏姑洗，歌南呂，舞〈大韶〉，以祀四望。乃奏蕤賓，歌函鐘，舞〈大夏〉，以祭山川。乃奏夷則，歌小呂，舞〈大濩〉，以享先妣。乃奏無射，歌夾鐘，舞〈大武〉，以享先祖。凡六樂者，文之以五聲，播之以八音。凡六樂者，一變而致羽物及川澤之示，再變而致贏物及山林之示，三變而致鱗物及丘陵之示，四變而致毛物及墳衍之示，五變而致介物及土示，六變而致象物及天神。凡樂，圜鐘爲宮，黃鐘爲角，大蔟爲徵，姑洗爲羽，雷鼓雷鼗，孤竹之管，雲和之琴瑟，〈雲門〉之舞；冬日至，於地上之圜丘奏之，若樂六變，則天神皆降，可得而禮矣。凡樂，函鐘爲宮，大蔟爲角，姑洗爲徵，南呂爲羽，靈鼓靈鼗，孫竹之管，空桑之琴瑟，〈咸池〉之舞；夏日至，於澤中之方丘奏之，若樂八變，則地示皆出，可得而禮矣。凡樂，黃鐘爲宮，大呂爲角，大蔟爲徵，應鐘爲羽，路鼓路鼗，陰竹之管，龍門之琴瑟，〈九德〉，〈九韶〉之舞；於宗廟之中奏之，若樂九變，則人鬼可得而禮矣！〔註81〕

從中可知，周人祭祀不僅限定了嚴格的祭祖禮制，更有嚴格的祭祖儀式，小至器皿、犧牲、時間、地點、曲目、樂器，皆有詳細的規定，不容僭越禮制。〔註82〕尤其對於宗廟祭祖禮制，更是如此。藉由禮樂之限定，祭祀過程一派井然有序的面貌，表面上是祭祀先祖，實際上，由祭祀典禮中諸多限定，宗法階級在祭祀過程中再次被凸顯。根據《左傳・宣公十二年》：

> 武王克商，作《頌》曰：「載戢干戈，載櫜弓矢。我求懿德，肆于時夏，允王保之。」又作〈武〉，其卒章曰：「耆定爾功。」其三曰：「鋪

〔註81〕〔東漢〕鄭玄注、〔唐〕賈公彥疏：《周禮注疏》，《十三經注疏》本，卷17～27，頁336。

〔註82〕周公之所以行天子之禮，乃本於其有功於周，故成王特以天子之禮予其祭祀：「昔殷紂亂天下，脯鬼侯以饗諸侯。是以周公相武王以伐紂。武王崩，成王幼弱，周公踐天子之位以治天下；六年，朝諸侯於明堂，制禮作樂，頒度量，而天下大服；七年，致政於成王；成王以周公爲有勳勞於天下，是以封周公於曲阜，地方七百里，革車千乘，命魯公世世祀周公天以子之禮樂。是以魯君，孟春乘大路，載弧韣；旂十有二旒，日月之章；祀帝于郊，配以后稷。」〔漢〕鄭玄注、〔唐〕孔穎達疏：《禮記正義》，《十三經注疏》本，頁575。

－173－

時繹思，我徂惟求定。」其六曰：「綏萬邦，屢豐年。」〔註83〕
其中詩句分別見於《周頌‧武》、《周頌‧賚》、《周頌‧桓》中，《周頌》與宗廟
祭祀相互結合可以得到證明〔註84〕。《周頌‧有瞽》提及周人祭祖用樂的情形：

> 有瞽有瞽，在周之庭。設業設虡，崇牙樹羽，應田縣鼓，鞉磬柷圉。
> 既備乃奏，簫管備舉。喤喤厥聲，肅雝和鳴，先祖是聽。我客戾止，
> 永觀厥成。〔註85〕

〔註83〕〔晉〕杜預注、〔唐〕孔穎達疏：《春秋左傳正義》，《十三經注疏》本，頁396。

〔註84〕關於《大武》樂章的紀錄，主要見於《左傳‧宣公十三年》楚莊王之語：「武王克商，作頌曰：『載戢干戈，載櫜弓矢。我求懿德，肆于時夏，允王保之。』又作〈武〉，其卒章曰：『耆定爾功。』其三曰：『鋪時繹思，我徂惟①求定。』其六曰：『綏萬邦，屢豐年。』夫武，禁暴、戢兵、保大、定功、安民、和眾、豐財者也，故使子孫無忘其章。」學者在這基礎上，展開討論，學界說法不同，主要有六首、五首之說，筆者僅羅列較著名六家說法：

（1）明代何世楷《詩經世本古義》主張六首，認為除了《周頌‧武》、《周頌‧賚》、《周頌‧桓》外，《周頌‧酌》為《大武》之第二首，《周頌‧般》為《大武》之第四首、《周頌‧時邁》為《大武》之第五首。

（2）清代魏源《詩古微》亦主張有六首，然其中一首已經亡佚，認為《周頌‧酌》為《大武》之第二首，《周頌‧般》為《大武》之第四首。魏氏說法略同於何楷。

（3）清末龔橙《詩本誼》主張除了《周頌‧武》、《周頌‧賚》、《周頌‧桓》外，《周頌‧酌》為《大武》之第二首，《周頌‧般》為《大武》之第四首、《周頌‧維清》為《大武》之第五首。魏氏說法亦略同於何楷，僅第六首說法不同而已，基本上亦主張有六首。

（4）王國維《定本觀堂集林‧周大舞樂章考》說法迥異於前人，提出《大武》之首為《周頌‧昊天有成命》，《周頌‧武》為《大武》之第二首，《周頌‧酌》為《大武》之第三首、《周頌‧桓》為《大武》之第四首，《周頌‧賚》為《大武》之第五首，《周頌‧般》為《大武》之第六首。

（5）高亨《詩經今注》則提出《大武》之首為《周頌‧我將》，《周頌‧武》為《大武》之第二首，《周頌‧賚》為《大武》之第三首、《周頌‧般》為《大武》之第四首，《周頌‧酌》為《大武》之第五首，《周頌‧桓》為《大武》之第六首。除了首章外，基本上與王國維相同，只是次序有異。

（6）孫作雲則主張《大武》雖有六首，然第五首乃有舞無辭，《大武》之首章為《周頌‧酌》，《周頌‧武》為《大武》之第二首，《周頌‧賚》為《大武》之第三首、《周頌‧般》為《大武》之第四首，第五首無，《周頌‧桓》為《大武》之第六首。由於，此非本章論述重點，故筆者僅將各家說法加以簡單陳述，對其內容討論不再贅述。

最大爭議點在於中國古代便有詩樂舞三者合一的說法，因此造成異說紛呈的現象。

〔註85〕〔西漢〕毛亨傳、〔東漢〕鄭玄箋、〔唐〕孔穎達疏：《毛詩正義》，《十三經注疏》本，卷19，頁731。

此外，《周頌・絲衣》：「絲衣其紑，載弁俅俅。自堂徂基，自羊徂牛。鼐鼎及鼒。兕觥其觩，旨酒思柔。不吳不敖，胡考之休？」為一繹祭之詩〔註 86〕。除此之外，皆可從《周頌》中求得祭祀周人祖先之作，《周頌》三十一篇，幾乎每一首皆可反應周人祖先崇拜在禮樂上的文化意涵。

周人將禮樂文化與祭祖典式相互連結，就「親親」精神而言，除了收「歸根復本」之功外，事實上，亦為「尊尊」精神的反應，使統治者藉由禮制的規範而收「正名」、「統治」之效。《詩經》中祭祖儀式，舉行時多有音樂相互伴隨，一放面藉由音樂演奏確定儀式之舉行步驟、程序，另外藉此塑造嚴肅莊嚴的氣氛，表達祭者對祖先的尊敬之情。〔註 87〕《詩經》本身即是一部禮樂著作，尤其是乎首首皆屬祭祀樂曲。藉由《詩經》禮儀用樂看來「周人禮儀之繁，禮樂之盛，其對時人精神方面的濡染和浸潤，自是不言而喻。」〔註 88〕祖先崇拜在社會文化上的意義，在此被完全突顯出來。

第三節 就國家而言

周人暗中累積實力，於牧野一戰克商而建立新的政權，這對周人而言，無疑是一大勝利。然而，對於商人的失敗，周人必須提出一合理的解釋，以說明周繼商而立乃膺受天命，對此，周人以「皇天無親，惟德是輔」〔註 89〕解釋商人所崇拜之上帝，之所以放棄對商人庇護的原因，乃基於商人之無「德」。周人既然提出「德」字來解釋商人失去統治權的原因，相對的，周人能得天下，則是因為有「德」。基於此，談及祖先先人功績時，周人往往以德

〔註 86〕《古序》：「〈絲衣〉，繹賓尸也。」《箋》云：「繹，又祭也。天子諸侯也繹，以祭之明日。卿大夫曰賓尸，與祭同日，周曰繹，商謂之肜。」孔穎達《疏》：「〈絲衣〉詩者，繹賓尸之樂歌也。謂周公成王太平之時，祭宗廟之明日又設祭事，以尋繹昨日之祭，謂之為繹。以賓事所祭之，尸得之得禮。詩人述其事而為此歌焉。」

〔註 87〕關於周人用樂相關研究，可以參考王國維：《定本觀堂集林・釋樂次》一文。參見王國維：《定本觀堂集林》，頁 84～103。後來，季旭昇老師在其基礎上，加以補疏說明並添加〈算樂〉一節。詳細內容參見季旭昇老師《詩經吉禮研究》之附錄〈王國維釋樂次補疏〉，頁 136～164。

〔註 88〕參見王培元、廖群：《中國文學精神》（山東：山東教育出版社，2003 年第一版），頁 83。

〔註 89〕〔漢〕孔安國注、〔唐〕孔穎達疏：《尚書正義》，《十三經注疏》本，卷 17，頁 254。

行天加入先王的功績中，這一點在《大雅》中諸多歌頌文王功績之詩作中，常常見著，周人藉此以證明自身取的政權的合理性，此爲《詩經》祭祖詩的特徵之一。對於殷商遺民，卻仍必須仍保持警戒，克商後大舉封建，一方面對殷商遺民表示友好，藉此籠絡其心，另一方面，卻又不放棄以武力監控殷商遺民的一舉一動。除了政治上的恩威並濟外，商人向來爲崇拜鬼神的民族，有鑑於此，周人亦利用商人對祖先崇拜的狂熱，進行觀念上的改變，藉由祭祖儀式歌周祖的功業，對內向周人宣示祖先創業維艱，其功績不可遺忘，需時時秉持戒愼恐懼的心態，緬懷先祖的功業，再則，祭祖典禮舉行時，商人需前來助祭的時機，歌頌先人功業外，亦藉此宣示主權乃合理取得外，助祭的一方乃臣，宣示效忠；主祭者乃君，宣示主權，君臣分野一出，實際上，是周人統治主權的再鞏固。

一、周人主權之合理取得

如何證明周人代商而立乃爲天所命，周人利用商人對上帝的崇拜下手，在《詩經》中，周人往往藉由周代先王伴隨上帝左右，表示商人已失去上帝的信任，由於商人熱衷於祭祀，周人針對此對商人進行觀念的改變，諸多詩作宣揚周代先祖創業功績外，亦多提及先王先祖神明伴隨天帝，來表達上帝將對商人的眷愛已經轉移到周人身上。《大雅‧文王》記載：「文王陟降，在帝左右。」文王死後，神明伴隨上帝身邊，又《大雅‧大明》：

> 明明在下，赫赫在上。天難忱斯，不易維王。天位殷適，使不挾四
> 方。……維此文王，小心翼翼。昭事上帝，聿懷多福。厥德不回，
> 以受方國。〔註90〕

《古序》：「文王有明德，故天復命武王。」鄭《箋》：「二聖相承其明德，日以廣大。」孔穎達《疏》：「作者言文王有明德，由其德當上天，故天復命武王焉。言復更命武王以對，前命文王，言文王有明德，互相見也。」此詩前六句，說明文王之所以能將大業承繼於武王，乃是由於文王有德，更恩及子孫，武王成其德，故能得天下。而後，文王小心謹慎的事奉上帝，因此爲周人招來許多福份，有亦因有德，四方紛紛歸順。藉由商人崇拜上帝的心理，一方面以德合理解釋政權之取得，另一方面，亦因有德，得到上帝對周人的

〔註90〕〔西漢〕毛亨傳、〔東漢〕鄭玄箋、〔唐〕孔穎達疏：《毛詩正義》，《十三經注疏》本，卷16～18，頁533。

眷顧，將天下統治大權，由商人身上轉移到周人。此外，《詩經》中諸多詩句，尤其是《大雅》詩篇：

> 帝遷明德，串夷載路。天立厥配，受命既固。
>
> 帝省其山，柞棫斯拔，松柏斯兌。帝作邦作對，自大伯王季。
>
> 維此王季，因心則友。則友其兄，則篤其慶，載錫之光。受祿無喪，奄有四方。
>
> 維此王季，帝度其心，貊其德音。其德克明，克明克類，克長克君。
>
> 王此大邦，克順克比。比于文王，其德靡悔。既受帝祉，施于孫子。
>
> 帝謂文王：無然畔援，無然歆羨，誕先登于岸。密人不恭，敢距大邦，侵阮徂共。
>
> 王赫斯怒，爰整其旅，以按徂旅，以篤周祜，以對于天下。
>
> 依其在京，侵自阮疆，陟我高岡。無矢我陵，我陵我阿；無飲我泉，我泉我池！
>
> 度其鮮原，居岐之陽，在渭之將。萬邦之方，下民之王。
>
> 帝謂文王：予懷明德，不大聲以色，不長夏以革，不識不知，順帝之則。
>
> 帝謂文王：詢爾仇方，同爾兄弟。以爾鉤援，與爾臨衝，以伐崇墉。
>
> 〔註91〕

多藉德以宣揚合理奪取政權外；同時亦多述及上帝對周人之眷顧，毫不吝惜地賜福于周。事實上，這是周人據此宣告天下諸侯、百姓，尤其商人遺民，周人的代商乃是上帝之意，非人力所能抗拒，除了順從之外別無他途。〈生民〉描寫周人始祖後稷耕作五穀等農業糧食的艱苦過程；〈公劉〉紀錄后稷曾孫公劉秉性忠厚誠實，於豳地的創業維艱；〈綿〉說出了太王在播遷於岐山之下之後從無到有，開荒築室、設立官吏職守、對外痛擊戎狄的蓋世功業；〈文王〉、〈大明〉等將文王光輝美好的德行表露無遺；〈下武〉、〈文王有聲〉等傳頌武王能夠恪遵先王之盛德，建功立業等等。這樣一個世代皆有聖王出的邦國受到上天何等的垂顧，昌盛廣博乃是必然之勢。利用詩來昭告天下諸侯和百姓，

〔註91〕　〔西漢〕毛亨傳、〔東漢〕鄭玄箋、〔唐〕孔穎達疏：《毛詩正義》，《十三經注疏》本，卷16～18，頁561。

周王室與商紂天差地別迥然兩立，是道德光輝盛大的國家，代商而立的行動不僅是替天行道，且亦符合天下百姓的諄諄企盼的。支持這樣良善的政權自然會得道多助。對周人而言，其政權之合法性最強有力的依據便是其列祖列宗的盛大美德，基於此，殷商遺民務必服從周人統治。在以德服人方面，《大雅》詩作有其重大的作用。〈文王〉云：

> ……穆穆文王，於緝熙敬止。假哉天命，有商孫子。商之孫子，其
> 麗不億。上帝既命，侯于周服。侯服于周，天命靡常。殷士膚敏，
> 祼將于京。厥作祼將，常服黼冔。王之藎臣，無念爾祖。〔註92〕

此詩不僅極力歌頌周人歷代君王光輝偉大的美德以及反復彰顯上帝偏愛周人，並直接告誡商人必須在此原則下完全服從。此外，周王室務須在先王美德之下戮力國事，戒驕戒躁、如履薄冰，乃長保天下之正道。〈下武〉：「王配于京，世德作求。永言配命，成王之孚。成王之孚，下土之式。永言孝思，孝思維則。媚茲一人，應侯順德。永言孝思，昭哉嗣服。」〔註93〕又〈假樂〉：「干祿百福，子孫千億。穆穆皇皇，宜君宜王。不愆不忘，率由舊章。威儀抑抑，德音秩秩。無怨無惡，率由群匹。受福無疆，四方之綱。」〔註94〕等詩作這都是勸告時王（武王、成王）要謹記先王美德並承先啓後，以爲萬世法，方能受福無疆，保國安家。這些詩歌在在顯示，周人爲了鞏固自己的統治具合法、合理性，進而使天下賓服、萬眾歸心，可謂煞費心思。他們所行使的一切文字書寫過程都是意識形態話語的再建構，無非是要使這個方興未艾的政權得到鞏固和加強。

　　《頌》與《大雅》之作主要是構築了一個周人血統世系，這個以血統構成的世系同時又是一個道德譜系。它昭告天下，周人獲得上帝的青睞，從而代殷而立，是其列祖列宗的道德純美之故。此種透過對先人的神聖無暇化而爲現實的價值探尋確立合法性根據之行爲實乃一明智之創舉，更爲後來儒家理論的完備起了重大啓示意義。自孔孟以降，歷代帝王無不借助此神化先王的儒家理論來爲現實確立萬世不易的價值規範。於是堯、舜、禹、湯、文、

〔註92〕〔西漢〕毛亨傳、〔東漢〕鄭玄箋、〔唐〕孔穎達疏：《毛詩正義》，《十三經注疏》本，卷16～18，頁535～536。

〔註93〕〔西漢〕毛亨傳、〔東漢〕鄭玄箋、〔唐〕孔穎達疏：《毛詩正義》，《十三經注疏》本，卷16～18，頁579。

〔註94〕〔西漢〕毛亨傳、〔東漢〕鄭玄箋、〔唐〕孔穎達疏：《毛詩正義》，《十三經注疏》本，卷16～18，頁607。

武、周、孔、孟自然被歷代政權捧爲最高道德準則的象徵。這些半神的名人
成了往後歷代儒家用來制約、規範人間權勢最有力的論述與武器。原本儒家
抽象的道德規範經過將這些偶像具體化的行爲中，加以鮮明、制度化。從此
角度來觀察，儒家文化與周公等周初政治家所建構的禮樂文化確實有一脈相
承的跡象。換句話說，儒家傳統文化中的「法先王」概念是在周公手中便已
經底定了的。兩者之間最大的差異是：周公等這種將祖先世系、道德譜系、
價值建構與歷史敘事合而爲一的行爲乃是爲了鞏固已經取得的政權，並在觀
念上尋求大眾普遍承認的做法，是直接服務於現實統治者之需要；而後出現
的儒家卻是爲了給現實統治者確定一種以天下先的法則，是儒家士人代表被
統治的眾生對權力之制約與平衡。

二、周人主權之再宣示

每逢周人舉行祭祖大典時，先朝遺族亦會前往獻享，此看似簡單的舉止，
實際上卻隱藏了極大的意義——主權之再宣示。由於周人乃以寡擊眾之姿態
贏得勝利，殷商遺民的蠢蠢欲動，爲周人一大心患，爲能控制其民，一方面
必須懷柔，讓他們保有原先之習慣，另一方面，則需不斷對他們展開心理戰
術，藉由其對天帝之信仰卻得不到上蒼之眷顧，以說明德才是最重要的關鍵。
唯有德上蒼才會眷顧，另一方面，每當進行祭祖大典時，殷商餘民需派人前
往獻享，一方面表達其對周人統治之心悅臣服，另一方面，周人亦藉此機會，
再次宣示自身主權所得之合理，凡四方皆須順從。對於此，《詩經》中《周頌·
振鷺》、《周頌·有客》記載商人後裔前來助祭的情形。《周頌·振鷺》乃爲一
祭祖詩作：

> 振鷺於飛，於彼西雝。我客戾止，亦有斯容。在彼無惡，在此無斁。
> 庶幾夙夜，以永終譽。〔註95〕

《古序》：「〈振鷺〉，二王之後來助祭也。」鄭《箋》云：「二王，夏、殷也。
其後杞也，宋也。」孔穎達《疏》：

> 〈振鷺〉詩者，二王之後來助祭之樂歌也。謂周公、成王之時已致
> 太平，諸侯助祭，二王之後亦在其中，能盡禮備儀，尊崇王室。故
> 詩人述其事而爲此歌焉。天子之祭，諸侯皆助，獨美二王之後來助

〔註95〕 〔西漢〕毛亨傳、〔東漢〕鄭玄箋、〔唐〕孔穎達疏：《毛詩正義》，《十三經注
疏》本，卷19，頁724。

祭者，以先代之後，一旦事人，自非聖德服之，則彼情未適，今二
王之後助祭得宜，是其敬服時王，故能盡禮客主之美，光益王室，
所以特歌頌之。〔註96〕

對於二王後裔助祭，孔穎達解釋得十分清楚，認為二王之後前來助祭，有兩
個象徵意義，就周王室而言，以禮相待二王，表示周人對殷商遺民的懷柔；
就殷室後人而言，前來參與周人之祖先祭典，表示商人對周人統治的臣服，
故願將周人先祖視如商人先祖，對其展開祭祀。看似純粹祖先崇拜之宗廟祭
祖，實際上隱含了政治意義於其中。對商人、對周人，皆有其代表意義。就
國家而言，實在是將主權向商人再次的宣示。《周頌·有客》云：

有客有客，亦白其馬。有萋有且，敦琢其旅。有客宿宿，有客信信。
言授之縶，以縶其馬。薄言追之，左右綏之。既有淫威，降福孔夷。
〔註97〕

《古序》：「微子來見祖廟也。」鄭《箋》云：「成王既黜殷命，殺武庚，命微
子代，殷後既受命，來朝而見也。」孔穎達《疏》曰：

〈有客〉詩者，微子來見於祖廟之樂歌也。謂周公攝政二年，殺武
庚命微子代為殷後乃來朝，而見於周之祖廟。詩人因其來見述其美
德，而為此歌焉。經之所陳皆說微子之美，雖因見廟而歌其意不美
在廟。故經無廟事，為周太平之歌。而述微子之美者，言王者所封
得人，即為王者之美，故歌之也。言見於祖廟，必是助祭。〔註98〕

〈有客〉亦為一首祭祖詩作，然全詩詩旨在於商人後裔微子啟來朝，助祭於
祖廟〔註99〕。這首詩前四句微子啟及其從行者威態之美，借其從者之威儀，
不難推想微子啟應更勝於其從者。五到八句，乃表達周王留客之誠，尾四句

〔註96〕〔西漢〕毛亨傳、〔東漢〕鄭玄箋、〔唐〕孔穎達疏：《毛詩正義》，《十三經注
疏》本，卷19，頁725。

〔註97〕〔西漢〕毛亨傳、〔東漢〕鄭玄箋、〔唐〕孔穎達疏：《毛詩正義》，《十三經注
疏》本，卷19，頁735。

〔註98〕〔西漢〕毛亨傳、〔東漢〕鄭玄箋、〔唐〕孔穎達疏：《毛詩正義》，《十三經注
疏》本，卷19，頁735。

〔註99〕此詩詩旨從《古序》者眾，少數秉持異見者，以方玉潤為代表。：方氏認為
此來助祭者，非微子啟乃箕子。方氏之說本於鄒肇敏，現引鄒氏說法如後，
鄒氏云：「《書》武王十三祀，王訪于箕子，乃陳《弘範》。此詩之作，其因來
朝而見廟乎？『淫威』、『降福』，亦既就《箕疇》中『嚮用五福，威用六極』，
遂用其意，言前之非常之凶禍，今當酬以莫大之福饒，蓋祝之也。」參見方
玉潤：《詩經原始》，頁610。然鄒、方二說，雖似合理乃為推論，僅供參考。

則描寫微子啓祈福助祭之事，為全詩重心所在。簡單的一首遺裔助祭新朝的祭祖詩作，隱含深意於其中。首先，描寫微子啓與其從行者之儀態，就助祭者而言微子啓乃從者之主，由從行者之儀態可推知微子啓之儀態應更甚其臣，就主祭者而言，武王乃微子啓之主，由微子啓之儀態，未嘗不能推想武王之威儀更是氣象萬千。再則，中間四句，武王留客之誠，表示周人對殷朝遺民之款待，一方面表示周朝欲以和治殷；另一方面，表現周王寬大胸襟，乃可不計前嫌，誠心接納殷民。最後，微子啓來助祭一事，有一政治上的意義，殷遺民願意前來助祭表達對周人表示服從、效忠，承認周人政權的合理性，將自身定義為臣周人乃主，此一助祭隱含殷周乃屬於君臣關係。

藉由〈振鷺〉、〈有客〉兩詩，可知周人藉由祭祖大典，一方面祭祀先人表示對祖先功績不忘外，實際上，更藉由前朝遺民來此助祭之事，表現出自身主權的正統性，表面上祭祖，實際上卻是對殷商遺民一種主權的再宣示，藉由祭祖大典之隆重，亦宣揚了國威財力及自身統治有方；另外，藉由己身留客之誠，說明自身乃寬宏大量，不念前嫌，恩威並濟意味濃厚。

三、和諧境界的追求──商周文化的融合

根據商人祭祖詩作《商頌》五首，我們看到商周制度的融合，也隱約透露了中國人對和平的渴望及期待和諧的心態，早在周人克商後便已經產生。《商頌》過去多被視為證明商人好武的證據，實際上，周人民族性格中，或許確實存在好武的傾向，然而，這並非《商頌》所欲闡述的真正內涵〔註100〕。根據〈殷武〉詩文可以發現，〈殷武〉本身所欲表達內涵絕非僅是表揚商人祖先功績而已。以下就其文化觀點對其展開探討。引詩如下：

> 撻彼殷武，奮伐荊楚，罙入其阻，裒荊之旅。有截其所，湯孫之緒。
>
> 維女荊楚，居國南鄉。昔有成湯，自彼氐羌，莫敢不來享，莫敢不來王。曰商是常。
>
> 天命多辟，設都于禹之績。歲事來辟，勿予禍適。稼穡匪解。
>
> 天命降監，下民有嚴。不僭不濫，不敢怠遑。命于下國，封建厥福。

〔註100〕由於殷商時期，本就處於崇尚殺伐的年代，因此，筆者認為尚武觀念存在《商頌》中，本為可以理解之事實，然而，若僅藉此就認為《商頌》闡述中心為此，就過於低估《詩經》的文化價值了。

商邑翼翼，四方之極。赫赫厥聲，濯濯厥靈。壽考且寧，以保我後生。

陟彼景山，松柏丸丸。是斷是遷，方斲是虔。松桷有梴，旅楹有閑，
寢成孔安！

根據《古序》的說法：「祀高宗。」基本上，此詩為祭祀高宗之作。其文體表現，與《大雅》、《頌》之作法如出一轍，同樣為以讚頌祖先的模式書寫此祭歌，推論在當時商人後裔已經深深受到周朝文化的影響被同化了。王國維對於殷商制度的異同有過考證，提出殷商制度不論名物典制或用語習慣，早就被周人同化：

又自其文辭觀之，則殷墟卜辭所紀祭禮與制度文物，於《商頌》中，
無一可尋，其所見之人地名，與殷時之稱不類，而反與周時之稱相
類，所用之成語並不與周初類，而與宗周中葉以後相類，此猶不可
不察。〔註101〕

王國維這段敘述是用來證明《商頌》並非商人所作，然而從中卻也透露出另一個值得吾人思索的方面。事實上，藉由宋人的祭祖詩作可以發現，經由周人一段時間的統治下，已經可以發現商人後裔被融合同化的事實，此為《商頌》五首祭祖詩作，表達出商周制度融合的第一點，此外，需要注意的是商人後裔雖被周人同化，事實上，周人亦被殷商諸多制度文化加以調和，從《周頌‧有瞽》中的盲官，經學者考證有可能為宋國的「瞽宗」〔註102〕。第二，《商頌》中的思想多延續周人天命觀而抒發，相關文句列舉如下：

我受命溥將。自天降康。〔註103〕（〈烈祖〉）

自古在昔，先民有作。溫恭朝夕，執事有恪。〔註104〕（〈那〉）

昭假遲遲，上帝是祗。帝命式于九圍。受小球大球，為下國綴旒，
何天之休？不競不絿，不剛不柔，敷政優優，百祿是遒。受小共大
共，為下國駿厖，何天之龍？〔註105〕（〈長發〉）

〔註101〕參見王國維：《定本觀堂集林》之《說商頌下》，頁116。

〔註102〕參見李山：《詩經的文化精神》，頁181～182。

〔註103〕〔西漢〕毛亨傳、〔東漢〕鄭玄箋、〔唐〕孔穎達疏：《毛詩正義》，《十三經注
疏》本，卷20，頁789。

〔註104〕〔西漢〕毛亨傳、〔東漢〕鄭玄箋、〔唐〕孔穎達疏：《毛詩正義》，《十三經注
疏》本，卷20，頁788。

〔註105〕〔西漢〕毛亨傳、〔東漢〕鄭玄箋、〔唐〕孔穎達疏：《毛詩正義》，《十三經注
疏》本，卷20，頁793。

　　天命玄鳥，降而生商。宅殷土芒芒。古帝命武湯，正域彼四方。方

　命厥后，奄有九有。〔註106〕（〈玄鳥〉）

　　天命多辟，設都于禹之績。歲事來辟，勿予禍適。稼穡匪解。天命

　降監，下民有嚴。不僭不濫，不敢怠遑。命于下國，封建厥福。

〔註107〕（〈殷武〉）

基本上，延續周人天道觀的思想，「尊天、敬德、保民，《商頌》五首，一義

貫穿。」〔註108〕不僅透露出商周文物制度、思想的統一，也表現出中國人以

和爲貴的最高民族指標。李山先生從文化學的觀點，對《商頌》所表達之內

涵，作了以下總結：

　　從《商頌》詩篇中，我們卻看到殷商的後人們，在以周人的思想方

　式禮解著歷史，讚美他們的祖先。儘管在習慣和形式上，宋國祭祀

　可能還保存著過去的型態，但祭祀的觀念，卻發生了本質的變化。

李山對《商頌》的文化詮釋，正好說明祖先崇拜於《商頌》表現出中國人對

和諧境界的追求。商周本屬兩不同族群，藉由祭祀理念的一致，使得國家展

現出一派和諧的氣氛，此爲祖先崇拜呈現在國家上最主要的意涵所在。事實

上，這一種對和諧境界的追求，後來亦成爲中國傳統觀念的中心思想——「和

爲貴」〔註109〕，將禮之作用擴展至國家範圍上。

〔註106〕〔西漢〕毛亨傳、〔東漢〕鄭玄箋、〔唐〕孔穎達疏：《毛詩正義》，《十三經注
　　　　疏》本，卷20，頁791。

〔註107〕〔西漢〕毛亨傳、〔東漢〕鄭玄箋、〔唐〕孔穎達疏：《毛詩正義》，《十三經注
　　　　疏》本，卷20，頁800。

〔註108〕參見李山：《詩經的文化精神》，頁252。

〔註109〕〔魏〕何晏等集解、〔宋〕邢昺疏：《論語注疏》《十三經注疏》本，頁8。

第七章　結　論

全文以《詩經》爲主要研究對象，輔以《周禮》、《儀禮》、《禮記》等相關典籍，並參酌現今殷墟卜辭與周代青銅器銘文等研究成果，討論商周祭祖禮制、祭祖儀式等外在制度及其內在文化意涵。以下便將每一章節作一簡要回顧：

一、中國祖先崇拜之起源

首先，對於中國祖先崇拜作一源頭的追溯。藉由「祖」字的考察，希望能夠一窺中國祖先崇拜的根本。根據資料的收集，發現主要說法有三：分別爲「俎几說」、「牡器說」與「神主說」。文中針對該三種論點做簡要說明後，傾向「祖」源頭應爲陶罐之形，在當時，作爲放置亡者骨骸以供祭祀之用，與現代「神主牌位」的功能相似。

再則，利用前人對中國祖先崇拜源頭之說法加以整理後，得到以下三種說法，分別爲「生殖器崇拜」、「圖騰崇拜」與「靈魂不滅」。關於上述三種說法，傾向祖先崇拜應源自「靈魂不滅」的觀念。其理由以下：

對於祖先崇拜源自「生殖器崇拜」，其盛行之主因有以下兩點因素：與當時西方正盛行弗洛伊德學說有關，傳入中國後被學者大肆地加以引用，尤其在郭沫若先生的加持下，使得祖先崇拜源自「生殖器崇拜」的說法在當時幾乎成爲定論。再加上當時考古學挖掘到許多疑似生殖器崇拜的考古遺跡，造成學者們對於祖先崇拜源於生殖器崇拜的說法更是深信不移。然中國文化有屬於其自身的特色所在，西方理論是否適宜引用至此分析討論，仍須商榷。又該出土遺跡有其地域上的限制，中國幅員廣闊且民族眾多，不宜以偏概全。

因此，中國祖先崇拜是否源自「生殖器崇拜」的觀點，尚需更多證據加以證明。說法二源自「圖騰崇拜」。圖騰崇拜本身乃屬於對自然物種的崇拜而非人類系統，屬於人類文化進程的一部份。根據研究，部分民族確實經歷過由圖騰崇拜邁向祖先崇拜的過程，可將其視爲人類宗教信仰上的進步。說法三源自「靈魂不滅」，該說法於中國存在已久，然其未曾使用具體詞彙加以指稱。親人死後因爲某些因素出現於夢境中，或死亡現象的存在等個人或心理或生理的原因外，加上社會經濟型態的轉變，導致人們可以定居於某一特定生活環境後，產生靈魂不滅的觀念，而後產生祖先崇拜。

二、祖先崇拜的外在呈現（一）──禘祭

「禘祭」爲周人重要之祭祖禮制。根據現今文獻資料，得到下述四種說法：（一）花蒂說（二）日神說（三）燔燎說（四）宇宙起源說。以上四種說法，皆是本於「禘」之甲骨字形而展開解釋。其中，第四種說法主要是從其屬於「會意字」的立場上展開說明，屬於不同的闡述角度。這四種說法中，較傾向第三種「禘」爲束薪燔燎的祭祀儀式，根據此一儀式對神明展開祭拜。對「禘」進行根源探討後，針對殷人之禘祭制度加以說明，這一部份乃是在前人的研究成果上，將其加以歸納整理所得到的心得。關於周人禘祭制度，說法眾多，即便到了清朝，學者間仍未有共識，因此僅就諸家說法作整理，得到禘祭有兩種類型：一爲「吉禘」；一爲「大禘」。所謂「時禘」，乃是後人對「夏禘」的誤解，基本上周人禘祭僅有「吉禘」與「大禘」。最後，探討《詩經》中與禘祭有關的詩篇《商頌・長發》與《周頌・雝》。

三、祖先崇拜的外在呈現（二）──時享

關於時享禮制，主要舉行於四季，天子與諸侯由於地位不同，其行禮內容亦不相同。過去對於時享禮制說法雖不若禘祭繁多，但由於經傳典籍紀錄之名稱不同，亦引起不小的爭議。該章第一節部分，綜合學者對時享的解釋，得到以下說法：漢儒以後解釋「時享」名義多本於以四時進獻品物之特性，以及獻物之豐薄隆差立說。現今學者根據出土文物考證後，對於「祠」、「礿」、「嘗」、「烝」與四季間關係提出質疑，認爲漢儒將其與四季合併解釋，僅爲了讓「四時之祭」顯得更爲合理。對此，本文傾向時享禮制應確實存於周人之祭祖禮制中，關於卜辭的證明僅能說明殷商時期時享未成定制，不宜直接

否定其存在。另外，已有學者考證「烝」字，認爲卜辭中「登鬯」與「春祠」相仿；「登麥」與「夏礿」相仿；「登黍」與「秋嘗」相仿；「登禾」、「登米」，若「禾」、「米」指稻米而言，則相當於「冬烝」。早在殷商時期，便有「時享禮制」或類似時享禮制的祭典存在，雖無「時享」祭名，然其祭祀內容卻已經形同時享禮制。第二節則歸納學者說法，對於殷人「周祭」制度乃「時享」之濫觴作一簡要的說明。最後，則藉由《詩經》中出現有關時享的詩篇作一討論，該部分主要依照春、夏、秋、冬四祭，分別加以說明。

四、祖先崇拜的外在呈現（三）──祭祀儀節

由於《詩經》中對於祭祀儀節、過程等紀錄不多，因此，必須藉由《周禮》、《儀禮》、《禮記》等相關記載加以詮釋，期能還原當時祭祀過程及諸多儀節。基本上，筆者按照祭祀過程，將整個祭祀儀節區分爲四部分，分別爲祭祀前的準備、正式祭祀、祭祀尾聲與祭祀結束等，區分後再將《詩經》中提及之相關儀節一一加以說明，或考證其說法中有疑問的地方，或直接藉由文本的紀錄，說明其性質所在。

五、祖先崇拜之內在呈現

這部分針對詩經組崇拜之內涵，即精神文化面的說明。依個人、社會、國家等三方面加以闡述。

在個人部分，祖先崇拜表現出四種文化意義：一爲基於祈福延壽的心裡；二爲祭祀者情感的慰藉；三爲對祖宗先人功業的緬懷；四爲完美人格的追求。第一點乃是從功利角度出發，屬於祖先崇拜最爲原始意義的呈現。第二點則是人類心靈的提升後所導致的成果，以逐漸具有道德意義的宗教信仰，第三點則是針對祖先功業的緬懷，一方面藉此提醒自身毋忘先人的貢獻，另一方面則應以其爲表率看齊。事實上，裡頭包含了更深的意涵，祖先功績乍看下下彷彿是依靠天而得到凸顯，事實上，天在周人詩作中，已經淪爲配角，換言之，人才是主角，先王的功績凸顯上天的存在，隱含人文精神的抬頭。最後，完美人格的追求，藉由寄託於祖先身上之完美德行，以表達自身對完美人格的追求。

在社會制度部分，祭祖詩歌作是在宗法制度與禮樂文化的基礎下產生，因此，每一首祭祖樂歌實際上都隱含了兩者於其中。就宗法制度而言，宗法

制度中的「尊尊」、「親親」精神，藉由祭祖樂歌得得凸顯，「尊尊」精神表現在祭祀，禮制中不同階層所應遵守的禮制規範，以及立尸的代表意義，其與主祭者間的關係，事實上便是「尊尊」精神的絕佳反映。再則，「親親」精神主要表現於祭祀過後的燕饗，唯有親族方能參與，對於血緣有一定程度的重視，基本上亦為「親親」精神的呈現。

祖先崇拜表現在社會文化層面，除了宗法制度的鞏固外，便是禮樂制度的確定。關於周人禮樂制度，最初乃是為了配合宗法制度的制立，強化並薰陶君臣階級制度而確立。西周的禮樂制度，根據先秦典籍記載由周公制定〔註1〕。基本上，禮樂乃一體兩面，「禮」的制訂主要是維護統治者等級制度的政治準則、道德規範和各項典章制度的總稱，後來逐漸發展為區分貴賤尊卑的等階級教條；「樂」則是配合各貴族階層進行禮儀活動，如《詩經》中所載之《周頌》，屬於吉禮之樂，《大雅》與《小雅》則多為賓禮與嘉禮之樂，禮樂相互結合，於周人禮制中乃為常制，其中，舞樂的規模，隨著階級有所不同。「禮」、「樂」內涵看似不同，實際上目的卻是一致，就統治者而言，皆是為政治目的而出發。周人藉由祖先崇拜此一文化，體現了禮樂的重要性，在《詩經》祭祀先祖的樂歌中屢屢被凸顯。

最後，就國家而言，有著兩層政治上的意涵，一為周人政權的合法取得，一為主權的再宣示。關於前者，從政權的轉移上論述，由於商人失德的緣故導致上天不再予以眷顧，「敬德」觀念的提出合理化周人政權的取得。此外，周人主權的再宣示，面對殷商遺民，周人必須設法使其甘心臣服，商周君臣關係再一次次的祭祀中得到凸顯，當殷商遺民以助祭的身分祭祀周人祖先的同時，實際上易隱含了君臣關係的鮮明劃分——周為君，商為臣。此外，商周祖先崇拜中，亦可發現商人正一步步受到周人的同化；周人也慢慢的融合於商人的文化中，這一種思想、制度的融合，為中國人對和諧境界的最終要求與表現。以上種種不僅皆可在《詩經》祭祖詩作中得到證明，亦可從中發覺到周人諸多觀念的發展乃是往後中國傳統的奠基者。

《詩經》記載著周人的歷史文化，因此，藉由《詩經》祭祖詩篇，看到

〔註1〕 關於周代制禮作樂，根據先秦典籍的記載，多提及周公，認為此一文化建樹始源於周公。根據《禮記・明堂位》：記載「成王幼弱，周公踐天子之位，以治天下。六年，朝諸侯於明堂，制禮作樂……」此外，《左傳・文公十八年》記載：「先君周公制周禮」提及周公訂定周朝禮制、文化。

了周人祭祖禮制、祭祀儀節，藉由詩篇的分析，更可發現祖先崇拜背後蘊含著深刻的意涵，其範圍所及不僅個人、社會，甚至國家亦受到祖先崇拜的影響。事實上，詩作反映出思想；思想亦藉詩作的流傳獲得保留。

　　隨著時代的遷移，中國人的祭祖儀式雖然已經漸趨簡化，然祖先崇拜的傳統卻未曾消失，反而根深蒂固的存在中國人的觀念中，成為中國人值得驕傲的文化傳統之一。當然，祖先崇拜之所以能夠不斷的流傳於中國，摒除上位者提倡等政治因素不論，基本上儒家理論的提倡與發揚亦為不容忽視的原因之一，在儒家有意的推崇下，祖先崇拜轉化為孝道觀念，對後世產生極大影響。從最初商周時期的祖先崇拜發展成儒家所重視之孝道觀念，其中如何延伸轉化？其理論基礎為何？造成後世影響有多大？未來或許可針對此方面詳加深入研究。

參考文獻

（古人依年代排序，今人依姓氏筆劃排序）

一、古籍部分

詩經類

1. 〔西漢〕毛亨傳、鄭玄箋、〔唐〕孔穎達疏：《毛詩正義》，《十三經注疏》本，臺北：藝文印書館，2001 年。

2. 〔吳〕陸璣：《毛詩草木鳥獸蟲魚疏》《文淵閣四庫全書》本，上海：上海人民出版社，1999 年。

3. 〔南宋〕朱熹：《詩集註》《文淵閣四庫全書》本，上海：上海人民出版社，1999 年。

4. 〔南宋〕呂祖謙：《呂氏家塾讀詩記》《文淵閣四庫全書》本，上海：上海人民出版社，1999 年。

5. 〔宋〕李樗、〔南宋〕黃櫄：《毛詩集解》《文淵閣四庫全書》本，上海：上海人民出版社，1999 年。

6. 〔南宋〕嚴粲：《詩緝》《文淵閣四庫全書》本，上海：上海人民出版社，1999 年。

7. 〔元〕朱倬惠：《詩經疑問》《文淵閣四庫全書》本，上海：上海人民出版社，1999 年。

8. 〔元〕季本：《詩說解頤》《文淵閣四庫全書》本，上海：上海人民出版社，1999 年。

9. 〔明〕何楷：《詩經世本古義》《文淵閣四庫全書》本，上海：上海人民出版社，1999 年。

10. 〔清〕陳啓源：《毛詩稽古編》《文淵閣四庫全書》本，上海：上海人民出版社，1999 年。

11. 〔清〕胡承珙：《毛詩後箋》《續經解毛詩類彙編》（清‧阮元輯），臺北：藝文印書館，1986 年。

12. 〔清〕姚際恆：《詩經通論》，臺北：廣文書局，1997 年。

13. 〔清〕馬瑞辰：《毛詩傳箋通釋》，臺北：廣文書局，1999 年。

14. 〔清〕陳奐：《詩毛氏傳疏》，臺北：台灣學生書局，1986 年。

15. 〔清〕方玉潤：《詩經原始》，北京：中華書局，2007 年。

16. 〔清〕王先謙：《詩三家集疏》，臺北：明文書局，1988 年。

17. 〔清〕包世榮：《毛詩禮徵》，臺北：台灣力行書局，1970 年。

18. 〔清〕顧棟高：《毛詩類釋》《文淵閣四庫全書》本，上海：上海人民出版社，1999 年。

19. 〔清〕納蘭性德：《陳氏禮記集說補正》《文淵閣四庫全書》本，上海：上海人民出版社，1999 年。

三禮類

1. 〔東漢〕鄭玄注、〔唐〕賈公彥疏：《周禮注疏》，《十三經注疏》本，臺北：藝文印書館，2001 年。

2. 〔東漢〕鄭玄注、〔唐〕賈公彥疏：《儀禮注疏》，《十三經注疏》本，臺北：藝文印書館，2001 年。

3. 〔東漢〕鄭玄注、〔唐〕孔穎達疏：《禮記正義》，《十三經注疏》本，臺北：藝文印書館，2001 年。

4. 〔元〕陳澔：《陳氏禮記集說》《文淵閣四庫全書》本，上海：上海人民出版社，1999 年。

5. 〔清〕秦蕙田：《五禮通考》，《文淵閣四庫全書》本，上海：上海人民出版社，1999 年。

6. 〔清〕夏炘：《學禮管釋》，臺北：漢京文化，重編皇清經解，出版年不詳。

7. 〔清〕孫希旦：《禮記集解》，北京：中華書局，1989 年。

8. 〔清〕胡培翬、〔清〕王先謙輯：《儀禮正義》《續清解三禮類彙編》，臺北：藝文印書館，1986 年。

9. 〔清〕孫詒讓：《周禮正義》，北京：中華書局，1987 年。

一般經類

1. 〔西漢〕孔安國注、〔唐〕孔穎達疏：《尚書正義》，《十三經注疏》本，臺北：藝文印書館，2001 年。

2. 〔東漢〕何休解詁、〔唐〕徐彥疏：《春秋公羊傳注疏》，《十三經注疏》本，臺北：藝文印書館，2001 年。

3. 〔東漢〕趙岐章句《孟子注疏》:《十三經注疏》本,臺北:藝文印書館,
   2001 年。

4. 〔魏〕何晏等集解、〔宋〕邢昺疏:《論語注疏》《十三經注疏》本,臺北:
   藝文印書館,2001 年。

5. 〔西晉〕杜預注、〔唐〕孔穎達疏:《春秋左傳正義》,《十三經注疏》本,
   臺北:藝文印書館,2001 年。

6. 〔東晉〕范甯集解、〔唐〕楊士勛疏:《春秋穀梁傳注疏》,《十三經注疏》
   本,臺北:藝文印書館,2001 年。

7. 〔清〕劉寶楠:《論語正義》,臺北:文史哲,1990 年。

8. 〔清〕毛奇齡:《論語稽求篇》,臺北:藝文印書館,1996 年。

9. 〔清〕皮錫瑞:《經學通論》,臺北:鼎淵,2004 年。

10. 〔清〕王先謙:《詩三家義集疏》,臺北:明文書局,1988 年。

史 類

1. 〔西漢〕司馬遷:《史記》,《文淵閣四庫全書》本,上海:上海人民出版
   社,1999 年。

2. 〔東漢〕班固:《前漢書》,《文淵閣四庫全書》本,上海:上海人民出版
   社,1999 年。

3. 〔吳〕韋昭:《國語》,《文淵閣四庫全書》本,上海:上海人民出版社,
   1999 年。

4. 〔唐〕杜佑:《通典》,《文淵閣四庫全書》本,上海:上海人民出版社,
   1999 年。

子 部

1. 〔魏〕王肅:《孔子家語》,《文淵閣四庫全書》本,上海:上海人民出版
   社,1999 年。

小學類

1. 〔東漢〕許慎著:〔清〕段玉裁注:《說文解字注》,臺北:黎明出版社,
   1992 年。

2. 〔清〕吳大澂:《字說》,臺北市:學海出版社,1998 年。

二、現代相關著作

詩經類專著

1. 文幸福:《詩經周南召南發微》,臺北:學海出版社,1986 年。

2. 文幸福:《孔子詩學研究》,臺北:台灣學生書局,1996 年。

3. 江磯:《詩經學論叢》,臺北:崧高書社,1985 年。

4. 汪中：《詩經朱傳斠補》，臺北：學海出版社，2007年。

5. 余培林：《詩經正詁》，臺北：三民書局，2005年。

6. 李山：《詩經的文化精神》，北京：東方出版社，1997年。

7. 李旭昇：《詩經古義新證》，北京：學苑出版社，2001年。

8. 夏傳才：《詩經研究史概要》，臺北：萬卷樓發行、三民書局經銷，1993年。

9. 夏傳才：《二十世紀詩經學》，北京：學苑出版社，2005年。

10. 孫作雲：《詩經與周代社會之研究》，北京：中華書局，1996年。

11. 陳子展：《詩經直解》，上海：復旦大學，2001年。

12. 葉舒憲：《詩經的文化闡釋》，武漢：湖北人民出版社，1996年。

13. 裴普賢：《詩經研讀指導》，臺北：東大圖書，1977年。

14. 裴普賢：《詩經評註讀本》（上、下），臺北：三民書局，1990年。

史學類

1. 徐復觀：《中國人性論史・先秦篇》，臺北：台灣商務印書館，1999年。

2. 許倬雲：《西周史》，臺北：聯經，1984年。

3. 楊寬：《西周史》，臺北：商務印書館，1999年。

4. 翦伯贊：《先秦史》，臺北：知書房出版社，2003年。

5. 顧頡剛編：《古史辨》，臺北：藍灯文化，1993年。

禮俗類

1. 王暉：《商周時期的祖先崇拜》，北京：人民出版社，2001年。

2. 何新：《諸神的起源——中國遠古太陽神崇拜》，中國：光明日報出版社，1996年。

3. 李零：《中國方術考》，北京：東方出版社，2001年。

4. 李玉浩：《先秦喪葬制度研究河南》，中州古籍，1991年。

5. 林素英：《古代祭禮之政教觀》，臺北：文津出版社，1997年。

6. 秦照芬：《商周時期的祖先崇拜》，臺北：藍臺，2003年。

7. 常金倉：《周代禮俗研究》，臺北：文津出版社，1993年。

8. 張鶴泉：《周代祭祀研究》，臺北：文津出版社，1993年。

9. 張榮明：《殷周政治與宗教》，臺北：五南圖書出版有限公司，1997年。

10. 鄒昌林：《中國古禮研究》，臺北：文津出版社，2000年

11. 劉源：《商周祭祖禮研究》，北京：商務印書館，2004年。

12. 詹鄞鑫：《神靈與祭祀——中國傳統宗教概論》，江蘇：江蘇古籍出版社，1992年。

13. 陳榮富:《文化的演進——宗教禮儀研究》,黑龍江人民出版社,2004 年。

14. 陳華文:《喪葬史》,上海:上海文藝,2007 年。

文化類

1. 林惠祥:《文化人類學》,北京:商務印書館,1991 年。

2. 韋政通:《中國文化概論》,臺北:水牛出版社,1980 年。

3. 陳榮復:《文化的演進——宗教禮儀研究》,黑龍江:黑龍江人民出版社,2004 年。

4. 錢志熙:《唐前生命觀和文學生命主題》,北京:東方出版社,1997 年。

5. 蕭登福:《先秦兩漢冥界及神仙思想探原》,臺北:文津出版社,2003 年。

6. 鍾宗憲:《先秦兩漢文化側面研究》,臺北:知書房出版社,2005 年。

7. Michael C. Howard 原著,李茂興,藍美華譯:《文化人類學》,臺北:揚智文化公司,1997 年。

8. 龔鵬程:《思想與文化》,臺北:業強出版社,1995 年。

小學類

1. 于省吾:《甲骨文字釋林》,北京:中華書局,1979 年。

2. 王國維:《定本觀堂集林》,臺北:世界書局,1911 年。

3. 朱歧祥:《甲骨文字研究——中國古文字與文化論稿》,臺北:里仁書局,2000 年。

4. 李孝定:《甲骨文字集釋》,臺北:中研院史語所,1991 年。

5. 季旭昇:《說文新證》(上),臺北:藝文印書館,2004 年。

6. 季旭昇:《說文新證》(下),臺北:藝文印書館,2008 年。

7. 宋鎮豪、劉源:《甲骨學殷商史研究》,福建:福建人民出版社,2006 年。

8. 邱德修:《商周金文集成釋文稿》,臺北:五南出版社,1986 年。

9. 唐蘭:《古文字研究》第一輯,臺北:中華書局,1979 年。

10. 常玉芝:《商代周祭制度》,北京:中國社會科學出版社,1987 年。

11. 孫海波等:《甲骨文編》,北京:中華書局,2004 年。

12. 許進雄:《殷卜辭中的五種祭祀》,台灣大學文學院,1968 年。

13. 郭沫若:《甲骨文字研究》,臺北:學海出版社,1986 年。

14. 董作賓:《甲骨學六十年》,台北:藝文印書館,1974 年。

15. 趙英山:《古青銅器銘文研究》,臺北:商務印書館,1983 年。

16. 裘錫圭:《文字學概要》,臺北市:商務印書館,1988 年。

17. 羅振玉:《殷虛書契考釋》增訂本,臺北:藝文,1981 年。

18. 羅振玉:《三代吉金文存》,臺北:文華,1970 年。

三、論文

學位論文

1. 王祥齡:《中國古代崇祖敬天思想研究》,文大博士論文(中國文學研究所),1990 年。

2. 江美華:《甲金文中宗廟祭禮之研究》,政大碩士論文(中國文學研究所),1983 年。

3. 周何:《春秋吉禮考辨》,師大博士論文(中國文學研究所),1970 年。

4. 季旭昇:《詩經吉禮研究》,師大碩士論文(中國文學研究所),1983 年。

5. 章景明:《周代祖先祭祀制度》,台大博士論文(歷史研究所),1973 年。

6. 梁煌儀:《周代宗廟祭祀之研究》,政大博士論文(中國文學研究所),1986 年。

7. 柳秀英:《先秦道家老莊生命思想研究》,高師大博士論文(中國文學研究所),2004 年。

8. 陳秀英:《十五〈國風〉作者身分探究》,玄奘人文社會學院(中國語文研究所),2004 年。

單篇論文

1. 陳夢家:〈古文字中之商周祭祀〉,《燕京學報》19 期,1936 年。

2. 張光直:〈仰韶文化的巫覡資料〉,《中國考古學論文集》,19945 年。

3. 張光直:〈中國遠古時代儀式生活的若干資料〉,《中國考古學論文集》,1995 年。

4. 秦照芬:〈論殷商祭祖禮異同〉,《臺北市立師範學院學報》31 期,2000 年。

5. 楊希牧:〈論商周社會的上帝太陽神〉,《中國史研究》第三期,1992 年。

6. 鄭憲仁:〈銅器銘文禘祭研究〉,《大陸雜誌》第 104 卷,第 3 期,2002 年。

7. 鍾柏生:〈殷帶卜辭所見殷人宇宙觀初探〉,「第三屆國際漢學會議」臺北:中央研究院,2000 年。